D1667500

GEORGES HALDAS · ALTSTADTCHRONIK

GEORGES HALDAS

Altstadtchronik

AUS DEM FRANZÖSISCHEN
VON MARCEL SCHWANDER

BENZIGER / EX LIBRIS

Dieses Buch gehört zu einer Reihe, die in den vier Landessprachen erscheint mit Unterstützung der schweizerischen Kantone, der Walter- und Ambrosina-Oertli-Stiftung und der Fondation Ex Libris.

Die Übersetzung wird von Pro Helvetia subventioniert. Der Titel der Originalausgabe lautet: Chronique de la rue Saint-Ours.

Das Buch ist eine Gemeinschaftsausgabe des Benziger Verlages Zürich, Köln und des Ex Libris Verlages.

Herstellung: Benziger, Graphischer Betrieb, Einsiedeln
ISBN 3 545 36283 3

INHALT

Vor der Aussaat wird gepflügt.

Martin Heidegger

DIE MILCH DER WELT

Tanzprobe

Welch ein Jammer an jenem Abend, als ich die Tür aufstieß, und welch ein Bild im früheren Elternschlafzimmer, mit dem Bett direkt an der Wand, damit ein Freiraum blieb zwischen ihm und den andern Möbelstücken. Ein Freiraum, jener vorbehalten, die ich nicht anders nennen kann als «Jemine-Schwester» – im Lauf dieser Seiten wird sich noch zeigen, warum – und die gerade ihre Tanzstunde probte. Seltsame Probe, fürwahr, entsetzliche Probe. Doch alles andere als Tanz in meinen Augen. Ich will sagen, im ziemlich düstern Schein jener Lampe, die eingemummt in eine Art Kapuze von der Decke hing – mit Rautenmuster und Troddeln, wie ich mich erinnere – und Jemine-Schwester, bereits etwas dicklich für ihr Alter, so um die Dreißig, war im Augenblick, als ich nach der Heimkehr durch den dunklen Flur die Tür aufstieß, da war Jemine-Schwester mitten im Üben. Und was ich eine Sekunde lang wahrnahm, ein eigentliches Symbol für die Lage der Familie, war die überspannte und zugleich mitleiderregende Haltung: in dem Sinne, daß meine Schwester, angeklammert ans Bettgestell wie ein Schiffsjunge an die Reling – an ein altmodisches, zusammenlegbares Eisenbett mit vier Messingknäufen, die an die Goldkuppeln der russischen Kirchen erinnerten –, den Kopf zurückgeworfen, was ihrem Hals etwas irgendwie Pathetisches und Schmerzvolles gab, mit dem einen Bein durchgestreckt, daß also die Ärmste eine ihrer Nummern vortrug, eine Lockerungsübung, wie sie sagte. Und ich sah, immer noch im Bruchteil jener Sekunde, durch die halboffene Tür, die überlangen Schenkel, die «Spezialstrümpfe» und die zu diesem Zweck gekauften Ballettschuhe, über deren Preis man bei Tisch lange verhandelt hatte, mit Mütterchen und Mütterchens Schwester, die für uns – meine Schwester und mich – eine zweite Mutter war, Tato. Die in dieser Chronik ebenfalls eine Rolle spielen wird, und nicht die geringste. Nachdem Jemine-Schwester den Kopf langsam in die sogenannt normale Lage zurückgebracht und das gegrätschte Bein wieder entspannt hatte, betrachtete sie mich, ihr Haar war von einem Kopftuch umschlungen, mit einer Miene, die ich über all die Jahre nicht vergessen konnte. Die ich nie vergessen werde. Aus den tiefdunklen südländischen Augen, die mitten im fahlen, bereits verwelkten und enttäuschten Gesicht als einziges überlebten, kam ein angsterfüllter Blick, prüfend, beladen von langem Leiden; verstimmt auch, so daß ich ihn jedesmal in mich eindringen fühlte wie einen Vorwurf. Angst vor allem, wegen der Überraschung, die mein abendlicher Eintritt in das Zimmer hervorrief, in dem meine Schwester übte, als hätte sie ein dumpfes Bewußtsein vom überspannten und mitleiderregenden Charakter, den ihre Bemühungen und die ganze Narrheit ihres Balletts in meinen Augen tatsächlich hatten, wobei sie spüren mußte, daß ich die kompensatorische Rolle nach irgendeinem ihrer sentimentalen Abenteuer erriet. Von dem ich übrigens alles wußte, wie es bei derartigen Beziehungen im Kreis der Familie meist der Fall ist. Man ahnt, was im andern vorgeht, hinter schwerlastendem Schweigen voll finsterer Feindseligkeit. Und zweifellos erriet meine Schwester in diesem Augenblick, was ich erriet ... Was ich erraten konnte! Deshalb das ängstliche und aggressive Hinterland ihres Blicks, von dem ich noch vieles zu sagen hätte, doch das würde zu lang. Immerhin muß ich, um ihr stummes Schweigen zu erläutern, andeuten, und sei es nur ganz kurz, daß ihre Kindheit, die sie zusammen mit mir erlebte, entgegen der meinen, völlig im Zeichen der Ungerechtigkeit stand. Dies leider einzig durch die Schuld meines Vaters. Den ich, unverständlich für die meisten und manchen gar zum Verdruß, gewöhnlich «Mensch Vater» zu nennen pflegte. Wobei ich seinerzeit nichts sagen wollte von seiner Schwäche, die in Tat und Wahrheit mehr ist als Schwäche, und die eigentlich den Charakter meiner Schwester, den Ablauf ihres Lebens bestimmte. Ihr Schicksal vielleicht. Wer weiß? Ungewollte Ungerechtigkeit, gewiß, von seiten dieses Mannes. Aber die, ich bin überzeugt, gerade deswegen um so schwerer auf dem Leben seines Kindes lastete. Mit einem noch schrecklicheren, noch erdrückenderen Gewicht. Als ob durch ihn das Leben selbst, das blind und schrecklich ist, gewütet hätte. Doch Ungerechtigkeit, die tatsächlich an einen dunklen Vorgang gebunden war, aus dem der Urheber des Unrechts immer wieder als ihr scheinbares Opfer und Werkzeug hervorgeht. Was tun? Wie diesen Mann hassen, der so unglücklich war über Vergangenes? Der häßlichste Zug jenes Unrechts grub sich allerdings in der folgenden Episode auf immer in mich ein. Zu der sich jeder Kommentar erübrigt. Ich denke an jenes Jahr, da sich meine Schwester drei Wochen lang vor Vaters Geburtstag unendliche Mühe gab, geduldig und liebevoll – ich sehe noch, wie sie sich über ihre Arbeit beugt – ein Bastkörbchen anzufertigen. Und ich weiß nicht, was sonst noch für einen Kram. Alles umhüllt, schön sorgfältig, mit weißem Glanzpapier, und einem Seidenband darum mit einer, ich sehe sie jetzt noch, dicken, kindlichen Schlaufe, die aussah wie die Pausbacken, deretwegen man meine Schwester neckte. Das Päcklein war also bereit für die feierliche Darreichung. Es war etwas nach zwölf an jenem Tag. Jenem verhängnisvollen Tag. Meine Schwester horchte auf Vaters Heimkehr. Mit dem Geschenk in der Hand. Und zweifellos ebenso angsterfüllt wie ich. Endlich die Schlüsseldrehung im Schloß, wie stets am Mittag, vertraut, wohlvertraut, und doch jedesmal wieder voll von Ungewissem. Die ersten Schritte des Unheilsmannes im Flur, nicht Richtung Küche, wie gewohnt – schon dies hätte unsern Verdacht wecken müssen –, sondern auf sein Zimmer zu. Hier drängt sich eine knappe Beschreibung der Örtlichkeiten auf: ich für mich stehe auf der Schwelle des Eßzimmers, die in der Verlängerung des Hausflurs liegt; die Schwester befindet sich zu meiner Linken, etwas vor der Schwelle, in jenem dunklen Winkel, durch den man das Schlafzimmer der Eltern erreicht. Plötzlich sehe ich sie, wie sie sich beim Näherkommen des Vaters Mut faßt und tapfer auf den Mann zugeht, ihm das bändelgeschmückte Paket entgegenstreckt und schüchtern, doch nicht ohne Nachdruck, wünscht: «Alles Gute zum Geburtstag, Papa.» Doch was war wohl im Büro vorgefallen an jenem Tag, und mehr noch als im Büro: im Kopf, im Herzen jenes seltsamen Mannes, der auf einmal vor uns stand wie eine finster drohende Macht? Wie dem auch sei: eilig, zornig fegte er vorüber und schleuderte der kleinen Gratulantin ein «Laß mich in Ruh» zu, dessen Grobheit und das Überraschende an der Grobheit mich heute noch schmerzen. Wie ein Stachel. Ja, heute noch betrachte ich von Zeit zu Zeit das Gesicht meiner Schwester auf einem Bildchen von ihr, wie das einer Verstorbenen, obschon sie es noch nicht ist. Ein kleines ovales Photo, ich rettete es bei einem Umzug. Beim Betrachten sehe ich die kindlichen Pausbäckchen; die Franse in der Stirn; und jene Miene, die sie hatte von Anfang an, vertrauensselig und trotzdem traurig, aber tapfer, und die sie immer behielt; jenen Blick auch, der mir immer aus dem Rahmen herauszukommen scheint, mir entgegen, und den sie selbst mit demjenigen eines «nicht mit Intelligenz begabten» Hundes verglich, der nicht begreifen kann, warum man ihn geschlagen hat. Doch wer von uns könnte in diesem Fall begreifen? Heute denke ich einfach, daß zum Glück für meinen Vater ein solcher Blick stillschweigend in sich etwas von jenem Vergeben trägt, dessen er nach soviel Willkür und bitterem Unrecht wohl bedarf. Und beim Betrachten des ovalen Bildchens rufe ich mir in Erinnerung, daß die Schulleistungen meiner Schwester, für die Vater die gefühlloseste, grausamste Gleichgültigkeit an den Tag legte, in jeder Beziehung besser waren als die meinen. Brachte ich eine schlechte Note nach Hause, so riß sich der Vater buchstäblich die Haare aus. Doch seine Tochter konnte am Wochenende ein mehr als nur anständiges Zeugnis bringen, mit Maximalnoten in Aufsatz, Geographie und Geschichte, ohne daß unser unwirscher Zensor das geringste Wort der Ermutigung für sie gefunden hätte. In der Teilnahmslosigkeit lag etwas wie Verachtung. Die ich mir, unter anderm, und abgesehen von seiner persönlichen Verbitterung über sein Schicksal, nur zu erklären vermag – er war Grieche – mit einem mediterranen und orientalischen Reflex gegenüber den Frauen. Kurz, die Erfolge meiner Schwester, ebenso schlicht und anspruchslos wie regelmäßig, schienen ihm ein Ärgernis, da sie meine ständigen «unerklärlichen» Mängel überschatteten.

Hier ein anderes Bild meiner Schwester, aus viel späterer Zeit. Sie steht im dunklen Mantel, eine dunkle Toque auf dem Kopf, in einer Parkallee, unweit vom Haus am verschneiten Rasen, Absätze zusammen, Füße auswärts (wie man die Armen darstellt). Alles erinnert diesmal an eine kleine Russin. Und sieh da, sie hebt die Hand, um dem, soviel ich weiß, einzigen, treuen Gefährten ihrer Jugend zu winken: Zic, dem Hund, unserm Hund, der mit der Schnauze in der Luft darauf zu warten scheint, daß ihm Frauchen gestattet, sich im Rasen zu tummeln. Diese Persönlichkeit von Hund, es sei darauf hingewiesen, hatte ich von einem Freund mitgebracht, der aus einem trostlos verregneten Nest im Berner Jura stammte. Mein Vater weilte damals schon nicht mehr auf dieser Welt. Und die übrigen Familienglieder, Mütterchen, Tato, meine Schwester, hatten laut geschrien, als der Eindringling erschien, der, wollte man ihn behalten – und wie konnte man ihn nicht behalten –, den ganzen friedvollen und doch gestrengen Haushalt der Philosophen umkrempeln würde. Ich hatte selbstverständlich beteuert, daß ich mich der Sache des Jungtiers geflissentlich annehmen würde. Ich selbst, ohne fremde Hilfe, man durfte unbesorgt sein, würde ihn betreuen, füttern, zur Ordnung anhalten. Ein guter Vorsatz, der allerdings, braucht es besonders betont zu werden, nur eine Woche lang wirkte. Dann, ich fand zu meinem etwas unordentlichen und unverantwortlichen Eigenleben zurück, hatte meine Schwester, gewissenhaft und tapfer wie eh und je, die Fackel übernommen. Sie sprang ein, wo ich versagt hatte, und sorgte nun tatkräftig und mit wachsender Zuneigung für den Ankömmling. Fast fünfzehn Jahre lang. Und was für Zic, den Hund, galt, wurde später auch in anderen Dingen wahr. Doch noch ist für mich die Zeit der Beichten nicht gekommen. Es handelt sich um etwas völlig anderes. Und bevor ich von Zic erzähle, möchte ich in das Zimmer zurück, in dem meine Schwester die Lockerungsübungen unterbrach und mir jenen angsterfüllten und, wie ich sagte, verstimmten Blick zuwarf. Schiedsrichterin bei der Vorstellung, in einem Fauteuil oder auf einem der beiden Strohsessel, war Mütterchen, seit zwei Jahrzehnten von Arthrose fast gelähmt, und sie hatte über die Tanzfiguren ihre Meinung abzugeben. Nicht immer gut aufgenommen von der kleinen Schwester, die nach der Arbeit den letzten Rest ihrer Jugend vermodern ließ inmitten der alten Möbel aus knackendem Holz, im muffigen Geruch, der die ganze Wohnung durchzog, und im schweigenden Dunkel, das allen Wörtern, so schien es, jedem Wort, Gewicht und Bedeutung verlieh. Währenddem Tato in der Küche das

Nachtessen kochte. Eine Tato, die bereits von beginnender Schwerhörigkeit behindert war. Doch sprechen wir jetzt von Zic, dem Hund.

Zic

Seine Ankunft am Boulevard des Philosophes fällt in die Zeit, da wir, meine Schwester und ich, ziemlich lange nach Vaters Tod, uns mit der Lage der Finanzen befassen mußten. Jedes von uns nach seinen Möglichkeiten. Sie als Sekretärin an mehreren aufeinanderfolgenden Stellen. Ich mit Privatstunden. Ich spreche also von jenem Lebensabschnitt in der Kriegszeit, als die einzigen Vergnügungen meiner Schwester die Sonntagsspaziergänge mit Zic waren. Hinaus aufs Land, zusammen mit Tato. Ich habe erwähnt: es war Krieg. In Europa natürlich, und sonst in der Welt. Nicht hier. Hierher, in unser kleines Land, kamen nur Meldungen von den Kriegsschauplätzen; die Lebensmittel waren knapp; das Leben ging schleppend. In der Nacht Verdunkelung der Stadt. Ich erinnere mich, ein- oder zweimal sah ich Jemine-Schwester und Tato, Seite an Seite, und vor ihnen, in närrischer Ausgelassenheit, Zic, den Hund. Zwei Frauen von kleiner Gestalt; die eine jung noch, die andere nicht mehr; beide rundlich. Etwa wie Mutter und Tochter. Während Mütterchen ans Haus gefesselt blieb mit ihrer Beschwerde, die sich ständig verschlimmerte. Über die man sie jedoch niemals klagen hörte. Weshalb auch soll die Rede sein, inmitten weltbewegender Ereignisse, von zwei bescheidenen Geschöpfen, die über Land trippeln, Obstbäume zur Linken, Kornfelder zur Rechten? Eben des sonderbaren Schmerzes wegen, den ihr Anblick in mir aufsteigen ließ, heftig, ich übertreibe nicht, und zart zugleich, durchdringend. Und den ich kaum in

Worte zu fassen weiß. Etwas Dichtes, Spitzes, das mir in den Eingeweiden riß und mich gleichzeitig mit einer Art Zärtlichkeit durchflutete, vermischt mit Erbarmen, das zu Tränen rühren konnte. Wie wenn das geheimnisvolle Band gezittert hätte, das mich mit den beiden Wesen vereinte. Ich glaube es heute sagen zu dürfen: Es war der Anblick, gewiß, zweier Geschöpfe in *Unschuld*. Meine Schwester, die ihr Leben verdiente, um das Heim am Boulevard des Philosophes zu sichern, mit all dem Gewicht des Unrechts, von dem ich sprach; die ihr Leben, man könnte sagen, verwirkte. Zwischen einer invaliden Mutter und einer schwerhörigen Zweitmutter. Auch diese friedvoll, zärtlich, und vergleichbar, so dachte ich oft, einem grauen Sternchen, das auf seinem Lauf unwiderruflich den gewöhnlichen Blicken entschwindet. Und die sich ebenfalls nie beklagte. Mehr noch: fast glücklich war sie und freudig bei ihren schlichten Beschäftigungen; auch sie lebte so selbstverständlich «für uns», wie eine Pflanze wächst und gedeiht. So also sah ich die beiden des Weges ziehen, langsam und stetig die Distanz verschlingend, so wie sie ihre Tage verschlangen, voll beschäftigt mit dem Jetzt, ohne das, was Außenstehende als Glück bezeichnen könnten. Auch ohne Verzweiflung, was kaum zu glauben ist. Kurz, Wanderer, wie viele andere, auf dem Lebensweg. Sonst nichts. Doch gerade deshalb, und darauf möchte ich hinauskommen, erfüllt von einem Leuchten und von einer wohligen Zärtlichkeit, deren Wirken ich heute noch weiter verspüre. Wie ein wunderschöner, wunderreiner Sommerhimmel, eines jener seltenen Geschenke im Leben, die man nie mit gleicher Gnade erwidern kann. Verstehe, wer da will. Indessen wußte ich, wo die beiden hingingen, Jemine-Schwester und Tato: zum Tee in eine kleine Herberge auf dem Land. Dazu ein Stück Kuchen. Immer sparsam! Ich sah sie am groben Holztisch. Draußen: Garten, Bäume, Sonne. Die vertraute und damit um so geheimere Welt des Seins. Gottes? Nicht Gottes? Sie sind ruhig da, die Damen, essen, gießen sich etwas Milch in den Tee, verscheuchen eine Wespe. Und beim Essen schauen sie. Sie trinken in kleinen Schlückchen. Die eine hüstelt und sagt: «Was für ein Tag! Wer hätte das gestern geglaubt!» Und die andere: «Schade, ist Mama nicht da. Sie käme doch so gern aufs Land.» Und wenn ich die simplen Worte sage, schlicht wie arme, abgearbeitete Hände, dann verstärkt sich in mir jener Schmerz, von dem ich schon sprach; und ich kann nicht umhin, wenn ich die beiden Damen im Herzen des Sommertags sitzen sehe und das Bild meiner Schwester mit den tiefbraunen Augen und den Pausbakken – auch jenes mit dem Mädchen und dem Hund im Schnee –, an das Leben zu denken, das für Millionen Menschen im Schweigen versinkt. Ein Schweigen wie ein Ackern, dunkel und weihevoll. Doch genug davon. Zurück zu Zic. Und zur entscheidenden Erinnerung: sein Tod. Verdammt lange schon litt der liebe Bastard Zic an Altersschwäche. Er bewegte sich immer seltener, nahm von uns kaum mehr Notiz und schlief den lieben langen Tag. Der Krieg war nun zu Ende. Am Boulevard des Philosophes schleppte sich das Leben langsam dahin. «Armer Zic», sagte Mütterchen, «er macht es nicht mehr lange.» Eines Tages, als ich gegen Mittag heimkehrte und die Korridortüre aufstieß – eine alte Tür, mit Leder tapeziert, dunkel, mit Messingknöpfen, die man «die grüne Tür» nannte, und die ebenfalls an Rußland denken ließ, an russische Gestalten – was sehe ich da: am Boden vor dem Ofen, genau da, wohin sich Vater jeweils an den schwierigen Tagen vor Weihnachten zu setzen pflegte, lag Zic der Länge nach in einem Lichtschein (die Stubentür stand offen). Seit einigen Wochen hatte sich in seinem Maul ein Tumor entwickelt. Und wuchs von Tag zu Tag. So daß Zic immer mühsamer schnaufte. Jetzt sah ich seinen Kopf mit dem ergrauten

Fell und dem Tumor auf dem Boden liegen. Er hatte mehr als nur Mühe beim Atmen. Jeder Atemzug ließ seine Rippen hervortreten. Hie und da blickte er mich an mit einem Ausdruck unendlicher Müdigkeit, wie Kranke, die keine Hoffnung mehr haben. Er gab nicht Laut, er klagte nicht. Er blickte mich an als einen Zeugen. Wie wenn er sagen wollte: «So, meine Freunde, es geht zu Ende.» Und der sich, ermüdet von dieser Mitteilung, von sich aus einem endgültigen Dunkel zuwandte. Und neben Zic, der schwer schnaufte und fast röchelte, war an jenem Tag meine Schwester, aufgelöst in Tränen. Wie am Lager eines Sterbenden. Was übrigens auch der Fall war. Zic hatte in seinen letzten Zügen etwas Menschliches, und der unüberwindliche Schmerz meiner Schwester schuf zwischen ihm und ihr eine menschliche Verbindung. In einer Sekunde begriff ich, was sie mit Zic alles verlieren würde. Es hatte nichts mit falscher Frauen-Sentimentalität zu tun. Es war etwas, wie soll ich sagen, von Nicht-Beleidigtsein in ihr, das verschwinden würde mit Zic, dem Gefährten ihrer Jugend; und Zic war ein Lebewesen, das, im Gegensatz zu Vater, Gutes nicht mit Bösem vergolten hatte. Auch da Unschuld. Und im flüchtigen Lichtschein zu unseren Füßen, vor dem Ofen, schien sich tatsächlich mit Zics heiserem Schnaufen ein ganzes Leben von neuem abzurollen: die grausamharte Jugend der Schwester in meinem Schatten; der lange Liebesentzug; die gestillten, aber nicht verheilten Wunden, die Vater zugefügt hatte; die endlosen Sonntagsspaziergänge mit Tato während des Krieges und nach dem Krieg, auf denen Zic Bindeglied und Zeuge zwischen ihnen war, er selber schuldlos an ihrer Unschuld. Das war es, was ich unter vielen andern Dingen aus den Tränen meiner Schwester erahnte, außerdem auch ihre Weigerung, den Kopf zum Gruß zu heben, zu sehr mit dem Unglück beschäftigt, das ein Stück von ihr war, das empfindsamste, heftigste; und auch ein Stück von mir. Wie könnte ich dies sonst fühlen und rückblickend in der Präsenz meiner Schwester neben Zic eine Welt entdecken? Eine Welt, in die ich, man verzeihe den Ausdruck, heute einzutauchen scheine, um zu den Quellen vorzudringen und das zu begreifen, was ich im Lauf langer Jahre nur, sagen wir, registriert hatte.

Schlaflosigkeit

Ein kleines Kämmerchen war es, fast blind und taub. Ich will sagen: mit einem einzigen Fensterchen auf einen senkrechten Schacht im Innern des Gebäudes. Mit Wänden, einst weiß, die mit der Zeit dunkelgrau geworden waren, und voll Spinnweben, wie ich mich seit frühester Kindheit erinnere. Von jenem Zimmer aus, das wir Tatos Kammer nannten, da sie es nach mir bewohnte, sah man nur Mauern. Der Stadtlärm war eine kaum wahrnehmbare Geräuschkulisse, die auf die Dauer nichts anderes schien als ein Gewebe des Schweigens, das plötzlich durch das Dröhnen von Schritten im Treppenhaus durchbrochen wurde. Wenn jemand treppauf oder treppab ging. Oder dann jenes Geräusch, das ich nie vergesse: wenn der Briefträger zweimal am Tag Briefe oder Karten (der Aufprall war etwas anders) in die Briefkästen steckte. Worauf er sich mit langsam schleppendem Schritt entfernte. Hinter ihm schlug dann die schwere Haustür zu. Und wieder herrschte die unhörbar-hörbare Stille im fast völlig abgeschirmten Zimmer. Im kleinen Zimmer lauschte ich beim Einschlafen auf die wechselnden Stimmen im Gespräch von Vater und Mütterchen, die verhaltener wurden und sich weiter entfernten; doch vor allem erlebte ich von frühester Kindheit an die schlimmste Schlaflosigkeit. Die stets punkt drei begann. Für mich die Hauptzeit des Leidens. Welcher Schrecken, wenn ich aus der Urtiefe von Zeit und Raum heraus bald den Boden, bald ein Möbel knacken hörte! Ohne mich vorerst aufzuregen, doch auf die Dauer bekam ich Angst, und bei besonders lautem Knarren und Knacken war ich gewiß, daß Einbrecher durchs Haus schlichen und mit unendlicher Vorsicht vorwärtstappten, selbst überrascht vom Knacken, das mich erschreckte. Die völlige Stille ließ die Eindrücke nur um so überzeugender werden: die Einbrecher kamen nicht nur zum Stehlen – was hätte das ausgemacht? –, sie kamen, um aus einem mir unbekannten, aber ganz bestimmten Grunde meine Eltern zu *töten*. Vater und Mutter, die im tiefsten Schlaf im Zimmer nebenan lagen (in dem dann viel später meine Schwester ihre Tanzlektion proben sollte). Kurz, Mord und als Folge des Mordes, Trennung von meinen Lieben: das war meine größte Beängstigung. Die Gewißheit über die drohende Bluttat ließ meine Glieder zu Eis erstarren – ich glaube immer noch meine steifen Beine zu fühlen, reglos an die Leintücher gedrückt –, und gleichzeitig überströmte mich Schweiß, so daß die Beine klebrig waren. Ich lag die ganze Zeit über auf dem Rücken, wagte mich buchstäblich nicht zu bewegen und kaum zu atmen, mit sausenden Ohren und der bangen Frage: was tun? Aufstehen, den Übeltätern entgegengehen, sie überraschen, schreien, das ganze Haus wecken, mich auf sie stürzen und dadurch gleichzeitig warnen und das Gemetzel verhindern? Oder noch einmal den unumstößlichen Hinweis abwarten, der über ihre Anwesenheit in der Wohnung keinen Zweifel mehr lassen konnte? Meistens, aus Furcht vor Lächerlichkeit, der mich ein unbegründeter Alarm preisgeben würde – Angsthase, würde mein Vater sagen, dem Mut nicht mangelte, Dummerchen, würde wie gewöhnlich Mütterchen meinen –, verharrte ich zögernd in eisiger Reglosigkeit und im Schweiß wie in einer Art lebendem Sarg, und wartete nur im dunkeln darauf, daß die Wanduhr die halbe Stunde nach drei schlagen oder um vier eine schüchtern aufkeimende Hoffnung ankünden würde. Doch richtig befreiend schien mir erst die fünfte Stunde. Sie war entscheidend. Ich erlebte die Zeit als etwas, das sich mit einem Ekel vor mir selbst vermischte, vor meinem Wesen, wenn ich so sagen darf, das sich in sich selbst offenbarte. Ich erschrak und schämte mich vor dem Erschrecken, sehnte mich nach Befreiung, fühlte mich wiederum lächerlich wegen meiner Ungeduld, und alles war eingemummt in etwas wie einen eisigen, fiebrigen Brei – mein Leib und ich, ich und mein Leib –, der von Zeit zu Zeit erstarrte, wenn im Holz lauteres Knacken ertönte, durchdringender als sonst, verursacht vermutlich durch einen neuen Vorstoß der Eindringlinge. Aber es kam auch vor, ein- oder zweimal vielleicht – als ich das Warten nicht mehr aushielt und überzeugt war, es sei soweit –, daß ich mit einem Satz aufsprang und entschlossenen Schrittes in den Flur trat. Zum Kampf bereit. Selbstverständlich, um dann doch nichts und niemand vorzufinden. Nur die Stubentür stand offen in der lauen Nacht, und man konnte auf dem Tischchen die Vogelfänger-Statuette sehen, den Heizkörper, der in der Nacht sich selbst überlassen war, das Eßzimmer im fahlen Schein der Straßenlaterne, mit dem selbstvergessenen Ticken der Wanduhr, das so saumselig die Befreiung brachte. Sonst war alles völlig still, und ich kehrte ins Bett zurück, stolz über den Schritt in die Gefahr und etwas ruhiger geworden. Doch überraschend war dies: obwohl mir meine Inspektion Klarheit gebracht hatte, konnte ich mich nicht befreien von einer Unruhe und Beklemmung, die ich kaum benennen kann. Verschwommen war sie und doch hartnäckig: die Angst, die vor jedem Ereignis in uns lauert und die, hatte sie sich für einige Momente auf die eingedrungenen Mörder gerichtet, und dies erst richtig ausgemalt, im Dunkel weiterwirkte, auch wenn sich die Einbrecher in Nichts aufgelöst hatten. Befreiung, richtige Befreiung kam erst Schlag fünf, wenn plötzlich der lautdröhnende und doch so wundersame Lärm einer Tür ertönte, die unsanft aufgerissen wurde: die Haustür, die den Milchmann ankündigte. Gab es in meinem Leben ein Gefühl der Freude – das in mir jetzt noch weiterschwingt –, dann ist es das Gefühl bei der Ankunft des Milchmanns. Der feste, beruhigende Schritt des Morgenmannes, der durch das Treppenhaus dröhnte, verscheuchte alle Nachtmahre. Nicht das Morgengrauen vertrieb die Gespenster, sondern der Milchmann als personifizierter Morgen. Zum voraus, und mit welcher Freude, kannte ich die ganze Folge von Geräuschen, von denen jedes vertraut war und durch den gleichbleibenden Ablauf die frohe Gewißheit des jungen Tags und der Befreiung brachte. Die schwere Milchkanne – erkennbar am dumpfen Schall – wurde zuerst im Parterre abgestellt. Ich hörte, wie der Mann vor der ersten Tür den Deckel abhob und den Milchkessel nahm, den jeder Mieter am Abend vor die Türe stellte. Am helleren metallischen Geklirr erkannte ich, daß er mit sicherem Griff die große Kanne über den Kessel neigte. Und dann ertönte das wundervolle Zischen, zauberhaft leicht und gleichzeitig tief wie brausendes Leben: die Milch strömte aus einem Gefäß ins andere; die neugefundene Milch der Freude; die Milch der Welt, die aus dem Urquell in den Behälter jeder Familie, jeder Wohnung schäumte. Erquickende, nährende Flut; Kraft des frühen Morgens, Jungbrunnen, Labsal voll süßer Macht im grauen Morgendunst, der nun hell zu erstrahlen begann. O köstliche Dämmerung! Wenn der Milchmann den Kessel der ersten Familie wieder zugedeckt hatte, setzte er seinen Rundgang fort und wiederholte dieselben Verrichtungen von Stockwerk zu Stockwerk. Und brauche ich noch zu betonen, daß sein Aufstieg im Treppenhaus in mir das Gefühl von Sicherheit, Wohlsein und Frieden aufsteigen ließ? Gewöhnlich schlug es fünf, während der Mann seine Arbeit besorgte. Und der Stundenschlag der Wanduhr, der feierlich pulsierte und sich mit dem Rauschen der Milch vermischte, verherrlichte das Fest. Das Fest des neuen Tages. Der Geburt eines neuen Tages.

Der ovale Spiegel

So also war das Kämmerchen, fast blind und taub – triumphierend auch –, in welchem Tato anschließend täglich ihre Morgentoilette machte, mit sorgsam gemessenen Gesten, als hätte sie unendlich viel Zeit zur Verfügung. Was auch der Fall war. Denn sie ging keiner Arbeit nach. Nein, Tato, was vieles erklären mag, hatte nie gearbeitet. Das heißt: um den Lebensunterhalt zu verdienen. Immer war sie daheimgeblieben. Und der Boulevard des Philosophes war ihr Königreich. Doch was ich sagen wollte, ist dies: Zur Ferienzeit schaute ich der kleinen Dame, die damals anmutig aussah, und die man vertraulich Tato nannte, gerne zu, wenn sie ihre Morgentoilette machte. Ich stieß die Tür auf und sagte: «Tato, Mama hat dich gerufen.» Und es war tatsächlich so. Vater hatte sich zu dieser Zeit bereits ins Büro begeben. Mütterchen war schon am gewohnten Platz in der Küche und rüstete Gemüse. Mit schleppender Langsamkeit. Und da sie beim Gehen immer mehr Mühe hatte, der verwünschten Arthrose wegen, so hieß sie mich manchmal Tato holen. Ich für mich liebte es, die Tür zum blinden und tauben Kämmerchen aufzustoßen, in welchem, dank der brennenden Lampe – ohne die man nicht das geringste gesehen hätte – ein warmes, sanftes Licht herrschte und ein leichter Duft, der zu meiner Tante gehörte. Die um diese Zeit stets vor ihrer Kommode stand. Wo sie sich kämmte. Ich sehe sie mit der einen Hand das Haar zurückhalten, während die andere mit der Bürste darüberstrich. Ich sehe vor allem die bloßen Arme wieder, rund und prall, Milch der Welt auch sie, und die ich gerne angefaßt, gestreichelt, geküßt hätte. Aber der Schwung wurde bald wie abgebremst durch die rituelle Frage: «Was willst du?», die Tato aussprach, ohne sich umzuwenden, als ob sie, aus einer dunklen Ahnung heraus, das Schweigen gerne beendet hätte, das, für einen winzigen Augenblick, und der ihr trotzdem lang scheinen mochte, meinen Blick begleitete, der sie abtastete und über Nacken, Hals und Rücken wanderte, über die Rundung der Brust, die sichtbar wurde, da sich die Arme hoben wie zwei rosigfrische Pfeiler; und so entstand in mir ein höllisches Durcheinander, das, obschon verborgen hinter dem Schweigen, bereits verdächtig zu werden drohte. «Mutter ruft dich», sagte ich einfach. Worauf Tato ebenso einfach antwortete: «Sag ihr, ich komme.» Und in den Sekunden, die diesen Worten folgten, strich sie mit der Bürste sorgsam und gemächlich weiter durch das aufgeknotete Haar. Betrachtete sich dabei im Spiegel, ausgiebig, doch ohne Selbstgefälligkeit. Wie jemand, der Schritt für Schritt der Vergänglichkeit nachgeht. Und da ich diesem Blick folgte, traf ich mich mit ihm wie zu einem heimlichen Stelldichein im Spiegelbild einer Frau, klein von Gestalt zwar, doch, wie gesagt, mit rundlichen Armen und, diesmal von der Seite gesehen, im morgendlichen Négligé leicht entblößter Brust – ein Bild häuslicher Sinnlichkeit, das ich mit meinem Blick bereits voll süßer Lust durchwanderte. Ob Erwachsene wohl ahnen mögen, wie machtvoll ein Kind insgeheim Besitz ergreift? Und wenn ich dann im Spiegel Tatos Blick begegnet war, dann zog ich mich ohne weiteres zurück, um dem Mütterchen in der Küche anzukünden, daß Tato bald da sei. Doch im Augenblick, da ich mich von der Türschwelle löste, sagte ich nicht dem Spiegelbild der sich kämmenden Tato adieu, sondern dem Spiegel selbst. Jenem ovalen Spiegel, den ich fast vier Jahrzehnte später, am Tag des Umzugs und Auszugs aus der Wohnung am Boulevard des Philosophes, wiedersah wie einst, über der Kommode, im sanften, warmen Licht der kleinen Kammer, mit dem alten Goldrand; doch es war ein grauer Glanz im Gold, wie von einer Prise Asche; mit den schlichten, gedrungenen Massen, die an Tatos Gestalt erinnerten; und vor allem mit dem papierenen Veilchenstrauß, der daran hing, und zwar, wie man gesagt hätte, seit urdenklichen Zeiten, und der, wenn man ihn nur schon sah unter der leichten Staubschicht, einen Eindruck von Parfum gab; ich sage deutlich, einen Eindruck ... Der kleine Spiegel schien im Gewirr des Umzugs, in dem alles verzettelt wurde, zu überleben wie der Blick eines Kranken, der aus dieser Welt entschwindet. Doch er ist nicht entschwunden, er lebt weiter, er, der zu seiner Zeit die Milch der Welt kannte. Und selber Milch der Welt war.

Bist du's?

Doch um mit dem blinden, tauben Kämmerchen zu Ende zu kommen – auch wenn man nie zu Ende kommen kann – noch eines: das Bett, in dem unsere Mutter ausruhte. Meist ohne zu schlafen. Immer die Arthrose, so daß sie mit Schweiß bedeckt war. Doch niemals, noch einmal sei's gesagt, niemals eine Klage. Im Gegenteil, stets erkundigte sie sich bei mir: «Was tust du? Wie geht's mit der Arbeit? Bist du zufrieden?» Es mochte Nahestehende oder Entferntere betreffen, man hatte den Eindruck, sie übernehme, aus tiefer Unbewegtheit heraus, die jedoch für uns diejenige einer Radachse war, das Leben der andern. Ich will sagen: sie nahm daran in sich selbst teil. Ohne sich aber einzumischen, ohne zu drängen. Mit Achtung vor den Ansichten des Gesprächspartners und aller, die aus diesem oder jenem Grunde an den Boulevard des Philosophes kamen. Denen sie zuhörte, und mit gespannter Aufmerksamkeit, wie es schien. Ich hatte das Gefühl, oder vielmehr habe ich heute das Gefühl, daß Mütterchen in Abwesenheit Vaters, des einzigen Mannes, den sie gekannt hatte, aus ihren Schmerzen heraus an einen psychischen Ort X gelangte, an dem sie in voller Freiheit an alle denken, für alle da sein und mit jedem in dessen Sorgen und Freuden leben konnte. Da war Frau B., die Abwartin, die ihr unaufhörlich Vertraulichkeiten erzählte und von der wir bald mehr zu berichten haben. Aber auch andere, viele andere, bekannte, weniger bekannte, alltägliche Leute und «Persönlichkeiten», wie man einfältigerweise sagt. Deren Worte und Taten sie in der Presse aufmerksam verfolgte. Oder jener Mörder, dessen Treiben ihr ebenfalls aus der Zeitung bekannt war, der seine Mutter mit einer Flasche zusammengeschlagen, dann geköpft und die Leiche schließlich eingemauert hatte. «Wie schrecklich», meinte sie, «arme Frau, armer Junge.» Und so ging es weiter. Erst jetzt wird mir bewußt, wie oft das Wort «arm» von ihren Lippen kam. So sagte sie: «Der arme Vater» und zu mir: «Du armer Junge!» Und von jenem kleinen Mann, dessen Bekanntschaft wir noch machen werden: «Der arme G.» Kurz, man hätte gesagt, daß sie vom Ort X aus, an dem sie weilte, ein Netz feinster Verbindungen mit den andern wob. Mit Menschen und Dingen. Mit allerhand Umständen. Beziehungen von Gefühl und Verstand, die ihr Wesen strahlen ließ (doch auf unspektakuläre Weise), verständnisvoll, sanft und eindringlich. So daß man sich, nahm man Abschied von ihr, erleichtert und beruhigt fühlte. Man ging des Wegs mit neuem Mut. Doch wo man das gewisse Etwas am meisten spürte, und worauf ich hinauskommen möchte, das war dann, wenn ich spätabends nach Hause kam, manchmal um Mitternacht, und wenn ich die Tür so leise wie nur möglich schloß, damit niemand etwas merken sollte, dann hörte ich jedesmal aus dem Dunkel des Kämmerchens, das nun blinder und tauber war denn je, die vertraute, keinesfalls lästige und schon gar nicht vorwurfsvolle Stimme fragen: «Bist du's?» Eine Frage, für deren Beantwortung eigentlich ein ganzes Leben zu kurz wäre. Ja, ich war es wirklich. Doch was ist Ich? Wer ist es? Und was heißt das? Anstatt also ihr in diesem Punkt zu antworten, der meinen Vater zu endlosen philosophischen Erwägungen angeregt hätte, begnügte ich mich, mit Mütterchen über dies und das zu plaudern, als ob es nicht Mitternacht gewesen wäre; als ob ich nicht heimkehrte, sondern einfach das Plauderstündchen von gestern, von eh und je fortsetzte. So wie es hier weitergeht, über Wichtiges und Nichtiges – jene Nichtigkeiten, die den eigentlichen Lebensinhalt bilden – und auch über Leute, die wir seinerzeit kannten. Und indem ich das jetzt tue, habe ich meinerseits nun das Gefühl, ich webe ein Netz zwischenmenschlicher Beziehungen, das allein mir eine Antwort geben kann auf die Frage: «Bist du's?»

Frau B., die Abwartin

So waren also die ersten Leute, von denen wir sprachen, natürlich die Leute im Haus. Und vor allem die beiden Jungfern V. und D., die Besitzerinnen der Liegenschaft, die allmorgendlich, sommers wie winters, zur Frühmesse gingen, Arm in Arm und, wenn man so sagen darf, schlingernd wie alte Schaluppen, strotzend vor Frömmigkeit hinter ihren Brillen mit rauchigen Gläsern, die ihrem Gesicht einen scheinheiligen und zeitweise beängstigenden Ausdruck verliehen. Sie waren freundlich, übertrieben freundlich. «Zwei Frömmlerinnen», sagte Mütterchen, die nicht ahnte, daß ihre Worte in mir eingemeißelt wurden wie in Marmor, und dann, als ob sie der Präzisierung mehr Gewicht geben wollte, fügte sie bei: «Aber tapfer sind sie.» Ich hielt mich an die erste Feststellung, nicht an die Korrektur, und behielt auch unfreundlichere Meinungen über die beiden alten Jungfern, die stets schwarz gekleidet waren und die sich, wie mir aus zeitlicher Distanz scheint – ist es eine Sinnestäuschung? – in einem leichten Geruch von Tee und Lakritzen bewegten. Im vierten Stock desselben Gebäudes wohnten zwei andere alte Jungfern, ebenfalls Schwestern, die so protestantisch waren wie die andern katholisch. Beide waren Lehrerinnen: die eine groß und dürr, von der ich noch etwas Merkwürdiges zu erzählen habe – aber nicht jetzt, denn es handelt sich fast um eine Art Abrechnung! –, die andere ebenfalls mager, aber winzig klein. Ein Wichtelfräulein. Beizufügen wäre, daß ich mich in der langen Zeit der Nachbarschaft nicht eines einzigen Lächelns entsinne oder des geringsten Grußes ihrerseits. Wenn sie uns begegneten, den Eltern und mir, dann machten sie nur eine dümmlich-schüchterne und salbungsvolle Kopfbewegung. Womit hatten wir ein solches Gebaren verschuldet? Mit nichts. Doch vielleicht waren sie herablassend, und nicht als einzige zu jener Zeit, weil mein Vater *Ausländer* und deshalb, wie ich oft sagen hörte, «von vornherein verdächtig» war. Mütterchens Urteil: «Die Geschwister M. tun keiner Fliege was zuleid. Aber es sind Krämerseelen. Und Frömmlerinnen einer andern Kategorie.» Schließlich muß ich der Vollständigkeit halber jemanden erwähnen, der am Boulevard des Philosophes direkt unter uns wohnte und für den ich ein unangenehmes Gefühl der Furcht, vermischt mit Haß, verspürte. Grund: jedesmal, wenn ich mich im Korridor mit dem Fußball vergnügte und dabei etwas Lärm machte, zwang mich ein gebieterisches Pochen mit dem Besenstiel aus der untern

Wohnung zum Spielabbruch. Das war Vater C., der an mir wieder einmal seine sprichwörtliche schlechte Laune ausließ. Ich glaube, daß sogar Mütterchen, trotz ihrer Gemütsruhe, ihn oder zumindest seine Wallungen fürchtete. Und die Furcht auf mich übertragen hatte. Ich entsinne mich besonders des Zwischenfalls, als Vater C. wutschnaubend heraufkam, nachdem ich mit meiner Belustigung trotz der Warnhiebe nicht aufgehört hatte. Jetzt noch höre ich sein zorniges Läuten, und ich erinnere mich, wie ich wenig ruhmvoll den Rückzug in irgendeinen Winkel der Wohnung antrat, wo ich mich schimpflich versteckt hielt, während der ganzen Zeit der Verhandlungen zwischen Mütterchen, das selber geöffnet hatte, und dem bitterbösen Vater C. Dominierendes Gefühl war damals das Bedauern, Mütterchen einem solchen Wortwechsel ausgesetzt zu haben, und der Vorsatz, den ich mir im Halbdunkel faßte: so etwas nie wieder zu tun. Doch meine Befürchtungen waren wie stets – ich hatte einen Hang zum Dramatisieren – auch hier übertrieben. Von der Unterredung kam Mütterchen, die sich auf eine Stuhllehne stützte, für sie die einzige Möglichkeit zur Fortbewegung, viel entspannter zurück, als ich es mir vorgestellt hätte, und sagte von unserm Nachbarn, was mir so etwas wie eine Erhellung brachte: «Kein schlechter Mensch, nur ein wenig aufbrausend.» Und tatsächlich scheint es, daß Vater C., anfänglich hochfahrend, angesichts Mütterchens gefälliger Manieren und ihrer leutseligen Höflichkeit schließlich mit Entschuldigungen über sein Ungestüm Abschied nahm. Der Vorfall hatte für mich zur Folge, daß ich nicht mehr an des Mannes Wohnung vorbeigehen konnte ohne, wenn die Wohnungstür offenstand, gemischte Gefühle zu verspüren, deren Zusammensetzung ich auch heute noch nur schwer bezeichnen kann: Argwohn (nunmehr gedämpft), auch etwas weniger Haß als zuvor, gemischt mit Neugier, zu der sich eine Art Mitleid gesellte, oder sagen wir: Bereitschaft zum Mitleid. So hatte der Kneifer auf Vater C.s Nase, der mir bis anhin schrecklich schien, viel von seiner Gewalttätigkeit verloren. War höchstens noch abstoßend oder lächerlich. Dasselbe galt für das rothäutige Gesicht, in dem ich statt Grausamkeit nur noch Siechtum und Alterselend bemerkte. Welche Narrheit, zu hassen, was zerfällt und zerbröckelt! Und wenn ich an der Tür vorbeiging, die er eben schließen wollte, dann sah er mich an, ohne Blitze zu schleudern. Ich will nicht sagen, daß ich ihn gegrüßt hätte. Aber ich fühlte keine Feindschaft mehr zwischen uns. Das einzige, was mich tatsächlich ärgerte, war, daß ich am Nachbarn vorbei, der die Wohnungstür schloß, in eine Wohnung hineinsah, deren Grundriß genau der unsrigen entsprach (fürwahr ein lästiges Gefühl), und die gleichzeitig anders war: die Möblierung, ein Vorhang anstelle der grünen Tür bei uns, und vor allem ein völlig andersartiger Geruch. Alles Dinge, das muß beigefügt werden, zu Ungunsten der Wohnung des Manns mit dem Kneifer und seiner Frau (die man äußerst selten sah). Dieser Wesensunterschied trug dazu bei – Bereitschaft zum Mitleid –, daß ich den unglückseligen Zensor meiner Spiele etwas weniger abstoßend fand, auch in Anbetracht dessen, daß seine Streitlust mir gegenüber dank Mütterchens sanfter Umsicht bedeutend entschärft war. Doch das ist nun alles über ihn.

Kommen wir also zu einem der Menschen im Haus, die für mich am bedeutsamsten waren. Ich meine Frau B., die Abwartin. Öfters kam sie, so gegen vier Uhr, herauf zu Mütterchen, die im Lehnstuhl saß, um eine übersprudelnde Geschichte zu erzählen, die, für mich nicht der Beachtung wert, aus der Ferne ein komisches Mischmasch schien. Was mir blieb von diesen Gesprächen, die im Eßzimmer stattfanden, ist vor allem Mütterchens Haltung im Lehnstuhl: aufmerksam für alles, was Madame B. zu vermelden wußte, doch

unter Beachtung einer gewissen Distanz ihr gegenüber. Diese Distanz erlaubte dem Mütterchen, mit kaum wahrnehmbarer Ironie zu sprechen. Die Ironie war keineswegs beißend, sondern lauernd und treffsicher, doch schalkhaft ohne Arglist, und immer versöhnlich. «Unbezahlbar», meinte Mütterchen von Frau B. Und wenn diese sich verabschiedet und die Wohnung verlassen hatte, nickte Mütterchen mit dem Kopf, wie zur Bestätigung des Gesagten. Und schon das Nicken allein erklärte mehr als lange Kommentare und mehr als alles, was ich hier notieren kann. Unbezahlbar, gewiß, doch was Mütterchen nicht ahnen und was ich ihr natürlich auch nicht eingestehen konnte – für jeden in der Familie gibt es einen geheimen, versteckten, unzugänglichen Winkel –, das sind die wahren Gefühle, die Frau B. damals in mir erweckte.
Um mit dem Anfang zu beginnen, erinnere ich an etwas, was Mütterchen selbst auch bemerkt hatte und sie erheiterte: das war die tiefe Verehrung, die Frau B. – auf ihre Art – meinem Vater entgegenbrachte. Und die sich bei jeder Gelegenheit auf die ursprünglichste und drolligste Weise zeigte. Auf der Treppe zum Beispiel, wenn Vater und ich vorübergingen und sie am Putzen war. Sie begann dann mit ihm eine ihrer Geschichten ohne Hand und Fuß, auf die sie sich verstand, und deren Sinn nur darin bestand: so lange als möglich den Kontakt – wenn ich so sagen darf – mit meinem Vater zu behalten, der gewöhnlich eine Treppenstufe über ihr stand und ihr höflich und willfährig zuhörte, mit kaum wahrnehmbarer Ironie, die aber ätzender, bissiger war als diejenige Mütterchens. Auch die Distanz war völlig anderer Art. Nichtsdestotrotz brachte Frau B. meiner Mutter gegenüber bei jeder sich bietenden Gelegenheit einen Schwall schmeichelhafter Bemerkungen über den lieben Herrn an. Am Tag nach dessen Tod gelang ihr gar ein Glanzstück, als sie mit schluchzender Stimme erklärte, wobei sie die Hand auf die prallgerundete

Brust legte, daß sie, man möge ihr verzeihen, ein tieferes Leid verspüre noch als Madame. Ich sagte: mit der Hand auf der Brust. Und präzisiere: der prallgerundeten. Und damit beginnen tatsächlich die Beziehungen zwischen Madame B. und mir, deren Charakter niemand, und gewiß nicht Mütterchen, erahnen konnte. So einzigartig und geheim waren sie für mich. Also: Frau B. wohnte in der Abwartsloge am Treppenaufgang, aus der sie jeweils ans helle Licht trat wie ein geblendeter Nachtvogel. In der feuchten, ewig dunklen Loge, aus der ein widerlicher Gestank schlug, wohnte Madame B. mit ihrem Mann. Den ich vor mir sehe, als lebte er noch. Wie wenn ich ihn vor dem Haus anträfe. Er war klein, von gedrungener Gestalt. Dicker Kopf, glattrasierter Schädel. Und eine Einzelheit fiel mir immer auf: die höckrige Kartoffelnase, stets glänzend. Herr B. sah aus wie ein grundguter Mensch. Er trug stets eine Mütze, kam aus Bellegarde in der französischen Nachbarschaft und arbeitete als Eisenbahner bei der Bahngesellschaft Paris–Lyon–Marseille. Vater plauderte gern mit ihm. Doch es ist klar, daß er Herrn B. nicht in der gleichen Weise zuhörte wie dessen Gattin. Kein Hauch von Ironie. Gespannte Aufmerksamkeit. Wie für jemand, dessen nebensächlichste Äußerungen zählen. Der außerdem einer Welt angehörte, zu der Vater keinen Zugang hatte, die ihn bezauberte und gleichzeitig abschreckte: der Arbeiterklasse. Nichts ist mir geblieben von dem, was sich die beiden sagten. Nur die Aufmerksamkeit, die sich beide entgegenbrachten, wie ein Magnetstrom zwischen zwei gegensätzlichen Welten. Ein Strom, eine Verbindung. Voll Feingefühl. Strom und Verbindung, etwas wie Odem und Substanz des Lebens. Sie sprachen lange zusammen, bald vor der Haustür, bald vor der Loge. Und während des ganzen langen Gesprächs antwortete Herr B. meinem Vater und hielt dabei die Mütze in der Hand. Doch man spürte an seiner Redeweise entschlossene Bestimmtheit. Herr B. erläuterte, spielte den Ankläger; mein Vater nahm zur Kenntnis. Auch wenn man ihre Worte nicht verstand, war doch offensichtlich, daß Herr B. überzeugend redete. Und wenn sich die beiden zum Abschied die Hand gereicht hatten, blieb Vater, ich erinnere mich, in Schweigen versunken, wenn er die Treppe hinaufging, als dächte er über das Gehörte nach. Weshalb Mütterchens Begrüßungsworte immer etwas unwirklich schienen: «Das war aber wieder ein Techtelmechtel!» Worauf sie, nachdem sie von Herrn B. erklärt hatte: «Ein braver Mann!», nicht beizufügen vergaß, allerdings mehr als Reflex denn als Rüge: «Schade, daß er so gern ins Glas guckt!» Worauf mein Vater nichts zu antworten geruhte. Um jedoch auf das zu kommen, was uns hier beschäftigt, möchte ich sagen, daß die Besprechungen der zwei Männer vor der Loge, deren Tür manchmal offenblieb, für meine kleine Person noch eine andere Dimension bekam. Von Vater und Frau B.s Gatten wie von den Betreffenden selbst nicht geahnt. Denn was tatsächlich während des ganzen Gesprächs der beiden Männer meine Teilnahme erregte, war das zu uns aufblickende Gesicht der Frau B., die, ohne selber das Wort zu ergreifen, abwechslungsweise die beiden Gesprächspartner beobachtete. So konnte ich sie geruhsam betrachten: das ölige, breite Gesicht; das fette Haar, das aus einem graugrünen Kopftuch quoll; ihren Blick endlich, etwas wirr, kindlich und leicht schielend, an dem ich bereits etwas Einschmeichelndes fand. Doch umgekehrt, und das war, wenn ich so sagen darf, der springende Punkt, fiel mein Blick von oben auf viel größere Brüste als diejenigen Tatos, unbändiger und draller noch als diese, frei von engen Miedern, üppig quellend und wogend wie in tiefen Wassern, von deren Anblick ich mich nicht loszureißen vermochte. Ich war, und wie hätte ich das daheim erklären können, unterjocht von Frau B.s Busen. So sehr, daß ich zeitweilig alles vergaß, was an Worten zwischen meinem Vater und Herrn B. oder zwischen ihr und Vater gewechselt wurde. Was zählte, war nur noch der Drang zu einer tatsächlich etwas absonderlichen Person, beleibt, offensichtlich schmutzig, doch freundlich, ausnehmend freundlich: und so war in mir der Trieb erwacht, und der eilige Drang, eines Tages allein, eingeladen von Frau B. selbst, in die bewunderte Loge (die ich leider stets nur von außen sah) eindringen zu können, die Stufen zu benützen, die in sie hinabführten (ein Paradies in der Unterwelt), und in ein Reich zu gelangen, das mir völlig unbekannt war: von dem ich höchstens im Vorbeigehen einen Blick auf die Tischecke mit Küchenabfällen, auf einen Teil des Holzofens, einen Stuhl und, an Winterabenden, die Lampe erhascht hatte, durch zwei winzige Fensterchen zu ebener Erde, schmachvoll vergittert wie Gefängnisfenster. Ein dunkles, verlockendes Reich. Verlockend, weil hier die seltsame Frau B. hantierte; und abstoßend wegen des Geruchs, der herausströmte und im Hals steckenblieb: Geruch von Bratöl, von ranziger Butter, von Speiseresten; in den sich ein anderer mischte, säuerlich feucht, der dem an die Abwartswohnung anstoßenden Keller entstieg; und niemand konnte ahnen, was dieser Keller damals in meinem geheimen Leben für eine Bedeutung hatte. Kurz gesagt, es war so: Frau B. höchstpersönlich besorgte für uns die Wäsche. An den Waschtagen machte ihr Tato für die Zwischenverpflegung am Morgen wie am Nachmittag ein Tablett bereit, mit einer großen Tasse dampfenden Milchkaffees sowie Brot und Käse. Doch wer hätte ahnen können, wie sehr das Herz mir pochte, wenn ich nur schon daran dachte, daß vielleicht ich beauftragt würde, das Tablett hinabzubringen? So sehr, daß ich, wenn sich Tato zu den bestimmten Zeiten in der Küche zu schaffen machte, immer in der Nähe zu finden war und möglichst unauffällig darauf wartete, daß sich an mich das schicksalhafte Sätzchen richtete, das ich so sehnlich herbeiwünschte: «Bist du so gut, mon petit, und bringst der Abwartin das Tablett?» Ich tat oft noch eine Sekunde lang dergleichen, als ob ich in einer Beschäftigung gestört würde, um ja nicht den geringsten Verdacht zu erwecken; und dann ging ich vorsichtig und klopfenden Herzens Stufe um Stufe hinab mit fast weihevoller Gelassenheit. Einmal um auf dem Tablett nichts auszuschütten; und dann, um den Moment der Begegnung mit Frau B. hinauszuzögern; und mehr noch: zum voraus das Verlangen zu genießen, das mich erfaßte, und das, wie ich – schon damals! – wußte, trotz meiner Schwärmerei, Selbstzweck war. Ich fühlte mich schon zum voraus im letzten dunklen Vorflur des Waschraums, von dem aus man durch ein Oberlicht die Decke der Abwartsloge sah, vergilbt, und mehr als das, wie von Tabaksqualm verräuchert. Und dieser Blick allein ließ mich im Halbdunkel erbeben, wie wenn ich im Verstohlenen etwas von der ersehnten Intimität erhascht hätte. Ich hörte zum voraus auch das Wasser im Waschraum plätschern und das Geräusch durch den ganzen Keller hallen. Ich erriet inmitten der Dampfwolken Frau B., die sich über den Zuber neigte und mir breite Hinterbacken darbot, die ich noch verwirrter begehrte als den Busen, und in denen ich mich gerne verloren hätte, wie man sich in den wallenden Hügeln eines Ferien- und Abenteuerlandes verirrt. Aus Freude, aus dunkler, tiefer Freude, vermischt auch mit Beklemmung, und deshalb etwas rauh – niemals würde ich unserer Hügel-Freundin, unserer Gipfel-Freundin den inneren Aufruhr gestehen –, geblendet durch die uns beide umhüllende magische Dunstwolke, wußte ich, daß ich, ohne Atem zu holen, ohne atmen zu können, das Tablett mit Käse, Brot und Milchkaffee abstellen und, Furcht und Verwirrung überwindend, das ewig gleiche Verslein hinunterleiern würde: «Mahlzeit, Frau B., ich bringe das Tablett, das Tato für Sie bereitgemacht hat!» Und darauf würde die erwähnte Frau B. sich umdrehen, Schweiß im Gesicht, mit dem Handrücken über die Stirn fahren und eine nasse Strähne zurückstreichen, und mir mit einer Art von viehischem Gestöhn antworten, hallend durch die dunkle Stätte, und das Bewußtsein der ungewollten Komplizenschaft schnürte mir die Kehle zu: «Was für ein netter Junge!» Nichts weiter. Doch der leicht schielende Blick der Frau B. würde sich auf mich richten und die Worte begleiten. Ganz nahe wäre die Brust, mollig und massig, aufquellend wie ein riesiger Kuchenteig. Alles noch verstärkt durch die Wirkung des Dampfes ... Eben, ich wußte, daß ich als Zwerg mit großen Wünschen den erfüllt-unerfüllten Moment verschlingen würde wie eine bitter-köstliche Hostie, und daß ich aus dem Waschraum weggehen würde fast im Laufschritt: als ob ich mit größtem Abscheu mit Madame B. zusammen wäre! Die mich, stelle ich mir vor, für eines der schüchternsten Kinder hielt! Dieselbe Frau B. sollte in der Folge, und zwar bei einer bestimmten Gelegenheit völlig unfreiwillig, in mir noch eine größere Verwirrung auslösen, die fast bis zum Ekel ging, und die mir abschließend noch zu erzählen bleibt, um den Zyklus der guten Dame zu vollenden.

Die Sache hatte sich zugetragen, als Frau B.s Gatte noch am Leben war. Eines Morgens also, ich war nicht zur Schule gegangen, zweifellos an einem Donnerstag, und Vater war weg an die Arbeit, und lange vor ihm bereits Herr B. an die seine, spielte ich auf dem Trottoir mit einem Ball, als ich plötzlich die Haustür aufgehen und auf der Schwelle eine Hünengestalt auftauchen sah, mit einer Mammutjacke bekleidet, dicken Stiefeln, einer Mütze auf dem Kopf, und in der ich ohne Mühe den Wegknecht erkannte, der allmorgendlich als schweigender, schnauzbärtiger Held, mit unermeßlichem Gewicht auf der Waage des Irdischen lastend, die Chaussée kehrte, gemächlich, in einer Art Selbstversunkenheit. Doch an jenem Morgen entströmte ihm etwas für mich völlig Neues, außerordentlich und schrecklich zugleich. Und dies, wie mir scheint, aufgrund der Umstände jener Erscheinung. Ich will sagen, wen bemerkte ich, als er vor unserm Hause stand und mit einer Hand die Türe hielt? Frau B., ebendaselbst vor der Loge, schwatzte mit ihm. Und zwar mit verwirrter Miene und einem zugleich fröhlichen und mühseligen Gesicht, was dem guten Mann trotz seiner Schwerfälligkeit nicht entgehen konnte. Man hatte den Eindruck – ihr Bild hat sich mir fest eingeprägt –, daß der Mann fast verlegen war und sich schleunigst wegmachen wollte: während hingegen Frau B. versuchte, auch wenn sie ihn nicht berührte – was um so schlimmer war –, ihn zurückzuhalten, als ob ein unsichtbarer Klebestoff die beiden verbunden hätte. Ich konnte nicht sofort erraten, was da vorging. Ich weiß nur, daß ich, gebannt und angeekelt, die beiden zusammen tuscheln sah, wobei die mir unverständlichen Worte widerliche Heimlichkeiten auszudrücken schienen, abstoßender noch durch die geröteten Züge des Mannes, der mir in diesem Moment, ich weiß nicht recht warum, wie ein Ausbund an Heuchelei und doch fast verschämt schien, und durch das schlüpfrige, fast übergeschnappte Lachen der Frau B. Und nicht nur durch ihr Lachen, auch durch den geweiteten, leuchtenden Blick; durch den Glanz in ihrem plumpen Gesicht, das zum Partner aufschaute mit einem Ausdruck einfältiger Vergötzung. Es war, als hinge Frau B. am geröteten Gesicht des Mannes, der sich mit heimlicher Erleichterung davonmachen wollte. Doch einige Sekunden lang beglotzten sie sich noch wie zwei Reptilien und konnten sich nicht trennen: er ein ungeschlachter Tölpel, während sie, katzenhaft trotz ihrer Beleibtheit, den Augenblick, der mir in seiner Widrigkeit unendlich schien, zum äußersten verlängern wollte. Endlich suchte der Mann mit Mütze und Kittel das Weite, während Frau B. ihm unter der Tür noch mit den Augen folgte. Nach einiger Zeit drehte sich der Kerl noch einmal schwerfällig um. Ohne zu winken. Für ihn war das wohl so etwas wie ein Gruß, den er nicht auszuführen wagte. Wer weiß? Vielleicht meinetwegen ... Frau B. schien nicht auf mich zu achten und verzog sich in ihre Loge, die mir geheimnisvoller schien denn je, doch nunmehr voll von anrüchigen, widerlichen Geheimnissen. Ich erinnere mich, daß ich genau in jener Minute einen Ekel verspürte. Wie wenn sich etwas «wenig Erfreuliches» abgespielt hätte, um Mütterchens Worte zu gebrauchen. Ohne richtig zu wissen warum, sah ich in mir wie eine Einblendung das Bild des Herrn B. aufleuchten, mit der Mütze gutmütig überm Ohr, mit dem behaglichen Lachen, und seinem ganzen Wesen, das – wie soll ich sagen? – ebenfalls unschuldig war. Was mir im Gegensatz dazu das Intermezzo, dessen Zeuge ich geworden war, noch niederträchtiger erscheinen ließ. Worauf ich mit meiner Fußballerei auf dem Trottoir noch stürmischer weiterfuhr.

Der arme H.

Nun kommt jemand, der mit Mütterchens ursprünglicher Erscheinung eng verbunden war. Ein kleiner Junge, doch von Anfang an am Boulevard des Philosophes dabei. Seine Eltern wohnten zu der Zeit an der Rue Saint-Ours, die hier eine gewisse Rolle spielen wird. Beginnen wir also mit ihr. Sommer. Ferienzeit. Die Fenster gähnendweit offen. Die Wohnung eingelullt in bleierne Nachmittagshitze. Großmutter ruht sich in ihrem Zimmer aus. Tato ist in der Küche beim Aufräumen. Und spricht mit sich selbst, wie das so manchmal vorkommt. Bei Tisch hieß es jeweils: «Hört nur!» Wir lauschten: «Tato ist es, sie spricht in der Küche mit sich selbst», und alles lachte. Mutter macht sich im blinden und tauben Kämmerchen zu schaffen. Oder dann sitzt sie in ihrem Lehnstuhl im Eßzimmer mit den geschlossenen Storen. Ein gebrochenes Goldlicht liegt auf den alten Möbeln. Die Luft ist warm. Fast drückend. In der Küche hingegen ist es kühl. Sie liegt im Sommer im Schatten. Die Steinfliesen, die guten alten Fliesen, sind frisch gescheuert. Auch ihnen entströmt Kühle. Im ganzen Zimmer steht alles am richtigen Platz. Einziger Besuch: vielleicht eine Biene oder Wespe. Sonst nichts. Das Gäßchen, blickt man zum Fenster hinaus: wie ausgestorben. Die Trottoirs wie zwei beklemmend saubere Streifen. Verlassen auch die Fahrbahn. Ein Quergäßchen, ohne Verkehr, das stumm alter Zeiten gedenkt. Damals war vielleicht ein Auto dort geparkt, selten zwei. Nichtssagende Hausfassaden. Man kennt sie, doch man kann sie nicht beschreiben. Durch die halb oder ganz geöffneten Fenster sieht man in schläfrige Schlafzimmer (die Schläfrigkeit durchzogen von so etwas wie feinen erotischen Wellen, wie ich bereits ahnte). Und natürlich Tauben, die hier, das ganze Jahr lang, das ganze Leben lang, um uns sind. Bäume, ein Atmen von Baumriesen im Park unten an der Gasse. Über ihnen, über den engen Häuserschluchten, der Himmel. Unermeßlich. Aus fließendem Blau. Zerrissen plötzlich vom Schrillen der Schwalben, die sich nach dem Fall auf Fensterhöhe auffangen und mit närrischem Sirren emporschwenken und verschwinden. Richtung See und Badestrand. Danach scheint die Stille in der Wohnung noch dichter zu sein.

Plötzlich tönt ein dumpfes Klopfen, verhalten, fast melancholisch, von weither aus der Gasse, dann Stille. Ein neuer Schlag und, nach langem Intervall, ein dritter. In der Tiefe des Gäßchens regt sich was. In mir auch. Bald beginnt ein gedämpftes Rollen in gemessenem Rhythmus. Gewiß, beim ersten Schlag in der Ferne hatte ich es schon erraten: das war mein Freund H. – jener, den Mütterchen den «armen H.» bezeichnete –, der im menschenleeren Raum der zu dieser Zeit sonnenüberfluteten Gasse umherirrte und hier und da einen Punkt in der Einsamkeit mit einem Schlag auf die Trommel markierte. Eine Trommel, die für uns Ziel von Wünschen und Quelle von Legenden war. Wunschobjekt, weil nicht eine gewöhnliche Blechtrommel, ein Kinderspielzeug, o nein, sondern eine «richtige» Trommel, wenn auch in verkleinerter Ausgabe. Mit allen Kennzeichen einer richtigen Trommel: schon das Fell; man wußte nicht richtig woraus, aber die Aufmachung und die Ledernarbe beim Berühren ließen keinen Zweifel an der Echtheit. H. hatte es uns zu wiederholten Malen erklärt, mit seiner eigenen Mischung von schüchterner Gewißheit, Zweifel und Hochmut. Die Selbstsicherheit hatte er vom Vater; dessen Wort Grundlage war für alles, was man über die Trommel aussagen konnte. Unumstößliche Wahrheit. Sie hatte beidseitig Schnüre wie richtige Trommeln, nicht aufgemalt, sondern echt. H. versicherte außerdem jedem, der es hören wollte, und immer gestärkt mit überzeugungskräftiger väterlicher Autorität, daß dieser Prototyp einer Trommel aus Basel kam. Ein hervorragendes Fabrikat. Und in unserem Hochgefühl gab es keinen Grund zum Argwohn. H. war kein Lügner oder Schwindler. Und die Tatsachen sprachen für sich: H.s Vater persönlich hatte sie von den Gestaden des Rheins mitgebracht. Wie hätte man die Angaben des Vaters bezweifeln können, den wir alle kannten. Er flößte uns mehr als Respekt ein, in dunkler Tiefe seines Verkaufslokals – ein kleiner Spezereiladen –, in das man sich nur hineinwagte, ich möchte nicht sagen mit Zittern, aber immerhin mit einem Gefühl der Furcht. Ehrfurcht und Furcht. Wie hätte ein solcher Mann, der uns damals alt schien – eine Art Urvater –, großgewachsen, wortkarg, mit der Brille auf der geröteten Nasenspitze, ein Mann, der selten, aber mit Wohlbedacht redete, manchmal ein trockenes Lachen ausstieß, das, hüstelnd wie hartnäckiger Schluckauf, etwas Aufhellung in das gequälte Pastorengesicht brachte, wie hätte der irgend etwas Falsches oder Erlogenes sagen können? Die Trommel, die er seinem Sohn aus Basel mitgebracht hatte, konnte nur eine richtige Trommel sein. Die nur von Basel kommen konnte. Und eine Wirkung dieser einmaligen Trommel war der Stolz, den H. empfand, eine Art Überlegenheit uns gegenüber. Die seltsam mit seiner gewohnten Art kontrastierte. «Er sieht aus wie ein geschlagener Hund», meinte Mütterchen. Offensichtlich war H. ohne Trommel nicht mehr derselbe. Wie die Rückseite des Mondes. Auch wenn sich der Glanz bei ihm auf besondere Art zeigte. Ohne Trommel also war er ein schwermütiger Knabe, durch die Welt irrend wie eine geplagte Seele, den Blick in sich hineingerichtet. Nur selten sagte er ein Wort. Er betrachtete alle mit einem Blick, der nicht eigentlich mißtrauisch oder furchtsam war, aber beladen mit Zweifeln an allen Dingen, vor allem an sich selbst. Die Unsicherheit hinderte ihn, den Leuten frei entgegenzutreten. Auch glich er mit seinem langen Lockengeringel einem Engländermädchen. Vielleicht – ich sage deutlich: vielleicht – verstärkte in ihm das mehr oder weniger klare Bewußtsein der Ähnlichkeit mit einem Mädchen die Gehemmtheit, eine Art Komplex, eine Schüchternheit, die zeitweise finster und fast aggressiv wurde. Hatte er jedoch seine Trommel, da war der kleine Mann – jedenfalls vor den Kameraden – völlig verwandelt. Mehr als selbstbewußt: überströmend von linkischer Überheblichkeit. Er sprach nicht mehr und nicht schneller als sonst, doch seine Sprache war plötzlich bestimmt, gebieterisch und uns gegenüber herablassend. Der geschlagene Hund sträubte das Fell. Man spürte, die Trommel war da. Die *ihm* gehörte, nicht uns.

Tatsächlich scheint mir nach all den Jahren – und ich wäre neugierig, zu hören, was H., läse er dies, sagen würde –, daß ihm seine Trommel zur Selbstbestätigung verhalf. Wie ein Fetisch, der ihm ein Ansehen verlieh, das ihm im gewöhnlichen Leben bitterlich mangelte. Etwas wie eine Identität. War er mit der Trommel gewappnet, dann faßte er Fuß, fühlte sich gleichwertig mit uns, und mehr: er stand über uns. Und noch etwas über die Rolle der Trommel im Persönlichkeitsbild des kleinen Mannes: um nichts in der Welt, nicht einmal mir, geruhte er das kostbare Instrument anzuvertrauen. Es gab für ihn offenbar so etwas wie ein Tabu. Die Trommel ausleihen hätte für ihn zweifellos ein wenig den Verlust eigener Substanz bedeutet. Einmal, ich besinne mich – es war an einem Samstagnachmittag im Sommer, unten an der engen Rue Saint-Ours, an der Gartenfront –, hatte ich ihn gebeten, er solle mich, trotzdem ich wußte, daß es für ihn fast unmöglich war, die Trommel, und wäre es auch nur für eine Minute, tragen lassen. An seiner Seite, und sozusagen unter seiner Aufsicht. Ich glaube H. jetzt noch in jenem Augenblick auf dem Trottoir zu sehen, mit dem blonden Haar, der rosigbleichen Haut: die schlichte Bitte schien ihn, gerade durch ihre Schlichtheit, aus der Fassung zu bringen. Auch wenn er sich weigerte, jemandem die Trommel auszuleihen, so konnte er doch nur schwerlich verwehren, sie für eine Minute zu tragen. Sein Gesichtsausdruck spiegelte den innern Kampf: er errötete und starrte mich entgeistert an. Man erriet nicht, war er zornig oder lediglich betroffen. Jedenfalls gab ich ihm unvorhergesehen ein Rätsel auf. Nach ziemlich langer Zeit endlich sah ich, wie er zaudernd nach der Trommel griff, voll Bedauern und Furcht, den Tragriemen über den gesenkten Kopf hob und mir mit feierlichem Ernst das Instrument entgegenstreckte. Ich erinnere mich noch mit aller Deutlichkeit, daß mich die Bescherung verwirrte. Hatte ich das Recht, von einem Freund aus einer Laune heraus etwas zu erbitten, das ihm so teuer war? Nichtsdestotrotz nahm ich die Trommel. Doch im Augenblick, da ich sie anfaßte, schien sie mir, wie soll ich sagen, widerspenstig und fremd zu sein: anders jedenfalls, als ich sie mir in meiner Begehrlichkeit vorgestellt hatte. Vorgefühl und Realität hatten nichts gemein. Es ist wie mit dem Körper einer Frau, die man allzu lange begehrt hat. Ist *er* da, so ist *sie* es nicht mehr! Sondern etwas völlig anderes. So war es mit der Trommel. Man glaubt ein Ding als ganzes zu besitzen, und unversehens zerfällt es in eine Vielfalt von Teilen. Die anscheinend keine Beziehung zueinander haben. Die Trommel zum Beispiel – Basel ade! – war schwerer, als ich mir gedacht hatte. Viel unhandlicher. Die Schnüre rund herum, die mir von weitem prachtvoll schienen, waren nun ganz gewöhnliche Schnüre geworden, leicht verschlissen, grau und kümmerlich. Nur etwas entging der Abwertung: das Trommelfell. Das bewunderte Trommelfell. Als ich es in Reichweite der Schlegel sah, die mir H. ebenfalls mit einer schlafwandlerischen Gebärde überlassen hatte, schien auch es mir verschieden von dem, was ich mir vorgestellt hatte. Aber im umgekehrten Sinn zu den andern Teilen: ich meine, daß es unter meinem Blick nicht mindere, sondern im Gegenteil gewaltigere, fast feindselige Formen annahm. Eines war gewiß: Es ließ sich nicht demütigen durch den Blick oder die Meinung, die man von ihm hatte. Und beim Betasten erwies es sich rätselhafter, als man gemeint hatte: dichter, fester, eigenwilliger, von besonderer Machart und einem Wesen, das es nicht jedermann offenbaren wollte. Ich hatte es bei diesem Fell mit etwas Fremdartigem zu tun, das sich nicht leicht erobern ließ; sagen wir: etwas Andersartiges, Selbständiges. Anders, weil selbständig. Etwas, das verlangte, daß man den Weg zu ihm fand. Nicht ihm den eigenen aufzwang. Soll ich gestehen, daß meine erste Reaktion Enttäuschung war und seltsamerweise gleichzeitig auch Respekt? Kurz, es handelte sich, noch einmal, um eine richtige Trommel, nicht ein Spielzeug. Als ich die Trommel schlagen wollte, wurde es noch schlimmer. Ich hatte geglaubt, mit einem solchen Instrument sei es leicht, Wirbel zu fegen und ein frohes, kraftvolles, ruhmreiches Rollen ertönen zu lassen. In Wirklichkeit waren die Schlegel leichter und fügsamer, als ich gerechnet hatte. So daß ich sie, gerade dieser Willfährigkeit wegen, nicht meistern konnte. Ich schusselte, und so kam es, daß meine ersten Schläge zu einem kläglichen Kratzen wurden, in dem, so schien es, alles in sich zusammenfiel: das Trottoir, auf dem wir standen, der Park, die Rue Saint-Ours. Während H., reglos wie eine kleine Sphinx, mich weiterhin schweigend ansah. Befriedigt vielleicht, zwar ohne es einzugestehen, über meinen Mißerfolg. Voll Genugtuung. Dann, ich erinnere mich, gab ich ihm ohne einen weiteren Versuch die Trommel zurück. Um eine Belehrung reicher, die mir mein Leben lang dienlich sein sollte; und brauchte ich nicht tatsächlich ein ganzes Leben, um die Lehre zu begreifen? Die Realität, die wahre Realität liegt nicht im Besitz einer Zaubertrommel, und auch nicht in den Legenden, die darum gesponnen werden – Wahnbilder aus Neid und Begierde –, sondern in der Fähigkeit, die Trommel zu schlagen, eine Trommel, die dir nur insofern gehört, als du ihr Wesen verstehst. Tanzt also, ihr Trommelstäbe! Der Wahrheit zuliebe, und um mit der Trommel zu Ende zu kommen, muß ich beifügen, daß H. kaum besser zu trommeln verstand als ich. Aber eine gewisse Vertrautheit mit seinem Instrument, eine Art Wechselbeziehung, eine heimliche Verbindung ermöglichten ihm, einige Sekunden lang ein Können vorzutäuschen. Ich will damit sagen, daß es ihm ganz knapp gelang, die ersten Schläge anzudeuten, die ein Rollen werden sollten ... und nicht wurden. Übung abgebrochen! Darum auch lachte man jeweils bei den

Philosophen, wenn man mitten an heißen Sommertagen den kurzen, matten, fürchterlich einsamen, totgeborenen Klang der ersten, der jämmerlichen ersten Trommelschläge hörte, die der arme H. auf dem Weg entlang der Mauern der zu dieser Zeit sonnenüberfluteten Gasse abgab. Wonach unfehlbar Mütterchens Ankündigung folgte: «Paß auf, er wird gleich hier läuten.» Was sich tatsächlich auch jedesmal als richtig erwies.

Jedesmal drang ein Klingeln, flüchtig wie vorher der Trommelschlag, in die Ruhe der Wohnzimmer. Eine ganze Welt war da zu Hause, die Leute mit all den Gesichtern, und die neun Zimmer, von denen jedes sein Eigenleben hatte und es für mich nach so vielen Jahren mehr denn je hat – frischduftend wie gute Kräuter sind die Erinnerungen –, vom Zimmer mit dem «Mädchen im Bade» bis zu jenem der Großmutter, über das Eßzimmer mit der Wanduhr. Da war der Salon mit den Ansichten der Bucht von Neapel, der Statuette des Vogelfängers und dem großen Beethoven-Porträt; die Küche; das blinde und taube Kämmerchen; zwei winzige Alkoven; nicht zu vergessen die Toiletten: welche Erinnerungen! ihr eigenartiger Geruch, das Halbdunkel, das dahin verbannte Leiterchen, das rauschende Wasser, und viele andere Dinge, von denen ich hier nicht sprechen möchte ... Doch zurück zum Klingeln. Das, wie mir nach all den Jahren scheint, schon an sich den Charakter des «armen H.» verriet. Der sich tatsächlich schüchtern gemeldet hatte. Deutlich höre ich heute noch den Klang der Hausglocke. Deutlich auch spüre ich, daß H. an der Tür darauf wartet, bis jemand öffnet; und meistens war es Mütterchen, die Richterin in allen Dingen. Doch wenn man ihn aus dem einen oder andern Grunde abweisen mußte, dann ging er, so schien es, «völlig niedergeschlagen» davon. Als ob er das ganze Elend der Welt auf seinen Schultern trüge. Von der Wohnung aus, die ich fast als ewig bezeichnen möch-

te, hörte man ihn dann die Treppe hinabgehen, Stufe um Stufe. Und nach einiger Zeit ertönte in der verlassenen Rue Saint-Ours durch die grenzenlose Weite des Sommers wieder der gedämpfte Klang, einsam, abgehackt, und, wie das Klingeln, beladen mit dem ganzen Schicksal des H.
Doch wenn derselbe H. hereinkam nach dem Klingeln, was taten wir da? Merkwürdig, hier verliere ich den Faden. Ich weiß es nicht mehr. Wahrscheinlich gingen wir ganz einfach zu unsern Kameraden in den Park, warfen Messer, rauchten Nielen, die wir in einer Hecke fanden, oder leerten eine Sardinenbüchse, die H. im väterlichen Spezereiladen (mit vielen Gewissensbissen) gefilzt hatte. Doch noch einmal: ich weiß es nicht. Was ich hingegen wiederfinde, wie eine Fortsetzung des Klingelns, ist H., wiederum der arme H., doch ohne Trommel und ohne blonde Locken, nun im Schulalter. Ein großer Schüler. Und wir sitzen nach der Schule zusammen am Tisch und essen Butterschnitten. Die berühmten Schnitten, von Mütterchen liebevoll mit den nicht minder berühmten Konfitüren bestrichen. Von denen ebenfalls einiges zu sagen ist, da auch sie eine ganze Welt umfaßten, die Essenz einer Welt. Indessen saßen wir am großen Tisch, und das Fenster stand offen – das Fenster war zu jener Zeit, wie jeder wohl bemerkt hat, ohnehin immer offen –, verschlangen wir eine Schnitte nach der andern. Unsere Hauptobliegenheit, abgesehen vom Essen, war ein völlig unwahrscheinliches Lachen. Ich meine damit ein Lachen, das unser damals ganzheitliches Leben zum Ausdruck brachte. Worüber? Eben über alles und nichts. Lachen um des Lachens willen, Lachen aus dem Lachen heraus. Alles bot einen Anlaß dazu, und meist lieferte ihn H.: eine Grimasse, eine Faxe, ein Witz, ein Knurren oder so. Egal was. Wir waren derart aufeinander eingestimmt, daß uns unweigerlich alles in Gelächter ausbrechen ließ. Schallendes Gelächter. Das kein Außenstehen-

der begriffen hätte. Denn zu begreifen gab es gar nichts. Man mußte «zur Bande» gehören. Und dazu sind Erwachsene bei Kindern nicht mehr in der Lage. Das Universum, in dem H. und ich lebten, so häuslich und familiär es schien, war abgeschirmt nach außen. Deshalb erlebten wir es um so erregender. Wenn ich heute die Jungen lachen sehe, so weiß ich, daß wir jenseits der Schranke stehen, die kein Älterer von hüben überschreiten kann! Was mir außerdem von diesen Augenblicken bleibt, ist H.s ironische Art, das Leben und sich selbst spaßig und wehleidig zugleich zu sehen. Man kann sagen: H. entdeckte schon als Kleiner jede Schwäche der andern. Er schnitt eine Fratze, und alles zerschmolz. Nebenbei wird mir erst beim Schreiben dieser Zeilen klar, daß seine bitteren, ätzenden Scherze – eine Art der Verteidigung? – bereits ankündigten, was mit der Zeit in ihm zu einem scharfen Sinn für Ironie, für die Tücke des Objekts wurde, zur lächerlichen Selbstverspottung. Kurz, die Begabung des «armen H.», die ich ohne Zögern als Sinn für Humor bezeichnen möchte, war schon von Kindheit an Hinweis auf den künftigen Erwachsenen. Und eben dieser Sinn für Humor sprudelte jeweils zur Zeit der Butterschnitten. Und des offenen Fensters! Er krönte den Triumph der Konfitüre, die ich mehr als jede andere liebte, und die ich mit einem Ausdruck, der mir jetzt symbolhaft scheint – aber erkennt man im Leben nicht mehr und mehr, wie sich Fakten in Symbole wandeln? –, das «rote Mus» nannte. Und ich habe auch die Bitte nicht vergessen, die damals wie eine Litanei wiederholt wurde: «Mama, hat es noch rotes Mus?» Oder wie Mütterchen unter der Eßzimmertür fragte: «Orangenkonfitüre oder rotes Mus?» und wir beide dann wie ein Mann antworteten: «Rotes Mus!»

Doch bevor ich zu dem wunderbaren Müschen komme, habe ich von einem andern Rot zu sprechen. Auch es hatte mit dem Vesperbrot zu tun. Ohne daß H. es geahnt hätte. Es handelte sich um eine gewisse «Ochsenblut-Farbe». Wie kommt es, daß eine Farbe einen ganzen Lebensabschnitt bezeichnen kann? Welche Art Keimkraft bedient sich einer Farbe, um uns gewisse Umstände und Erlebnisse einzuprägen? Die ihrerseits wieder andere Farben zeugen. Unendliche Neuschöpfung! Dies kommt mir in den Sinn, wenn ich an jene Ochsenblut-Farbe denke. Genau die Farbe im Innern des Schranks mit dem Konfitürentopf, aus dessen Halbdunkel sich in den verschiedenen Fächern die verwaschenen Tönungen des Geschirrs abhoben. Die Gefäße für den Alltagsgebrauch sind mir heute noch im einzelnen vertraut: flache Teller, Suppenteller, Untertassen, Tassen und eine blaugeränderte Saucenschüssel, ein Wasserkrug; und dann, ganz oben im Schrank, ein viel geheimnisvolleres Reich: jenes mit dem Festtagsservice, das einst bei außerordentlichen Anlässen – Geburtstage, Hochzeiten, Beerdigungen – gebraucht wurde und dessen wichtigstes Merkmal war, daß es während meiner ganzen Zeit am Boulevard des Philosophes überhaupt nie gebraucht wurde. Dadurch konnte es in unseren Augen nur an Wert gewinnen. Es verklärte unsere Gedanken an Festlichkeiten, die der damalige Lebensstil nicht mehr ermöglichte: große Platten von erlesener Form; Stöße von Fayencetellern mit zartgrünem Rand und feiner Riefe; feierliche Schöpflöffel; eine bedeutend eindrucksvollere Saucenschüssel als die für den Alltag, von weitgeschwungener, verschnörkelter Form, an eine Karavelle erinnernd oder an einen Schwan; auch einen majestätischen Suppentopf, würdig einer festlichen Tafelrunde, die man sich nur noch auszumalen brauchte. Die man sich nur ausmalen konnte ... Einige Stücke waren in vergilbtes, verstaubtes Zeitungspapier eingepackt, durch dessen Risse man den Glanz von Steingut oder feinem Porzellan erspähte, wie einst im Märchen unter schmutzigen Bauernkleidern die zarte Haut des holden Mädchens zum Vorschein kam, der verwunschenen Prinzessin! Das war ein wenig der Eindruck, den das – trotz all dem Gesagten bescheidene – Geschirr in mir erweckte, das oben im ochsenblutrot ausgeschlagenen Schrank verwahrt wurde, ruhmvoll verklärt durch die erhöhte Lage, die es in unerreichbare Ferne rückte. Wie die Gipfel der Schneeberge. Dazu kam noch, daß es auf seiner einsamen Höhe zwar unberührbar, aber als Symbol einer versunkenen Zeit auffallend präsent war. Mit allem, was eine solche Vergangenheit an Glorie und Glückseligkeit aufleben lassen konnte. Im Staub zuoberst im Schrank schien es in schweigender Einsamkeit das Geheimnis eines köstlicheren Lebens als des unseren zu bewahren. Eines bedeutsameren Lebens. Genau wie wenn man die Ritterrüstungen aus dem 13. Jahrhundert sieht und sich fragt: Wie ist es möglich, daß einst ein Mensch, in einen solchen Panzer eingezwängt, munter durch die Welt ging? Welcher Mordskerl, welcher Schneid, der uns zum Jammerlappen werden läßt. So war es auch mit dem hohen Geschirr. Nur schon bei seinem Anblick hätte ich endlos über Familienfeste berichten können, an denen ich selbstverständlich nie teilgenommen hatte, die uns Mütterchen jedoch mit allen Einzelheiten schilderte – minuziös, würde ich sagen – mit bedächtiger Betonung (und deshalb um so eindrucksvoller). So den Hochzeitsschmaus ihrer Eltern, von dem sie einst in ihren Sachen die kalligraphisch gestaltete Speisekarte gefunden hatte, mit, so glaube ich, über vierzehn Gängen, und davon einer leckerer als der andere. Dank ihrer Schilderungen glaubte ich meinerseits an den denkwürdigen Festmählern entschwundener Zeiten teil-

nehmen zu können. Und dem imaginären Fest mit dem Geschirr oben im Schrank entsteigt das Bild einer großen Bauernstube; die Mittagssonne, gedämpft durch die halbgeschlossenen Fensterläden, verleiht ihr die duftigfrische Ausstrahlung von flüsterndem Frühlingslaub; ein Gewirr von Stimmen, von Gesichtern, und darunter dasjenige der Großmutter mit der schwarzen Halskrause; auch dasjenige ihrer Schwester, der Tante Marie, und vieler anderer Personen mit derben Bauernköpfen: Kittel über die Stuhllehne geworfen, breite Hosenträger über dem weißen Sonntagshemd, die schwarze Krawatte schon ziemlich locker, Wangen gerötet, Blick glänzend, während sich im hellen Garten die Zweige bewegen. Ja, endlose Mahlzeiten, Bienen, Dörfer, buchenbestandene Hügel. Weinberge und Kornfelder, schläfrige Hundstagshitze, in den Zimmern das Ticken der Standuhr, Kleidungsstücke auf dem Bett, auf die im Festtrubel niemand achtet – aber ist es nicht gerade meine Sache, das zu notieren, was gewöhnlichen Blicken entgeht? – all das lebt auf, wenn ich an die wonnige Nekropole im ochsenblutfarbenen Schrankinnern denke. Das Bild verweilt in mir, und ich höre Mütterchens Stimme, die von Anno dazumal erzählt.
Doch der Schrank läßt auch an die Sonntage zu Hause denken. Mittag. Bis zum Tod ist es mir gegenwärtig wie am ersten Tag. Ich bin allein im Eßzimmer, für einen Augenblick, der zur Ewigkeit wird. Das Essen ist bereit. Tato und Mütterchen sind wieder einmal in der Küche bei den letzten Vorbereitungen. Vater ist zweifellos in seinem Zimmer am Lesen, außer er wäre denn schnell weggegangen, und dann wird er von einer Sekunde zur andern zurück sein. Lebt Großvater noch? Ich weiß nicht. Unwichtig. Jedenfalls ist er da und hantiert im Vorratskämmerchen. Auch Großmutter ist da. Die Familie ist vollzählig. Selbstverständlich steht das Fenster offen, weit offen. Jemine-Schwester, der dunkle Stern, spielt

in einer Ecke mit den Puppen, besonders mit jener, die man Patapon getauft hat. Die Sonnenstoren hängen über die Balkonbrüstung. Der Boulevard ist zu dieser Zeit menschenleer. Keine Wolke am Himmel. Ich sitze in kurzen Hosen auf dem warmen Balkonboden. Und wenn ich den Blick von meinem Buch in die Höhe richte, was sehe ich gerade jetzt? Hoch über meiner kleinen Person: den Tisch. Mit dem schneeweißen, unbefleckten Tischtuch, einladend wie ein Bett mit frischen Linnen, die wohlig duften. Und auf dem Tisch – alles eingetaucht in gebrochenes Licht – sind die Gedecke bereit, im ganzen sieben, eine heilige Zahl! Zwischen ihnen, mitten auf dem Tisch, und dadurch unübersehbar, steht die bauchige Karaffe, mit einem Dunstschleier übertaut. Ich habe sie vorhin in der Küche aufgefüllt. Eine Zeitlang ließ ich das Wasser fließen, gemäß einem häuslichen Ratschlag, bis es kühl aus dem Hahnen kam; und der Niederschlag auf dem Glas ist jetzt Beweis für mein Werk: die Frische. Tautröpfchen und weißes Bauernlinnen verleihen dem strahlendheißen Junimittag und dem ganzen Eßzimmer im braungoldenen Dämmer eine Frische, die mehr ist als Frische: Symbol für ein bleibendes Jetzt. Da ist also die Karaffe und neben der Karaffe der Plattenuntersatz, auf den alsbald die Suppenschüssel zu stehen kommt; und in der Folge auf den andern Plattenuntersatz der Rindsbraten mit dem Saucenschüsselchen als Satellit; und im Saucenschüsselchen jene Tunke, die für mich einzigartig auf der Welt bleibt, sahnig, gesättigt mit Zwiebeln und Kräutern, und so wie sie kein Kochkünstler je zustandebringt, denn es ist die Sauce der Philosophen. Ein Archetyp von Sauce! Indessen befand sich nahe der Karaffe ein anderes Monument der Frische: die Salatschüssel, bis zum Rande gefüllt mit grünen Bohnen. Der Salat war nicht irgendein Bohnensalat, sondern genau so, wie ihn Vater haben wollte, und vor allem mit fadenlosen Bohnen – welchen Abscheu hatte er gegen Fäden! –, mit reichlich Öl, Olivenöl natürlich; mit einer bestimmten Mischung von Zitronensaft und Essig; dazu Schalotten, etwas Knoblauch und Zwiebeln. Den bereits angerührten Salat sah ich von meinem Platz auf dem Balkonboden aus in prachtvollem und doch verhaltenem Dunkelgrün aufleuchten. Wie das Grün großer Bäume, dessen Fülle ein Geheimnis zu umhüllen scheint. Aber ich komme zurück ins Eßzimmer und zu mir auf den Balkon, in die Zeit des Wartens auf die bevorstehende Ankunft der Philosophen bei Tisch, verbunden mit der Erinnerung an einen Auftrag, den ich jeweils eine Woche lang auszuführen hatte. Es handelte sich darum, den Senf anzurühren. Eigentlich müßte jede Phase der scheinbar so einfachen Operation gesondert erwähnt werden: vom Moment an, da ich mich an die Arbeit machte, während noch niemand im Zimmer war. Nachdem ich die Schrankflügel geöffnet hatte, streckte ich den Kopf ins Schrankinnere, um mich zu vergewissern, daß auf dem kleinen Tablett alles für die Operation bereit war. Anzumerken wäre, daß ich dabei den Eindruck hatte, die Ochsenblutfarbe im Familienschrank sei nicht mehr so dunkel wie in den obern Fächern, in denen das alte Service thronte, sondern sie helle sich rund um mich auf, als ob mein Kopf wie Aladins Wunderlampe die Höhle erleuchtete. Und genau in diesem Moment und bei diesem Gedanken senkte ich meinen Blick und bemerkte auf dem «kleinen schwarzen Tablett» die Dinge, die zur Senffabrikation dienlich waren. Aber vor allem auch jene, die ich nicht verwenden wollte, und deren Präsenz dadurch noch aufdringlicher wurde. Ich denke an die beiden Gefäßchen, nicht aus Kristall, sondern aus Glas, aus simplem Glas, von denen das eine Pfeffer, das andere Salz enthielt. Doch es ging in Wirklichkeit um mehr als nur das, besonders was den Salzstreuer betrifft, von dem ich heute noch die Gefühle nennen kann, die er in mir erweckte: ich hatte mit ihm so etwas wie Mitleid – zur gleichen Zeit wie ich für ihn eine unaussprechliche Zärtlichkeit empfand. Merkwürdigerweise erweckte mir sein Pendant mit dem Pfeffer nicht dieselben Neigungen. Weshalb? Weil das Gefäß bauchig war und wie ein wenig gehemmt? Doch das andere war ebenfalls bauchig und wie gehemmt! Das eine mit silberweißem Schein, das andere mit braungelbem Abglanz. Vielleicht gefiel mir der weiße Salzstreuer seiner Helligkeit wegen. Als ob er sich in reiner Unschuld völlig hingäbe. Wer kann es je sagen? Und ich glaube nicht ganz an meine nachträglichen Deutungen. Ich weiß nur, daß das Bäuchlein einem anscheinend gesunden, aber zerbrechlichen, verletzbaren Wesen gehörte: wie einem wohlgenährten Kind mit nachdenklichem Gesicht. So war es. Und jetzt, da ich es herausgefunden habe, glaube ich: am frappantesten am Salzstreuer war außer einer gewissen kindlichen Art die Träumermiene. Was für geheimnisvolle Wirkungen das einfachste Ding in uns hervorrufen kann! Doch sprechen wir endlich von der eigentlichen Senfphase, die in dem Maße, wie ich mich ihr nähere, ebenfalls verwirrender wird. Beginnen wir mit der gelben Büchse, nicht groß, aber wohlgeformt und rechteckig. Darin ein Pulver. Ebenfalls von gelber Farbe. Senfpulver. Aus England. Was, nebenbei bemerkt, von Bedeutung ist. Nicht so sehr wegen der Dekoration auf der Büchsenhülle, sondern weil alles, was englischen Ursprungs war, für meinen Vater einen geheiligten Charakter hatte! Inhalt also war ein gelbes, feingeriebenes Pulver. Man brauchte davon so etwas wie einen, vielleicht anderthalben Teelöffel voll, die man in den zu diesem Zwecke hergerichteten Behälter leerte: das Senffaß, das sich stets neben den beiden Zwillingsstreuern befand. Doch wer hätte eine Idee davon, was dieses «nichtssagende» Senffaß für mich bedeutete? Zu nennen wäre einmal der sonntägliche Zustand von Sauberkeit, in dem ich es immer vorfand.

Durch die strahlende Sauberkeit sehe ich, so scheint mir, wie durch ein Fernglas hindurch ins Innerste der Philosophen. Die Sauberkeit war das Ergebnis täglicher geduldiger Bemühungen. Und in diesem Zusammenhang sehe ich heute noch im Halbdunkel, diesmal nicht des Schranks, sondern des Korridors, die goldenen Knäufe an der lederbezogenen Tür, der «grünen Pforte», glänzen, die Tato von Zeit zu Zeit mit einem Mittel behandelte, das man damals Sigolin nannte. Ich entsinne mich auch, welche Sorgfalt der Nähmaschine angedieh, jedem ihrer Teile, wenn sie am Nachmittag abwechselnd von Tato und Mütterchen gebraucht wurde. Durch die strahlende Sauberkeit, an der ich teilhatte, wurde von den Philosophen etwas von einem wohltuenden Seelenfrieden auf mich übertragen, das ich meinerseits weitergeben möchte. So also war das gläserne Senffaß auf dem kleinen schwarzen Tablett, in das ich, nachdem ich die anderthalb Löffelchen Senfpulver hineingeschüttet hatte, etwas Wasser aus der Karaffe goß, um die eigentliche Senffabrikation zu beginnen: dem goldenen Pulver hatte ich die richtige Menge Wasser beizumischen, damit es sich in einen Brei verwandelte, einen dickflüssigen Teig, nicht zu dick und nicht zu flüssig, den ich so stark und würzig wie nur möglich wünschte. Kurz, einen Lehm, aus dem ich, als kleiner Prometheus, das Feuer holen wollte: einen Senf, der den Philosophen die Zunge verbrennen mußte. Ihnen aber auch Befriedigung geben, da sie starken Senf liebten, und besonders den englischen!

Das rote Mus

Dies als Präambel zum Mus, zum roten Mus, von dem ich sprechen will, und das im selben Eßzimmer dem armen H. und mir höchstes Vergnügen bereitete. Doch will man vom

Mus sprechen, so muß man vorerst seine Geburt erzählen. Im Juni oder Juli, genau weiß ich es nicht mehr. Nur eines zählt: die Ausstrahlung jener Geburt und jener Urerfahrung, die mir gleich zu Beginn erlaubt, ohne einen Hauch von Lächerlichkeit und ohne Übertreibung das Wort Glück zu gebrauchen. Erwähnen wir vorerst die Küche, in der sich alles abspielte. Ein länglicher Raum, in dem uns jedes Ding seit jeher vertraut war: die Kaffeemühle; die Pfannen, darunter das Teepfännchen – mein Gott, wie sah das traurig aus –; den Schaumschläger, der immer schlechtgelaunt schien; der unschuldige Teigroller, nicht zu sprechen von Körben für Zwiebeln, Knoblauch usw. Ich könnte die Dinge in endlosen Reihen aufzählen, und jedes davon ist an einen Teil unseres Lebens gebunden, einen bestimmten Moment, einen nicht weniger bestimmten Menschen oder ein Gefühl, durch das, man könnte sagen, das Leben selbst zu uns sprach. In dem Sinne, daß Dinge wie Lebewesen Medien sind, vermittelnde Kräfte. Ich nenne hier nur ein Beispiel: die Kaffeemühle. Wer entsinnt sich der Kaffeemühle? Freundlich, treu und währschaft, bäuerisch-bodenständig war in meinen Augen das viereckige Kistchen aus poliertem Holz, vom Gebrauch etwas abgegriffen, und die Schublade ging nicht mehr richtig zu. So daß man, wollte man Kaffee mahlen, die Mühle zwischen die Knie klemmen mußte, damit die Schublade nicht aufging. Wie oft hatte ich mich an die Arbeit gemacht, in einem Winkel am Fenster, auf jenem Stuhl, der während langer Jahre Mütterchens Vorzugsplatz werden sollte. Gefährte und Zeuge ihrer Leiden. Doch die früheste Erinnerung, mit der die Kaffeemühle verbunden ist, bleibt jene an den Großvater (mütterlicherseits), der auf eben diesem Stuhl sitzt und Kaffee mahlt, die Mühle zwischen die Knie geklemmt, damit die Schublade nicht herausrutscht. Für die Arbeit zog der alte Mann eine Schürze an, und manchmal hielt er eine

Sekunde lang inne und blickte wehmütig fragend um sich, wie wenn er versucht hätte, all das zu durchdringen und in sich aufzunehmen, was seine Welt gewesen war, eine geheime Welt und unermeßlich wie alles, was mit Schweigen zu tun hatte. Kurz, sein Leben. Doch während er eine Sekunde lang still saß, den Blick von der Kaffeemühle zwischen seinen Beinen weghob und durch das Fenster in die Rue Saint-Ours schweifen ließ, die, so schien es, ebenfalls alles in sich aufnehmen und in einem unsichtbaren Archiv verwahren wollte, kam Großmutter, eine energische, rastlos tätige Frau, die keinen Widerspruch duldete, und riß dem alten Mann, der unschlüssig dasaß und seufzte, die Kaffeemühle aus der Hand: «Los, gib her, das wird ja nie fertig ...» Für einen Moment wandte sich der Blick des alten Mannes mir zu, verdutzt und noch wehmütiger fragend. Ich muß beifügen, daß gerade dieser Blick mir heute den Weg wiederzufinden gestattet, der durch allerhand Zwischenstationen ins Reich der Konfitüren führt. Das war also am Nachmittag beim Konfitürekochen. Mütterchen hielt sich mühsam aufrecht, auf ihren Stuhl oder den Tisch gestützt, und leitete das Manöver, das meist von Tato ausgeführt wurde. Es muß gegen drei oder vier Uhr sein. Das Fenster, wie zu wiederholen ist, steht offen. Ein sanftes Licht, heiß und auserlesen schön, dringt in die Küche. Ein liebliches Goldlicht. Als wäre man mitten im Fruchtfleisch einer reifen Mirabelle. Es ist warm. In geheimem Zusammenspiel verbinden sich Seelenzustand und Umwelt, Gefühl und Außentemperatur. Einsam und still liegt die Rue Saint-Ours da. Es ist, als begnügten sich die Häuser mit den halboffenen Fenstern, die Sonnensaat zu empfangen und uns etwas davon weiterzugeben. Der Boulevard ist menschenleer. Ein Lindenbaum, etwas kränker als die andern, welkt schon dem Herbst entgegen. Alles in der Küche ist golden braun, kupferfarben, von reger Fülle. Da ist einmal der Kochtopf auf dem Herd (dem alten, bereits mühsam keuchenden Gasherd), in dem der Purpurbrei aus Himbeeren und Johannisbeeren brodelt, der zu Konfitüre werden soll. Tato oder Mütterchen – ich selbst bin noch nicht würdig für diese Operation – entfernt von Zeit zu Zeit mit einem Holzspatel behutsam die Schaumschicht, die sich unaufhörlich auf der Brühe bildet, und streicht sie nicht minder behutsam in einen Teller. Ich benütze die Gelegenheit, während die beiden Frauen den Rücken kehren, den Finger in den rosigen Schaum zu tauchen und genießerisch abzuschlecken. Vorspiel zu der Konfitüre, erste Stufe ihrer Präsenz. Indessen erwarten auf dem Tisch die Töpfe in Reih und Glied den Zeitpunkt, da die Mischung bereit ist und man sie auffüllt mit einem besonderen Schöpflöffel, der in meinen Augen feierlich aussieht und durch die Funktion geadelt wird, welch herrlicher, dunkelroter, heißflüssiger, brodelnder Brei von üppiger, königlicher Pracht! Und für einen Augenblick ist es, wie wenn die Masse aus sich selbst heraus zu leben begänne und uns trüge – uns alle und mich mit allen und alle mit mir, jetzt und für immer, hier in dieser Küche mit dem Fenster auf die Rue Saint-Ours, mit den besonnten Hausmauern, dem stillen Boulevard; und über allem der Himmel, leuchtend wie die Konfitüre, die Bergspitze im Hitzedunst, schwebend leicht wie das Schäumchen im Kochtopf. Ich habe heute noch das Gefühl, es sei der süße Brei, der mich trage und allen Widerwärtigkeiten zum Trotz mit reinstem Glück erfülle.

IM SCHILF VON STÄFFIS AM SEE

Onkel Eddy

Noch einen Menschen gibt es, den ich im Eßzimmer mit Mütterchen sprechen sehe. Sie sitzt – von nun an kann sie sich nicht mehr erheben – im Lehnstuhl, während er auf dem Kanapee Platz genommen hat. Dem gleichen Kanapee, auf dem Vater, als er sich krank und dem Tode nahe fühlte, plötzlich an einem Mittag zur Bestürzung aller in Tränen ausgebrochen war ... Doch lassen wir das. Der erwähnte Besucher unterhielt sich leise mit Mütterchen, lehnte sich steif zurück und hob den Kopf wie jemand, der nach Atem ringt. Offenbar vertraute er seiner Gesprächspartnerin – jedenfalls hatte ich den Eindruck – intime, unangenehme, ja schmerzliche Dinge an. Denn beim Sprechen brach er auf einmal in Schluchzen aus. Wobei er, was mir auffiel, die Hand vor die Augen hielt. Einige Sekunden lang wurden seine Schultern wie von Krämpfen geschüttelt. Doch plötzlich riß er sich wieder zusammen. Vielleicht weil ich da war, unweit der Tür. Das war der Mann, den man am Boulevard des Philosophes vertraulich «Onkel Eddy» nannte, ein jüngerer Bruder meiner Mutter. Und jedesmal, wenn von ihm in einem Gespräch die Rede war, hörte man von dieser, mit einer besonderen Nuance von feierlicher Zärtlichkeit gesprochen, den für uns traditionellen Ausruf: «Armer Onkel Eddy!» Weshalb arm? Das möchte ich zu erklären versuchen, indem ich den tiefen Eindruck wiedergebe, den der Ausruf in mir erweckte und der Anblick, am besagten Tage, des armen Onkels Eddy, der auf dem Kanapee saß, sich leise mit Mütterchen unterhielt

und in einem bestimmten Moment die Hand vor die Augen hielt.
Um jedoch angemessen über ihn zu sprechen, muß ich weiter zurückliegende Erinnerungen aufgreifen, die alles im Keim enthalten; einige Andeutungen Mütterchens über ihn und das Städtchen P. Eine der frühesten Erinnerungen ist die: ein heller Morgen im Frühling oder Vorsommer im Salon mit den granatroten Fauteuils, der Vogelfänger-Statuette und dem Beethoven-Porträt. Am Boulevard des Philosophes hatte es einige Aufregung gegeben, als Mütterchen mir unvermittelt erklärte: «Morgen kommt Onkel Eddy mit der ganzen Familie.» Was genau gesagt heißen wollte: mit seiner würdigen Gemahlin und den beiden Söhnen. Nervosität war in der Stimme: «Wo sollen wir sie unterbringen?» Doch was ich zuerst wiedererkenne, mitten in einem erstarrten Gruppenbild, ist nicht etwa Onkel Eddy, sondern Tante M., seine Frau, eingerahmt von beiden Söhnen. Eingezwängt in ein giftgrünes Kleid, das einen seltsamen Gegensatz bildete zu ihrem roten Gesicht und der noch röteren Schnüfflernase. Eine hochgewachsene Frau mit kräftigem Busen und ständigem Drohlächeln. Hätte Onkel Eddy «das Leben verloren», wie man bei den Philosophen häufig sagte, so war also da vor meinen Augen jenes Wesen, das bei einem solchen allfälligen Verlust die Schuld trug. Tante M., wie sie leibte und lebte, die im Haus mit den grünweißen Fensterläden im Städtchen P. in der peinlich sauberen Wohnung mit der Praxis des Doktors, ihres Mannes, stets eine frostige, ungastliche Stimmung verbreitete. So jedenfalls ist der Eindruck, den ich nach Mütterchens Erzählungen von der Wohnung erhielt, die ich in Wirklichkeit nie gesehen habe und trotzdem in aller Klarheit darstellen könnte. Mit allen Einzelheiten. Offenbar hatte alles mit dem Turteln und Lächeln der künftigen Tante M. begonnen, als der arme Onkel Eddy, damals noch jung – ich

sehe auch ihn noch auf einer vergilbten Photographie, gestochen klar und währschaft, wie man heutzutage keine Bilder mehr macht – Assistenzarzt im Spital war und Tante M. Krankenschwester. Mit Augenzwinkern und verschmitzten Blikken, wie es hieß, sanftmütig und stets dienstbereit. Zwei Schilderungen Tatos: «Mein Lieber, man hätte sie für einen Engel halten können» und: «Das Weibsstück hat es verstanden, ihm das Fell über die Ohren zu ziehen»; ergänzt durch eine Bemerkung, deren Unfreundlichkeit nur aus der enttäuschten Zuneigung zu erklären ist: «Onkel Eddy war ein Tölpel, daß er sich mit solchen Mätzchen umgarnen ließ.» Doch der Streich war gespielt. Der Assistenzarzt in der Falle. Bald nach der Heirat hatte Tante M. ihr Verhalten von Grund auf geändert. Die wahre Natur kam zum Vorschein: kalt, berechnend, böse. Unfähig, zu spaßen, einen Moment auszuspannen. Das pure Gegenteil des armen Eddy. Für ihn, wie für manchen, begann ein Leidensweg, ohne Ruhm und ohne Erlösung, dessen Trübsal mich selber erschaudern ließ. Denn ich hörte so oft davon erzählen, bei Tisch, ungezwungen wie es Erwachsene tun, wenn sie der Kinder nicht achten; und der scheinbar unbeteiligte Junge nützt die unerwartete Gunst des Augenblicks und saugt das Gespräch in sich auf, dessen Ausdrücke so verschieden sind von jenen, die man im Verkehr mit ihm braucht; und deshalb habe ich damals einiges über das Leben und bestimmte Ereignisse zu wissen bekommen: die Geschichte vom eingeschlagenen Fenster; die sagenhaften Familienweihnachten; das Zutrauen, das die Leute im Städtchen P. und die Bauern der Umgebung dem Onkel entgegenbrachten.

Die eingeschlagene Scheibe vorerst: Mütterchen war für zwei Wochen in P., eingeladen von ihrem Bruder, wie das vor ihrer Krankheit hie und da geschah. Sie hatte den Markt besucht. Von dem sie schwerbeladen heimkehrte. Beim Eintritt in den spiegelglatten Hausgang war sie ausgerutscht und hatte beim Sturz an der Haustür die Scheibe eingeschlagen, die in tausend Stücke zersplitterte. Vom Lärm aufgeschreckt, war Tante M. herbeigeeilt und hatte die Sünderin und die ganze Bescherung mit gestrenger Miene gemustert. Schnippisch hatte sie Mütterchen ersucht, die Scherben zusammenzulesen, nicht ohne ihr anzukündigen, daß sie die neue Scheibe zu bezahlen habe. Noch einmal: ich war nicht dabei, aber es ist mir, als wäre es so gewesen, denn Mütterchens Schilderung war so bildhaft und eindringlich, daß ich beim Nacherzählen Tante M. zu sehen glaube, wie sie, stocksteif, mit zorngeröteter Nase, ihre Standpredigt hält. Was man in früher Kindheit erzählen hört, ist wie selbsterlebt: so ist mir fast, als hätte ich die zerschlagene Scheibe bezahlen müssen, als wäre ich selbst gemaßregelt worden, als litte ich selbst unter ihrem zänkischen Wesen und ihrem Geiz. Ähnlich ist es mit den berühmten «Weihnachten bei Onkel Eddy». Auch sie scheine ich, aufgrund mütterlicher Erzählungen, selber miterlebt zu haben, so daß ich wie ein Augenzeuge darüber berichten kann. Ich will sagen, daß Onkel Eddy als einziger Arzt der Gegend manchmal auch an solchen Abenden an ein Krankenbett gerufen wurde. Was er niemals verweigerte. «Die Kranken waren sein Leben», wie man so sagt, sie waren zu seinem Leben geworden. An Weihnachten nun kam es vor, wie an vielen andern Abenden, daß er zu einer Krankenvisite aufs Land hinaus mußte. Ein Land der Legende für mich, das durch keine späteren Besuche mehr auf reale Ausmaße vermindert wurde. Wenn Onkel Eddy an einem solchen Abend, an dem es «nicht nötig gewesen wäre», spät heimkehrte, war das Fest vorbei. Die Kerzen ausgeblasen. Die Kinder im Bett. Madame ebenfalls. Lichterlöschen nach Tagesbefehl. Einmal mehr war er allein. Und die Einsamkeit ist noch schrecklicher inmitten einer Familie. In einer Wohnung, die durch übertriebene Sauberkeit noch unmenschlicher war. Und deren Glanz an eine Klinge denken ließ. Und eine rotnasige Gattin, die kein Wort sagt. Verärgert. Und die nun eine Woche lang nicht mehr mit ihm sprechen würde. Mütterchen: «Stellt euch vor, nicht auf ihn warten, und das am Weihnachtsabend!» Und diese Bemerkung drang in uns ein wie ein Stachel. Ich kann sagen, daß ich in meinem Innern Onkel Eddys Leiden litt, sein Leben lebte: erloschene Kerzen, Dunkelheit, eisiges Schweigen, Tante M. längst im Bett, an der Zimmerdecke noch der Schein der Straßenlampen. Doch wie zum Ausgleich für die Kälte im Leben unseres Onkels war die Zuneigung, die ihm die Leute von P. erwiesen, die dankbare Treue und Hochachtung. Ich will sagen, daß Onkel Eddy jeden Samstag, wenn auf dem großen Platz vor seinem Haus Markt war, Sprechstunde hatte. Ein unaufhörlicher Aufmarsch, der schon in aller Frühe begann: einmal kam sogar ein Hirt, der um nichts in der Welt zum Zahnarzt wollte, weil er dem nicht traute, zum Zahnziehen. Da er in dieser Kunst unerfahren war, hatte unser Onkel zuerst abgelehnt. Aber nach langem Drängen des Patienten mußte er schließlich nachgeben. Mehr als eine Stunde brauchte er, um mit der Operation zu Ende zu kommen: Extraktion eines Backenzahns, der sich nicht von der Stelle bewegen wollte, und dies trotz der angestrengten Bemühungen des unglücklichen Hirten, der keinen Laut gab, obwohl er jede Anästhesie abgelehnt hatte, und der, als alles glücklich vorbei war, dem Doktor grinsend die Hand schüttelte. Ohne zu bemerken, daß er über dem Stuhl einen großen Schweißflecken auf der Tapete zurückgelassen hatte, denn während der ganzen Prozedur hatte er sich buchstäblich gegen die Wand stemmen müssen. Der Flecken bot übrigens der Tante M. Anlaß, wegen Beschädigung der Tapete ihre Blitze auf Onkel Eddy zu schleudern und eine Woche lang auf ihre Art zu schmollen. Doch darum geht es jetzt gar nicht. Was ich sagen wollte, ist, daß Onkel Eddy, wenn er nach der Sprechstunde das Haus verließ, jeden Samstag in seinem Wagen, der auf dem Marktplatz parkiert war, einen Berg von Geschenken fand – Schinken, Würste, Geflügel, Pasteten, Eier, Früchte und frisches Gemüse, Kuchen –, den die Leute vom Land gebracht hatten. Ich kann kaum erklären, was die Erwähnung dieser Gaben für mich bedeutete und noch bedeutet. Es scheint mir, das Leben selbst spiegelte sich in dieser wortlosen Beziehung zwischen meinem Onkel und den Bewohnern des Städtchens sowie der Umgebung, die er unermüdlich bereiste, fast Tag und Nacht, am Steuer seines Talbot. Des grauen Talbot, der am Boulevard des Philosophes zum Mythos geworden war ... Vor nicht allzu langer Zeit, wie gedrängt von einer geheimnisvollen Macht, die zu erklären ich mich hüten werde, wollte ich das weite Land um das Städtchen wiedersehen, das Onkel Eddys Reich gewesen war: im Unglück wie in mutiger Tat. Doch von dem Besuch werden wir noch sprechen. Wie auch vom Talbot.

Die Statuette des Vogelfängers

Im Moment befinden wir uns im morgendlichen Salon mit der Statuette des Vogelfängers, davor Onkel Eddys Familie. Die majestätische Tante M., kühl wie ein Marmorbild, und daneben der jüngere Sohn R. und der ältere, J.-B., beide, und jeder nach seiner Art, «ein Kreuz für den Vater», wie es hieß. Einmal R., der arme R. – wieder ein «armer» –, um die fünfzehn, dick und stämmig, wie ein Ölgötze neben seinen Eltern. Drei Dinge fielen an ihm auf: das erste war die lächerliche Jockeymütze, marineblau, mit der ihn «die Mutter verkleidet hatte», viel zu klein für den gewaltigen Kopf, den ein reichlicher Lockenwuchs noch gewaltiger erscheinen ließ; das zweite waren prächtige rote Backen, sichtlich strotzend vor Gesundheit; das dritte endlich war der Blick aus zwei Augäpfeln, die man schwerlich vergessen konnte: grüne Lichtungen mit Tupfen braun wie Pfeifenholz, das leicht zu knistern schien. Die Lichtungen der Augen hatten etwas Ursprüngliches wie ein Waldfest, doch ein Fest für den kleinen Mann allein, nicht für uns. Ein Fest in seinem Innern, das er nicht verheimlichte, aber auch nicht weitergeben konnte. Und vielleicht hatte deshalb der Blick etwas Unruhiges und Wehmütiges. Der junge R. mit seiner Jockeymütze, den roten Backen und den Paillettenaugen schaute dich mit einer gewissen Freude, und trotzdem abwesend, an, mit einem unsicheren Lächeln. Man fühlte, daß er immer gerade ein Wort auf der Zunge hatte und etwas Schwieriges, Kompliziertes sagen wollte, das, einmal begonnen, nur so heraussprudeln würde. So schwieg man unwillkürlich. Und hurtig begann er zu schnarren, verhaspelte sich aber bald vor nervöser Überstürzung, als ob er den Satz, den man von ihm erwartete, unverzüglich widerrufen wollte, und näselte eine seltsame Formel, die in Abwandlungen stets wiederkehrte, bald für sich, bald als Einleitung oder Schluß eines Ausrufs. Die Formel, deren Sinn und Ursprung nie jemand erraten konnte, tönte ungefähr wie: «Sieh schon, Schah» (was man auch «schi-scho-schah» schreiben könnte). Fragte man ihn: «Wie geht's, junger Mann?», dann leuchteten die Augen, röteten sich die Wangen, und mit abwesendem Lächeln babbelte er: «Sehr gut, schi-scho-scha.» Oder: «Hast du Hunger?» Zustimmung: «O ja, schi-scho-scha.» Und ich erinnere mich, daß ihn jeweils seine Mutter mit einem rätselhaften Blick umfing, in dem, was gesagt werden muß, nicht nur Kälte lag, während sich Onkel Eddy in solchen Fällen wegwandte und eiligst von etwas anderem zu sprechen begann. Aber ich hatte den Eindruck, daß hinter der gezwungenen Hast, dem Ablenkungsmanöver, etwas von unterdrückter Seelenangst war. Besser als andere Leute konnte Onkel Eddy als Mann und Arzt, als Vater und Arzt, beurteilen, daß sein Sohn zwar vor Gesundheit strotzte, aber geistig unheilbar zurückgeblieben war. Tatsächlich aß der junge Mann bei uns mit ungeheurem Appetit, zeigte lächelnd die Zähne, die ebenso weiß waren wie die Serviette, die man ihm um den Hals knüpfte, was ihn einem Osterei gleichen ließ; doch jeder Blick, den man auf ihn richtete, hatte die Wirkung einer Anrede, denn jählings, als hätte sich in ihm eine Sperrklinke gelöst, ließ er seine Formel herausglucksen: «Schi-scho-scha.» Später, viel später, nachdem sein Vater gestorben war, hatten wir vernommen, auf indirektem Weg – Tante M. und ihr Ältester hatten sich danach irgendwo in der Geographie verflüchtigt –, daß der arme R. in ein «Heim für Schwachsinnige» gebracht worden war, daß er sich immer noch einer blühenden Gesundheit erfreute, aber unter Nervenkrisen litt, die anscheinend immer schlimmer wurden. Auch an sexuellen Schwierigkeiten. Und dann war für uns nach und nach Sand über jene Existenz gerieselt, von der wir eines Tages, und wieder auf Umwegen, vernahmen, daß sie ein Ende gefunden hatte, als unser Cousin dreißig war. «Armes Kind», hatte Mütterchen gesagt, «man hätte ihm etwas Besseres gewünscht.» Wenn ich diese Dinge erzähle, beschleicht mich ein seltsames Gefühl: es scheint mir, die ganze Landschaft, in der unser Onkel gelebt, gelitten, gearbeitet hatte, sei erfüllt, durchtränkt von ihm. Und wenn ich an das Land denke, entdecke ich etwas von jenem stummen Leiden, das er ständig ertrug ohne Aufsehen. Für mich ein ewiges Herbstland, mit dem Städtchen P., der Holzbrücke über dem Fluß, der Stiftskirche, dem Platz mit den niedrigen Häusern: das ganze vollgetränkt mit süßer Wehmut und Bitterkeit, wie ein Schwamm, den ich beim Erzählen jedesmal ein wenig ausdrücke. Ich habe den Wiedersehensdrang bemeistern können. Mehrmals, und einmal mit dem Wagen, folgte ich den Straßen, die so oft den grauen Talbot gesehen hatten. Es war ein Tag mit Nebel, leichtem Morgennebel wie oft in jenem Gebiet. Hie und da lag schon ein Flecken Schnee. Alles war reglos, wie geschaffen für Ausflüge in ein Heimwehland. Ich hatte einen Tag lang bleiben wollen. Es wurden fünf Tage. Und unaufhörlich, in den Feldern, im Wald oder in den Mauern des mittelalterlichen Städtchens Estavayer, Stäffis am See – wo die Stunden mit spürbarer Bedächtigkeit verrinnen –, fühlte ich die Präsenz Onkel Eddys und auch diejenige Mütterchens, die durch ihre Erzählungen mit dem Schicksal des Mannes verbunden schien. Ich sah unter dem schweren Himmel die Torffelder mit den braunen Streifen im Land, wie Zeichen der Trauer, des verpaßten Lebens. Und die Dörfer, deren Namen in unserer Kindheit so lieblich klangen und uns an das wehmütige und (für mich) zugleich wunderbare Leben des Onkels erinnerten: Onkel Eddy, ab vier Uhr früh am Operieren; Onkel Eddy, der am Nachmittag arme Teufel gratis behandelte; Onkel Eddy, der noch spät nachts seines Weges zu einem Kranken ging. Missy, Villard, Chevroux, Domdidier waren die Namen der Dörfer, bei deren Nennung sich manchmal der arme R. einmischte: «Wo bist du gewesen?» – «In Romont, schi-scho-scha.» Und da war der See, reglos zu dieser Jahreszeit in seinem Grau; und das Schilf, das in die Stille einen Wohllaut brachte, zu Onkel Eddy gehörte. Zu einem verlorenen und wundersamen Leben.

Doch zurück zu jenem Vormittag am Boulevard des Philosophes. Sprechen wir nun vom älteren Sohn des Onkels. Auch ein Kreuz für seinen Vater. Allen kam er vor als ein zarter Knabe von sonderbarer Wesensart, etwas unbeholfen in den Bewegungen, verschwiegen, und in seinen Antworten einsilbig. Meist stand er steif da, den Kopf leicht geneigt wie ein

Seminarist. Sein Haar war fahlblond, wie fadenscheinig, und ließ schon die Glatze vorausahnen, die Haut kränkelnd bleich, die Nase begann sich schon zu röten wie bei der Mutter. Zu jener Zeit trug er eine Brille mit feinem Goldrändchen, dahinter wirkte sein Blick trüb und glasig. Er hatte etwas Kaltes. Ein Reptil. Doch ein harmloses Reptil. Furchtsam und enttäuscht. Er stand am Beginn seines Studiums, das er trotz fleißiger Bemühungen nicht zum Abschluß brachte. Medizin zuerst, dann Jus. Eine Zeitlang dachte er an Literatur. Und dann an weiß ich was. Ein Propädeutikum da, ein Vorexamen dort. Doch nichts führte er zu Ende. Mütterchens Kommentar: «Onkel Eddy sagt nichts, aber er reißt sich die Haare aus dem Kopf.» Tante M. nahm ihren Liebling vor dem Vater in Schutz und gab dem ziellosen Söhnchen ihren Segen. Das nach Onkel Eddys Tod sein Studium endgültig aufsteckte. Und dann – was machte er eigentlich? –, das ist für uns immer ein Geheimnis geblieben. Und wie jedes Geheimnis weckte es allerhand Klatsch: «Er ist zu allem unfähig», hieß es, und: «Mein Gott, wenn das sein Vater sähe.» In weiten Abständen erreichte uns manchmal eine Nachricht über die geheimnisvollen Gestalten und ihr Leben, wie von einem Trio erloschener Gestirne: Tante M. hatte, wie es hieß, das Städtchen P. verlassen und mußte nun irgendwo über dem Genfersee in der Gegend von Montreux sein, wo sie angeblich ein Häuschen gekauft hatte, in dem sie mit dem älteren Sohn zusammen wohnte. Dieser hatte nicht nur das Studium, sondern jede Beschäftigung aufgegeben und blieb tagelang bei seiner Mutter, der er im Haushalt half. Als ob beide, in diesem zeitlos stillen Erdenwinkel versunken, zu Randfiguren geworden wären. Doch von J.-B. gibt es etwas, von dem die Philosophen und natürlich auch seine Eltern nichts wußten: Zur Zeit seiner Medizin-Semester – ich muß damals um die zwölf gewesen sein – war er, unter braver Tarnung, besessen von den Frauen – oder, genauer, von *der* Frau. Eine Besessenheit, die ansteckend wirkte. Auch wenn sie bei ihm, und aus diesem Grund spreche ich hier davon, etwas Besonderes hatte (die Bemerkung ist eigentlich überflüssig: jede Besessenheit spiegelt unser innerstes Wesen). Bei J.-B. war sie, genau wie ihr Träger, mürrisch und kalt. Ich will sagen: sie spielte sich nur in Gedanken ab. Obwohl der gute Cousin etliche Jährchen älter war als ich, schien sich die Besessenheit nicht in Taten zu zeigen. Nicht ein einziges Mal habe ich J.-B. von einem Mädchen oder einer Frau begleitet gesehen. Und ich glaube auch nicht, daß er den Mädchen heimlich nachging. Trotzdem er Geld in Fülle hatte. Er war viel zu knauserig und glich darin seiner Mutter. Alles beschränkte sich deshalb für uns auf endlose Gespräche, in denen ihm die altersbedingte Überlegenheit gestattete, mit Sachkenntnis vorzutragen, was ihm durch den Kopf ging. Die langen Gespräche, die sich am Rande des Familienlebens abspielten, haben in mir einen zweifachen Eindruck hinterlassen: fast klinisch und, es sei wiederholt, durch das Aussehen meines Cousins – reptilienhaft. Mit trauriger, kalter, gezwungener Miene, in die sich Verachtung und Schüchternheit mischten, als wäre er zornig darüber, daß er sich mit einem Bürschchen meiner Art unterhalten müsse, holte mich J.-B. hie und da am Boulevard des Philosophes ab. Manchmal zu einem langen Spaziergang, der merkwürdigerweise stets in die vornehmen und langweiligen Wohnquartiere führte, wo es zwar viele Bäume, aber keine Schankstuben hat, manchmal lud er mich in einen Gastbetrieb im Genre Tea-Room ein (nie in eine Wirtschaft), da er nur Schwarztee und Kräutertee trank. Wenn ich ihn schon sah, wie er im Glas mit dem Löffel den Zucker rührte, mit steifer Hand und weißen, an den Spitzen rötlichen Fingern, doch bleichrötlich und stellenweise violett wie Kalbskopf, mit konzentrierter Miene, ernst, fast störrisch, den Blick an mir vorbei auf einen Punkt abseits gerichtet, wenn ich ihn also nur schon so sah, dann fühlte ich unter seinen aristokratisch-feinen Zügen in ihm eine geheime Energie sadistisch am Werk. Minuziös und sadistisch. Ich möchte sagen: wie ein Uhrwerk. Ich erinnere mich gewisser Momente in unserm Zwiegespräch, das bald zum Monolog meines Cousins wurde, in dem er unaufhörlich die Hypothese eines Zusammentreffens mit einer «blonden Schönen» aufstellte, die nach dem Kodex seiner Wünsche und Begehren groß, schlank und unnahbar sein mußte. Er schilderte mir dann, in Details schwelgend, wie sie sich bewegen sollte, wie er nach einem Gespräch als Vorgeplänkel sie zu entkleiden begänne, von welcher Farbe Büstenhalter und alle Dessous sein müßten. Kühl und ungeheuer präzis, mit etwas Juristischem in der Formulierung. Oder wie wenn er die Phasen eines chemischen oder biologischen Experiments aufzählte. Merkwürdigerweise – doch der Zusammenhang zwischen seiner Person, seiner Lebensart und dem, was mir passierte, ist nicht so merkwürdig – hatte ich in dieser Beziehung gerade in seiner Gesellschaft ein Schockerlebnis, von dem er zweifellos selber nie erraten konnte, wie wichtig es für mich war. Es geschah unter folgenden Umständen: Wir befanden uns an einem Abend in seinem Zimmer mitten in seinen Kollegheften und Anatomietafeln (ganz im Stil seiner Erläuterungen) und unterhielten uns über besagtes Thema, als wir plötzlich Geräusche vernahmen, anfänglich schwer zu erklären, jenseits der Zimmerwand und direkt an ihr. Mein Cousin, ich erinnere mich, hob den Kopf, hielt im Sprechen inne und lauschte, wobei sich mehr und mehr ein seltsames Lächeln, ein versonnenes Lächeln, auf seine dünnen Lippen legte. Seine Miene wurde altklug. Um nicht zurückzustehen, folgte ich seinem Beispiel. Jenseits der Zimmerwand wurde das knarrende Geräusch schneller und lauter. Und dann stellte mein Cousin mitten in der Stille, die durch unsere gespannte Aufmerksamkeit noch leerer schien, dünkelhaft fest: «Die Schweine bumsen wieder.» Er hatte noch nicht fertiggesprochen, da ließ sich ein Stöhnen vernehmen, dumpf, langgezogen, in gleichförmigem Rhythmus, unendlich für mich. Es weckte in mir ein Gefühl von starkem Ekel. Doch mein Cousin Student, äußerlich nicht beeindruckt von solchen Dingen, schien unter eherner Haltung im Gegenteil Vergnügen zu finden an dem, was sich unweit von uns abspielte. All das zeigt, daß Erlebnisse, die wie das eben erzählte, eigentlich gar nicht zu den Philosophen gehören, trotzdem Teil ihrer Geschichte wurden, und dies durch die, gewiß unvorhergesehene, Vermittlung Onkel Eddys, der davon nicht die geringste Ahnung hatte, als er an jenem Morgen mit seiner Familie im Salon ankam. Ein Detail noch, das ich anfänglich verschwieg, aber gleichwohl erwähnen muß, und dessen Bedeutung einzuschätzen ich dem Leser überlasse: Trotz allem, was man bei den Philosophen über Tante M. und gegen sie sagen mochte, spürte ich, als ich sie erstmals im Morgenlicht im Salon neben der Vogelfänger-Statuette sah, gerade bei ihrem Anblick heimliche erotische Gelüste wie ein neckender Kobold, angeregt durch die Bewunderung für ihre hohe Brust und die langen Beine unter dem giftgrünen Kleid und auch, man glaubt es kaum, durch ihre lange Nase, deren Stich ins Rötliche und vor allem die merkwürdig verkrümmte Gestaltung, wie mich dünkte, heimliche und vielfältige Neigungen verrieten. Was der starre und anmaßend klare Blick gerade durch seine Starrheit zu bestätigen schien. So fühlte ich in jenem Augenblick eine hassenswerte Übereinstimmung mit einem gewissen Etwas, das seinen Sitz im hohen Körper der germanischen Tante M. hatte. Der Verdacht darauf hätte die Philosophen erschreckt und mich in ihren Augen wie ein kleiner Judas erscheinen lassen.

Doch beim Anblick des Gruppenbilds mit Onkel Eddys Familie ändert sich plötzlich die Beleuchtung. Die Vogelfänger-Statuette und der Salon sind verschwunden. Was hat sich ereignet? Onkel Eddy ist gestorben. An einer Herzkrise. Sein Herz, das Herz des Arztes für alle, stand still. Und Mütterchen wollte wegen ihrer Behinderung nicht zur Beerdigung kommen. Wir befinden uns in einem Kirchhof am andern Ende des Sees. Und etwas in der Höhe. Es regnet. Einer jener langen, schweren Regen, die im Herbst die Berge verdecken; und bei den Gräbern steht neben verstreuten Grüppchen das vom Unglück geschlagene Trio: Tante M. mit üppiger Brust und noch röterer Nase (Spuren der Jahre); der arme Schischo-scha, ganz in Schwarz gekleidet, der nichts zu verstehen scheint; J.-B. endlich, der besessene Cousin, auch er in Schwarz, und schweigend. Alle erstarrt, priesterhaft. Während unaufhörlich der Regen fällt. Das ist das letzte Bild, das ich von ihnen bewahre. Und ich will nicht wissen, aus welcher Zeit. Es hat für mich ihr Schicksal wie besiegelt. Seither, was auch eintreten mochte, hat sich daran nichts mehr verändert. Doch nach der Beerdigung noch etwas völlig anderes. Eine Überraschung für Mütterchen, hätte ich es ihr erzählt. Ich will sagen, daß sich nach der Zeremonie alles in einer Gaststätte im Nachbardorf traf, die ich übrigens später nie mehr besuchte. Und vielleicht gar nicht mehr finden könnte. Zweierlei weiß ich: es war, glaube ich, nahe beim Bahnhof; und das Innere ist mir, anders als das Äußere, noch seltsam gegenwärtig. Eine Bierwirtschaft, ein großer Saal, aus Holz. Nichts als Holz. Und wir waren in diesem Saal um einige Tische gezwängt. In gemütlicher Wärme und einem Geruch von nassen Kleidern. Der Regen schlug hinter uns an das Fenster, rann den farbigen Butzenscheiben entlang und tanzte mit neckischer Lust. Mit lebendigem Drang. Und mit einem nicht weniger lebendigen Drang und ebenso neckischer Lust aßen wir in einer Ecke Sauerkraut. Eine Menge Sauerkraut, ungeheuer viel in der Erinnerung, und garniert mit Fleisch wie nirgendwo sonst. Es roch nach Bauernhof, Herbst und Schlachtfest. Nie und nirgends auf der Welt hat mir eine Sauerkrautplatte besser gemundet! Beim Essen spürte ich aus dem Bauch heraus ein Wonnegefühl, das mit der Verdauungstätigkeit zusammenhing, ein Gefühl, wie wenn man nach tödlicher Gefahr ins heitere Leben zurückfindet. Bei der dampfenden Mahlzeit in der Gaststube entstand so etwas wie eine Energieumwandlung. Als ich damals das Sauerkraut verschlang, das währschafte Schweinskotelett, die Rauchwurst dazu und den Speck, da war mir, während der Regen weiter an die Butzenscheibchen schlug, ich esse das Fleisch der Verstorbenen, hauptsächlich das meines Onkels; und ich nehme damit etwas in mich auf wie das Leben selbst, mehr als sein persönliches Leben: dessen köstlichsten Gehalt. Mit jedem Biß mehrte sich beim Kauen das Gefühl der Geborgenheit, nicht nur vor dem nassen Schauer, sondern auch vor der feuchten, kalten Erde, in die der Tote versunken war. In der er nun aber nicht mehr weilte. Denn jeder Biß ließ in mir das kindlich-zärtliche Gesicht des Onkels von neuem erstehen, seine Stimme, die zeitweise so jugendlich klang, und die wohlwollende Güte, aus der ich die Verwandtschaft zu Mütterchen herausspürte. Gewiß, mit dem Fleisch und Sauerkraut nahm ich Onkel Eddys Kraft und Tugend in mich auf. Dies war mein Erlebnis beim Totenschmaus. Und das ich dem Mütterchen natürlich nicht in dieser Weise erzählen konnte. Sie hätte mich nicht begriffen. Vielleicht gar hätte sie sich entsetzt über derart frevlerische Gedanken, die mir im Gegenteil das Wesentlichste unserer Beziehungen mit dem armen Onkel Eddy zu bezeichnen und auch das Herz aller

Dinge in jeder menschlichen Beziehung zu sein schienen. Deren Grundlage war, ist und bleibt – man verzeihe mir den weihevollen Ausdruck – die Kommunion der Lebenden mit den Toten.

Das letzte Glück

Beizufügen habe ich, immer noch beim Leichenschmaus, daß ich mich außer an das Familientrio nur noch an ein einziges Gesicht erinnere. Es gehörte meinem Tischnachbar. Ein älterer Herr, befreundet mit Onkel Eddy. Vielleicht sein bester Freund. Den ich bislang nur selten gesehen hatte, so einmal an einem Abend, von dem noch zu sprechen sein wird. Doch anläßlich des Totenmahls, dem er wie dem Wein mit sichtlichem Vergnügen zusprach – mit rotem Kopf, fettigen Lippen und schwellenden Stirnadern –, machten wir nunmehr etwas nähere Bekanntschaft. Und dies, wie gesagt sein muß, dank der Vermittlerrolle Onkel Eddys, der in unserem Gespräch ständig anwesend schien. Im Lauf des Gesprächs ließ der alte Freund unseres Onkels einen Charakterzug aufleben, der die Familienlegende wesentlich ergänzte. Und den Mütterchen anscheinend nicht kannte. Danach hatte Onkel Eddy in den letzten Lebensjahren mit einer Frau ein «wahres Glück» gefunden. Doch alles war aufgeflogen und entschwunden wegen der wachsamen Tante M. – ich übergehe die unappetitlichen Einzelheiten –, wie Onkel Eddy bald darauf selbst entschwunden war. In den Tod. Sehr taktvoll sprach der Freund zwar über die Frau, eine verwitwete Mutter von fünf Kindern, die sie anscheinend allein aufgezogen hatte. Onkel Eddy besuchte sie, wenn es ihm einer der seltenen freien Augenblicke gestattete. Kaum zu glauben, wie sehr das Wissen über diese Sache in mir, wie soll ich sagen, die Zuneigung, die Zärtlichkeit für Onkel Eddy mehrte. Doch am rührendsten an der geheimen Episode ist, daß es unser Onkel – wie der Freund mir anvertraute – einmal einrichten konnte, o Wunder an Scharfsinn, einige Tage, die einzigen, wie mein Gesprächspartner versicherte, in Gesellschaft besagter Dame zu verbringen. Und dies im Hause desjenigen, der die Geschichte erzählte. Im kleinen Haus nahe der Ortschaft C., in meinen Augen das schönste Dorf der Gegend. Ein Häuschen, das, glaube ich, immer noch dasteht, wie der Rumpf eines gestrandeten Schiffs am Rande der Kornfelder, wenige Schritte von einem mit Eichen gesäumten Feldweg. Von dem aus der Blick dem sanften Gewoge entlangschweift in die Ferne, wo man, je nach Beleuchtung grau oder rosig, die weite Stadt erahnt. Da wohnte der alte Bibliothekar, Onkel Eddys Freund, mit seiner Frau. Er genoß seinen Lebensabend in kleinen Schlückchen wie den Weißwein, dem er gerne zusprach, und den er einmal Onkel Eddy und mir aufgetischt hatte, als wir ihn wie zufällig besuchten (ich wußte damals nichts vom Geheimnis). Nein, nie werde ich jenen Abend vergessen, der, nachdem ich das Geheimnis des Onkels nun kenne, noch vermehrte Bedeutung gewinnt. Es war im Sommer nach dem Essen. In einem blumenüberwucherten Gärtchen. Nicht auf der Seite der hohen Eichen, sondern gegen die sanft geschwungenen Äcker zu. Im Gras standen zwei Liegestühle und ein dritter Sessel. Die Liegestühle für die Herren, der Sessel für mich. Die beiden Männer, die mir so alt vorkamen, sprachen bedächtig, der eine mit tiefer, ernster Stimme (der Freund), der andere, Onkel Eddy, mit einem frohen und, wie ich schon gesagt habe, zeitweise jugendlichen Klang. Bilde ich es mir ein nach den vielen Jahren? Kommt es davon, daß die Offenbarung von Onkel Eddys Glück jenen Abend, oder vielmehr die Erinnerung an jenen Abend mit einer seltsamen, fast untergründigen Süße durchtränkt? Jedenfalls lag in den Worten der beiden Männer, oder vielmehr im Schweigen zwischen den Worten und im Gedankenaustausch, der sich während den Pausen zu vollziehen schien, etwas Erfülltes und Friedliches. Das ich auch nach so langer Zeit im Raume schweben fühle. Sie plauderten, die beiden Männer, und rauchten dazu. Von Zeit zu Zeit wandten sie sich an mich, mit einer Art Wohlwollen, gemischt mit einer Befangenheit – wie ich sie heute der Jugend gegenüber empfinde –, um mir eine Frage zu stellen. Wie man es gegenüber der neuen Generation tut, deren Ansichten, auch wenn man sie kennt – zu kennen glaubt –, immer etwas rätselhaft bleiben. Ich antwortete so gut ich konnte. Nicht angriffig, sondern selber schüchtern. Ich sagte die Dinge, wie ich sie sah und fühlte. Manchmal schüttelten beide den Kopf. Ohne ein Wort, wenn sie das, was ich sagte, zu überraschen schien, oder wenn sie damit nicht völlig einverstanden waren. Aber sie drängten mir nicht ihre Meinung auf. Wenn ich nicht weiterwußte, halfen sie mit einer neuen Frage. Eines war gewiß, beide sprachen dem Weißen in bestem Einvernehmen zu. Und während die beiden Männer sprachen oder schwiegen und ich mich um Erklärungen bemühte, ging mir die Zeit auf angenehmste Weise vorbei. Sie ist mir klar im Gedächtnis geblieben, während ich viele andere Abende, anscheinend großartiger, völlig vergessen habe. Ich glaube jetzt noch zu spüren, daß im Laufe des friedlichen Abends mit Onkel Eddy und meinem künftigen Tischnachbar die Luft rosig und warm war und daß sich die Felsen der Berge in der Ferne röteten. Wie die Gesichter der beiden Herren. Frau D., die Gemahlin des Bibliothekars, die an jenem Abend Früchte einmachte, kam von Zeit zu Zeit unter die Tür, wobei sie irgend etwas in der Hand oder in der aufgeschlagenen Schürze trug, und fragte freundlich lächelnd, ob alles gut gehe. Ob wir zufrieden seien, ob ich brav sei. Unser Gastgeber, der sonst stets seine Frau bemühte, stand zur heikelsten Verrichtung selber auf: jedesmal, wenn eine neue Flasche aus dem Keller zu holen war. Ein anderer Wein, dessen Unterschiede zum vorhergehenden mit Kennerworten erläutert wurden. Ich spreche über diese Dinge, weil ich nie so sehr wie an jenem Abend Onkel Eddys andere Seite erkannte: fröhlich lachend und entspannt. Noch freier, noch kindlicher als bei uns zu Hause. Als hätte sich in diesem Garten an der Seite des Freundes jeder Zwang gelöst. Tatsächlich lag etwas Jünglingshaftes in seiner Art, wie er lauschend den Kopf hob und ihn dir einen Augenblick aufmerksam zuneigte. Alles war für ihn Anlaß zum Staunen. Er nahm regen Anteil an allem, mit praktischem Sinn und fast hoheitsvoll. Sein Blick folgte behend dem Gesprächspartner, von Zeit zu Zeit entfuhr ihm ein frohes, kristallenes Lachen und ließ seitlich einen Goldzahn aufblitzen, der mich schon als Kleinkind beeindruckt hatte. Als ein Zeichen von Macht und Sanftmut zugleich. Und wenn er lachte, strahlten tausend kleine Fältchen um die Augen wie zur Bestätigung des Frohsinns. Kurz, er hatte durch alle Fährnisse hindurch die Gabe zum einzig möglichen Glück bewahrt, die darin besteht, daß man es dort entdeckt, wo es niemand sucht: in den einfachsten Dingen, im Alltag. Ich wußte damals noch nicht, daß besagte Dame einige Tage mit ihm verbracht hatte. Vor jenem Abend? Nachher? Was kümmert's mich! Nicht erst jenes Stelldichein allein, ob Erinnerung oder Vorfreude, weckte Onkel Eddys Glücksgefühl: es schien den Grundzug seines Charakters zu bilden. Der seinerseits wieder die Begegnung mit dem Glück aufwertete. Denn alles ist da, bevor es geschieht. Onkel Eddys letztes Glück, von dem der alte Freund an der Beerdigung bei einer Sauerkrautplatte erzählte, hatte ich, ohne es zu wissen, an jenem Abend auf dem Land vorausgeahnt. Weder Tante M.s rote Nase noch ihr Charakter, weder der arme Schi-scho-scha noch das Ungemach mit meinem besessenen Cousin, der zum Studium unfähig war, hatten in ihm das innere Leuchten erlöschen können. Wohl habe ich das Bild meines Onkels Eddy auf dem Kanapee bewahrt, das ich am Anfang beschrieb, wie er die Hand vor die Augen hält und leise zu Mütterchen im Lehnstuhl spricht, doch heute überstrahlt das Leuchten alles. Es wird zur lebendigen Spur seines Weges durch diese Welt. Von der ich ein Zeugnis ablegen mußte.

Der graue Talbot

Ein Letztes. Am Tag nach der Beerdigung erzählte ich dem Mütterchen zwar nicht die Eindrücke beim Leichenmahl – meine Menschenfresserei! –, aber wenigstens, wenn auch mit der gebotenen Zurückhaltung, die Sache von der Dame, von der mir der alte Freund berichtet hatte, das kurze «Glück», das Onkel Eddy an ihrer Seite genoß, und wie Tante M. das Verhältnis plötzlich entdeckte usw. Ich erinnere mich, daß sie dem ganzen Bericht schweigend in ihrem Lehnstuhl zuhörte. Und ihr Schweigen hat mich mehr beeindruckt als alle Worte. Durch das Schweigen hindurch spürte man, daß sie das Verhalten unseres Onkels zwar nicht guthieß, es aber in Anbetracht der Umstände auch nicht verurteilen konnte. In ihrem Schweigen am Rande der Zustimmung oder vielmehr der «Nicht-Ablehnung» war aber eine feine Schattierung, die ich doch noch erwähnen muß. Etwas wie eine geheime Enttäuschung darüber, daß ein geliebtes Wesen sich zwar natürlich, aber eben nur natürlich verhält. Als ob wir im Grunde stets im geliebten Wesen eine mehr als natürliche Norm entdecken möchten: ein fast außernatürliches Verhalten, das mehr wäre als Natur ... Mit Mütterchens Schweigen verbindet sich in mir schließlich ein letztes Bild Onkel Eddys, das auf meine früheste Kindheit zurückgeht. Onkel Eddy will – diesmal allein – einige Tage auf Besuch kommen. Es ist Morgen. Schönes, kühles Wetter. Alles wartet auf ihn. Vom Balkon aus halten wir Ausschau nach dem grauen Talbot. Plötzlich löst er sich aus der Bewegung, die man damals als Verkehrsstrom bezeichnete, und nähert sich langsam zum Parkieren dem Trottoir. Er hält an – der Motor blubbert ein letztes Mal, der Chauffeur zieht den Kontaktschlüssel heraus und macht sich zum Aussteigen bereit: kurze Augenblicke, in denen die Zeit auf immer stillzustehen scheint. Wenn die Wagentür aufging, sah man das glückstrahlende Gesicht des kleinen Mannes Onkel Eddy zum Balkon aufblicken, als ob er wüßte, daß man dort auf ihn wartete, und fröhlich winken, kindlich und frisch wie das Morgenlicht am Boulevard des Philosophes. Zuerst holte er den Koffer aus dem Kofferraum. Einen Lederkoffer, kostbar wie der Goldzahn. Und jetzt erst begann Onkel Eddys eigentliche Prozedur von Ankunft und Aufenthalt bei uns. An dessen Ende, im zweiten Teil der letzten Szene, blickte Onkel Eddys Gesicht erneut von der Straße zu uns herauf. Wieder ein fröhliches Winken, doch diesmal zum Abschied. Die letzten Vorbereitungen vor dem Start. Und dann das Verschwinden des Wagens am Ende des Boulevards, gefolgt von einem Augenblick des Schweigens und Mütterchens Wort, wie seit einer Ewigkeit erwartet: «Armer Onkel Eddy!»

DAS NÄHATELIER

Ein gedämpfter Chor

Ganz anders war hingegen das an die Küche anstoßende Zimmer, das erst die Großmutter, dann die Eltern und schließlich ich bewohnte. Hier hatte es weder Konfitüre noch Sommerlicht und auch keine Bienen. Sondern dunkle Vorhänge, schwarze Möbel, das Bild eines toten Kindes ... Doch was ich sagen möchte, ist, daß man am Fenster zur Rue Saint-Ours durch die vorhanglosen – nackten – Scheiben in das Nähatelier im ersten Stock eines gegenüberliegenden Gebäudes sah. Es war ein ziemlich großer Raum, erhellt von einer Reihe weißer Lampen, die an Metallstäben herunterhingen; mit Glühbirnen, die ebenfalls nackt waren, wie aus den Augenhöhlen gerissene Augäpfel, und die ein gleichförmiges fahles Licht auf eine Reihe von Köpfen ausgossen: Köpfe junger Mädchen mit verschiedenartigsten Frisuren, über die Näharbeit gebeugt. Dies war alles in jenen vier Wänden, und rund um die Köpfe schien alles stillzustehen, während von Zeit zu Zeit zwischen den Mädchen das Gespenst einer Person vorbeiging, die weder dick noch dünn war und die ich nicht beschreiben könnte, denn seltsamerweise und im Gegensatz zu den Haarschöpfen der Näherinnen, sehe ich sie nicht wirklich. Weder ihr Gesicht noch die Hände erkenne ich deutlich. Ich sehe nur einen Rumpf, Teil eines Frauenkörpers, der wohl der Besitzerin gehören mußte oder einem von ihr beauftragten Geschöpf, und der sich steif wie eine Schneiderbüste zwischen die Mädchen schob, hie und da anhielt und zur nächsten weiterging; es kam auch vor, daß sie eine Arbeit nahm und aus dem Zimmer ging, gefolgt vom Mädchen. Anprobe. Manchmal verschwand die Meisterin allein, für längere Zeit. Dann, auch wenn keines der Mädchen die Haltung, das Hin und Her der Handbewegungen änderte, war es, als löse sich auf einmal ein Seufzer der Erleichterung aus der drückenden Atmosphäre, in der ich weiß nicht was für eine Drohung zu hängen schien. Der Anblick der buntscheckigen Haarschöpfe, braun, blond – rot auch – über den Stoff gebeugt, bleibt für mich verbunden mit dem Bild und dem Leben der Rue Saint-Ours. So weit ich mich zurückerinnern kann, war das erste, was man sah, wenn man aufstand und zum Fenster trat, das im kalten Licht der Glühbirnen bleiche Haar der Näherinnen, die schon über die Arbeit gebeugt waren. Von sieben Uhr früh bis sieben Uhr abends. Und wenn ich im Lauf des Tages nach einer Schreibarbeit oder einigen Privatstunden eine Pause einschaltete, blickte ich mit gedämpfter Freude in das Atelier. Die Mädchen waren Gefangene wie ich. Doch manchmal geschah es, daß sich eine, ermüdet vom ständigen Bükken, zurücklehnte und den Kopf hob, wobei sie ungewollt das Gesicht zeigte, das im Licht der Glühbirne noch bleicher schien. Jene Gesichter, die sich von Zeit zu Zeit aufrichteten – ich sah sie nur flüchtig in einer Pause oder im grauenden Morgen zu Beginn eines Arbeitstags –, werde ich nicht vergessen. Ihre Erschöpfung und Blässe schien mir die Erschöpfung und Blässe aller Arbeiterinnen zu sein. Ohne besondere Tragik, aber monoton, im Banne der Gleichförmigkeit. Höhepunkte gab es an Sommernachmittagen im stillen Gäßchen, über das zu dieser Stunde die Tauben herrschten. Auch im Nähatelier hatte man die Fenster geöffnet, doch weder Hitze noch Helligkeit änderten etwas am gewohnten Gang der Arbeit mit den flitzenden Nadeln. Trotzdem geschah es manchmal – und das wäre nun der angekündigte Höhepunkt –, daß gegen vier oder fünf Uhr die Näherinnen, als folgten sie einem inneren Drang, unvermittelt und ohne ersichtlichen Anlaß, auch ohne den Kopf zu heben, zu singen begannen. Wenn man den Zusammenklang der Stimmen, der kaum über die Straße drang, als Singen bezeichnen darf; tatsächlich glich er mehr einer gemeinsamen Klage als irgendeinem Gesang. Ein gedämpfter Chor, ohne Aufschrei der Revolte, ohne offenen Schmerz noch Zorn. Geduldiges Erdulden eher, verbunden mit einer Sehnsucht nach etwas Unbestimmten. Weder Gespräch noch Gesang, sondern eine wehmütige Äußerung zwischen beidem, etwas Neutrales, das unwillkürlich an das Schicksal unseres Kleinstaats denken ließ. Eines Tages, als der Chor der flinken Händchen von neuem zu summen begann und die Weise schüchtern zu den Fenstern aufstieg, rief ich, ich erinnere mich, plötzlich mit jugendlicher Arglosigkeit aus: «O Schweiz, kleines Land der Banken, Kirchen, der Sicherheit! Unter deiner scheinbaren Ruhe versteckt sich ein ungewisses Sehnen nach ich weiß nicht was. Nach Leben. In dein Inneres will ich eindringen, durch Schichten des Schweigens, durch stummes Leiden und Widersprüche, auf der Suche nach dem verschütteten Kern, der befreienden Saat des Wortes.» Die leise Melodie der Näherinnen schien mir den Weg zu zeigen, den ich zu gehen suche. Und das war der Höhepunkt! Abgesehen von diesem Zwischenspiel an Sommertagen sah ich die Ordnung im Atelier nur an drei bestimmten Anlässen verändert. Erstens bei Sonntagsruhe: alle Fenster zu, alle Lampen aus, Schweigen. Keine Haarschöpfe, keine gebeugten Köpfe. Nur die Scheiben, dunkel und undurchsichtig. Alles sagte: Betrieb geschlossen. Der zweite Anlaß hingegen brachte zwar nicht Tumult – das entspräche nicht dem Stil der Rue Saint-Ours! –, aber doch eine Belebung in den nüchternen Morgen, wenn ein Musikkorps durch den Boulevard marschierte. Dann lehnten die jungen Näherinnen in Trauben aus den Fenstern, lachten über das frohe Ereignis, winkten, kniffen sich, zeigten auf einen Musikanten, der wild in die Trompete blies; und war der Umzug vorbei, dann stießen und drängten sie sich weiter unter den geringsten Vorwänden, um die Entspannungspause zu verlängern, und nur mit sichtbarem Bedauern kehrten sie an ihre Plätze zurück, wo es noch einige Zeit ging, bis sich die Erregung legte und alles zur Ordnung zurückfand, zum düsteren Ritual von Ordnung und Tagesarbeit. Die dritte und letzte Störung wurde verursacht durch einen Straßenmusikanten, der damals am Morgen oft in die noch schattige Rue Saint-Ours kam. Mütze schief überm Ohr, ziegelfarbene Haut – aus geschäftlichen Gründen pflegte er bewußt das Image eines lumpigen Gigolos und leierte auf seinem Akkordeon einen Strauß von Musette-Walzern, Javas und Pariser Romanzen der guten alten Zeit, und aus den Fenstern regneten die in Papier eingewickelten Batzen auf ihn herab. Die Näherinnen wagten sich nicht wie beim Vorbeimarsch der Musik zusammen ans Fenster. Sie begnügten sich damit, den Kopf zu heben und einen Moment in der Arbeit innezuhalten, um dem Orgelklang zu lauschen, und sich, wie man an den bubbernden Schultern erriet, einen Scherz zuzurufen. Worauf eine, etwas mutiger, oder stärker angelockt vom Akkordeon, bald auch ans Fenster trat, um Prosper nachzublicken, der von der Straßenmitte aus während dem Spielen zum Fenster mit der Kleinen hinaufäugte. Diese lächelte ihm zu. Und warf ihm, im Namen der Kolleginnen oder von sich aus, ebenfalls ein Geldstück zu, während ihre Kameradinnen sitzen blieben. Dann wurde das Fenster halb geschlossen, und Prosper spielte weiter, während er sich entfernte. Endlich nahm der stumme Chor der Näherinnen die Arbeit wieder auf, mit neuer Geduld und unerschütterlicher Entsagung. Worauf auch ich mich wieder an die Arbeit machte.

Privatstunden. Latein unter anderm, das ich eigentlich auch nicht völlig beherrschte. Aber mit meinem allerersten Schüler spielte sich alles außerhalb der Wohnung ab, nicht im Zimmer mit den dunklen Vorhängen und dem Blick auf die Rue Saint-Ours. Wo also? Das werden wir gleich sehen. Mein Schüler? Ein kleiner blonder Faselhans, ein schüchterner Eidgenosse mit Wangen wie Milch und Blut. Sein Vater war Schulabwart. In einer Primarschule in jenem Quartier am Flußufer, das mich stets an Spätherbst und Regen denken läßt. Ein Kraftkerl, der Vater, mit rauher Stimme und immer heiser, vom Typ Schwergewichtsmeister, hemdsärmlig, mit schwellenden Muskeln, der aber offenbar ernstlich verunfallt war und nun leicht hinkte. Worüber er sich zu schämen schien und deshalb beim Reden noch etwas dicker auftrug. Er hatte ein großes Maul und rühmte sich ständig. Schließlich muß man im Leben auf die eine oder andere Weise sein Gleichgewicht suchen. Er wollte, er befahl, er war der Chef. «Ich habe meinem Jungen gesagt: Lerne Latein, dann holst du dir alles im Leben.» Nebenbei frage ich mich heute, was aus dem Jungen geworden ist. Und ob er sich im Leben alles geholt hat. Die Mutter war von kleinem Wuchs und dick und ließ mit ihrer Sanftheit – dies sei ohne Respektlosigkeit und ohne den geringsten Spott gesagt – an einen gutmütigen Kürbis denken; sie hörte ihrem Mann blinzelnd zu. Den goldenen Reden folgend, aber mit gutmütiger List. Sie nickte zu seinen Worten, und doch fühlte man Zurückhaltung und zeitweise Besorgnis gegenüber dem Zuhörer: er übertreibt wieder einmal … Aber der wackere Abwart ließ durch die Korridore des Schulhauses, seines Schulhauses – das um diese Zeit leer war –, seine Stentorstimme erschallen. Zwischen uns war alles im Nu geregelt. «Sie also kommen für die Lateinstunden?» Er stand auf der Schwelle der Abwartswohnung. Die Mutter hinter ihm hörte zu. Preisabmachung: «Wie hoch kommt es?» – «X Franken pro Stunde», sagte ich schüchtern. «Recht.» Die allererste Lektion sollte im Schulhaus stattfinden, in dem unser Mann herrschte. Nach vier Uhr, das heißt, nachdem die Schüler weg waren. In einem leeren Schulzimmer. Ein so großes Klassenzimmer für einen einzigen kleinen Knirps! Sage ich jetzt, doch nie hätte ich es mir damals zu Hause eingestanden, um mich nicht allzu lächerlich zu fühlen, da ich am Tag vor der Lektion und in Gedanken daran von einer richtigen Panikstimmung erfaßt wurde. Einer solch simplen Sache wegen. Ich glaube sogar, daß ich die ganze Nacht nicht schlafen konnte. Komisch, nicht? Doch wenn man eine Stunde geben soll und weiß, daß man nichts weiß ... Was sollte ich dem Kleinen antworten, wenn er mir eine richtige Frage stellen würde, so wie Kinder, die etwas wirklich wissen wollen? Ich sah mich schon verloren vor dem Kerlchen. Ohne Antwort, oder geschickt neben der Frage vorbei antwortend. Wie wenn man den anderen für einen Dummkopf hält, wobei man dann Verwirrung stiftet im Köpfchen, das doch die Wahrheit wollte. Die wahre Wahrheit. Und ich war so unverschämt und wollte nach der Stunde noch eine Bezahlung entgegennehmen? Aus den derben Händen eines Vaters, der mir Vertrauen schenkte? Die Kultur, wie sie bis heute gepflegt wird, beschummelt und verachtet das Volk. Und ich wurde Komplize dieses Unterfangens! Solche Gedanken hinderten mich in jener Nacht am Schlaf. So daß ich mich zur ersten Lektion begab wie ein Kind auf den Weg zum Zahnarzt. Mit gespielter Ruhe, um das Lampenfieber zu verdecken und die Versuchung, beim Anblick des Schulhauses die Flucht zu ergreifen. Trotzdem ging ich hin. Und es war während dieser Stunde so wie im, wie man sagt, gewöhnlichen Leben: es ging weder gut noch schlecht. Man kann nicht von einer eigentlichen Wissensvermittlung sprechen, aber auch nicht von einem richtigen Betrug. Heute bleibt mir die Erinnerung an eine trübselige Stunde. Ein dumpfiges Gestammel in den vier grauen Wänden des Klassenzimmers, von dem aus ich über die Pulte hinweg durch das Fenster unter einem Novemberhimmel die Hausmauern eines ebenso grauen Quartiers erblickte, das weder Bürger- noch Arbeiterviertel war. Weder Fisch noch Vogel.

Die Lodenjacke

Wieder die Rue Saint-Ours. An der die Familie des armen H. zur Zeit der Trommel wohnte. Und die sie nach der Geschäftsaufgabe verlassen hatte. Umzug in ein völlig anderes Quartier. In einen andern Teil der Stadt, arm, Strichplatz der Straßendirnen. Manche Begegnungen in der Kindheit zeichnen uns für das Leben. Man merkt es nicht sofort. Erst langsam, im Lauf der Jahre, geben sie sich zu erkennen. Sanft, aber beharrlich. So war es mit dem Vater des armen H., von dem zu sprechen ich bereits Gelegenheit hatte. Und den ich heute in einem andern Lebensabschnitt wieder auf meinem Weg finde. Auf der Straße blieb plötzlich ein schlaksiger Mann vor mir stehen. Um einen Kopf größer als ich. Einen Kopf mit Baskenmütze. Merkwürdig das Gesicht unter dem Béret: oben ganz bleich, unten rot. Eine hervorstechende Purpurnase, krumm und hungrig, wie es schien, und voll Scham über die Begehrlichkeit. Sanfte blaue Augen, erfüllt von ständigem Träumen, die eine zweifache Gewalt hatten: sie blieben in weiter Ferne vom betrachteten Objekt, wie zurückgezogen in eine Art Innenraum, und gleichzeitig beobachteten sie die Dinge ganz genau. Im vorliegenden Fall richteten sie sich auf mich. Übrigens mit merkwürdiger Wirkung.

Der Blick der blauen Augen ließ sich eine Sekunde nieder wie ein Vogel und entflog wieder. Als Beute die Gesichtseindrücke, die er als Nahrung für den ständigen Traum in seinem Innern brauchte. Den Lippen, die des Mannes Pfeifenstiel umschlossen, entfuhr ein rauhes und schüchternes: «Geht es, mein Junge?» Eine Frage, auf die es keine Antwort gab. Eine Frage, die auch gar keine Antwort verlangte. Und da ich die Frage nicht beantwortete, blieben wir auf dem Trottoir reglos stehen, H.s Vater und ich schauten uns an, ohne uns anzuschauen, und jeder bohrte eilig nach irgend etwas in seinem Innern. Und dem Zeitraum des Nicht-Antwortens, der fehlenden Worte und des inneren Bohrens entsprang dann schließlich ein Moment, der mich an das Wasser erinnerte, das nach dem Regen auf einem Blatt haftet; es strömt nach und nach zusammen, findet sich in einem Punkt und bildet auf diese Weise – nicht ohne Beben, und darin scheint das ganze Leben zu sein – einen Tropfen. Der vor dem Fall einige Sekunden lang, vielleicht gerade weil er fallen muß, die ganze Welt in sich zu halten scheint. Und uns damit. So hing der Tropfen des Lebens zwischen H.s Vater und mir. Und im Herzen der Sekunde vor dem Fall, die uns beide, den Mann in den Fünfzigern und mich jungen Springinsfeld hielt, was sah ich als Wichtigstes an seiner Person, abgesehen vom Béret, dem bleichen Obergesicht und dem roten Untergesicht, der kirschroten Nase und dem Blick aus den blauen Augen? Das war die Jacke, die der Mann trug. Eine grauschwarze Lodenjacke, anscheinend nicht außergewöhnlich. Eine Arbeiterjacke. Nur eben: was jene Jacke außergewöhnlich machte, war, daß H.s Vater nicht ganz den Kopf, das Gesicht, die Gestalt eines Arbeiters hatte. Ihm fehlte die Derbheit, die zu der Jacke gehört hätte. Er paßte nicht in sie hinein. Wie wenn er ein Typ von «Klasse» gewesen wäre. Offensichtlich gehörte er zu einer andern Kategorie. So schien die Jacke mit ihm unvereinbar. Sie hing beziehungslos von seinen Schultern, zu schwer für einen Kunsthandwerker und Blumengärtner wie er, der in den Ziergärten der Touraine und in den berühmten Loire-Schlössern gearbeitet hatte. Im Gesicht jenes Mannes lag etwas wie ein Adel des Schweigens und besinnlichen Schaffens. Und auch etwas wie eine unfaßbare Ruhelosigkeit, ein Sehnen, ein Heimweh, eine ständige Konfrontation mit dem, was früher war und heute nicht mehr ist. So wie jemand, der einst einen schönen Beruf hatte, dank dem er erträglich leben konnte. Und der dann plötzlich aufgrund persönlicher und gesellschaftlicher Umstände, die zu lange zu erzählen wären und zu kompliziert, seinen Beruf nicht mehr ausüben und nicht mehr anständig leben kann. Totale Änderung. Alles Vergangene – Erlebnisse so vieler Jahre, die man als geistigen Besitz glaubt – wird plötzlich irreal. Ein Alpdruck, der dich in den Augen der andern vernichtet und auslöscht. So ist das Älterwerden. Und zur Krönung des Ganzen verlor der Vater meines Freundes H. zu jener Zeit die Arbeit. Auf das wollte ich hinaus: die Jacke dieses Mannes war die Jacke eines Arbeitslosen. Und das Grauschwarz des Lodenstoffs bleibt für mich bis heute die Farbe der Arbeitslosigkeit. Und wenn ich als Kenner sprechen kann, dann darum, weil auch ich später eine solche Jacke trug. Doch lassen wir das! H. hat mir in der Folge öfters erzählt, wie sein Vater in den dunkelsten Tagen – nichts zu beißen, keine Arbeit, und das ewige: «Sie sind schon zu alt» – Gartenbauausstellungen besuchte, um sich zu zerstreuen und um sein Leben neu zu leben, Bauplätze, Erstellung eines Spazierweges, Bau der ersten Wohnblöcke am Stadtrand. Inhaltslose, trübselige Tage. Regen. Auch er irrte umher «wie eine geplagte Seele». Er konnte sich, da ihm der Tabak ausging, nicht einmal mehr eine Pfeife stopfen. Doch da wir vollauf mit uns selbst beschäftigt waren, achteten H. und ich in der Jugend gar nicht darauf. Erst jetzt undsoweiter. Und doch haben wir trotz unserer Gleichgültigkeit und den Beschäftigungen unserer Kinderwelt all das registriert. Und das Bild jenes Mannes in der Lodenjacke hat sich in mir so kraftvoll eingegraben, daß es völlig unversehrt zum Vorschein kommt, wenn ich jetzt wieder daran denke. Doch was mit der Jacke ebenfalls zum Vorschein kommt und für uns wichtiger ist, das ist das Gesicht von H.s Schwester, der Tochter des ehemaligen Ziergärtners in Frankreichs Schlössern. Sie pflegte mir die Tür zu öffnen und gehörte in einem gewissen Sinn zum Nähatelier. Sie war selber Schneiderin. Heimarbeiterin. Sie arbeitete in der Küche, in der ich so oft zu Besuch war. Ein großer Raum, ganz sauber, aber mit einem leichten Modergeruch wie unsere Wohnung. Auch wenn sie weit weg war von der Rue de Saint-Ours. Das einzige Fenster öffnete sich auf ein Höfchen mit einer fensterlosen Mauer, grauschwarz wie die Lodenjacke, bedeckt mit dunklem Gerinnsel und russigen Moospölsterchen, die mich an unser eigenes Leben im Dunkel dieses Quartiers denken ließen. H.s Schwester, die in allem meiner eigenen glich, saß am Fenster, die Vorhänge waren gezogen, und arbeitete. Die Füße steckten in Pantoffeln, die Beine waren unten gerötet (bereits Zirkulationsstörungen), ein blaßrotes Jäckchen war über die Schultern geworfen. Die Küchenlampe brannte zu jeder Zeit. Und kaum war man angekommen, saß H.s Schwester wieder auf ihrem Stühlchen. Machte man einen Scherz, und Gott weiß, daß wir der traurigen Lage der Familie H. zum Trotz öfters scherzten, dann sah ich, wie sich das Gesicht des jungen Mädchens unter der Lampe aufrichtete genau wie bei den Näherinnen im Atelier an der Rue Saint-Ours. Ein müdes Gesicht, bleich, vom Blutandrang rote Flecken, blondes Haar ähnlich wie dasjenige H.s, der früher seine Trommel umhertrug; ihr Lächeln verzog sich meist zu einer Faxe, da sie eine Nadel im Mund hielt und nicht frei herauslachen konnte. Manchmal, wenn H. und ich am Abend nicht allzuspät heimkehrten, trafen wir die Familie beim Abendhock in der Küche. Ja, ich horte Schätze in meinem Gedächtnis, wie man mir schon gesagt hat, und deshalb vergesse ich niemals den Anblick jener Küche im kränklich fahlen Licht. H.s Schwester saß nicht mehr am Fenster. Sie arbeitete am großen Tisch mitten im Zimmer in Gesellschaft ihrer Eltern. Die Nähmaschine, mit einer dicken Haube in einer Ecke ins Halbdunkel getaucht, glich einem Monstrum, das seiner Zeit harrt. Auf dem innern Fenstersims stand eine Grünpflanze wie die verkörperte Geduld und Entsagung. Und mehr: wie das hartnäckige Leben, das siegen wird, wenn es nur geduldig und hartnäckig genug ist. H.s Mutter nähte ebenfalls oder hatte eine Strickarbeit in der Hand. Von ihr will ich nichts sagen, da ich bereits ihre Gastlichkeit antönte und ihre Lebensart, die für mich die personifizierte Tapferkeit war. Und die mich in mancher Beziehung an Mütterchen denken ließ. Eine geheime Verwandtschaft verbindet über alle Verschiedenheiten hinweg Menschen, die solche Mütter hatten. Sie sind gefühlvoll, schüchtern und unsicher, doch getreu bis in den Tod. Ich sehe auf dem Kopf von H.s Mutter, der sich über die Handarbeit neigte, den weißen Scheitel, der das sorgfältig straffgezogene Haar teilte, den dunklen Glanz der Haare, und als Gegensatz dazu die Haut, die an dieser Stelle blutleer war und mir deshalb fast ein wenig Angst machte und – um einen Ausdruck der Großmutter zu übernehmen – «ein seltsames Gefühl in den Beinen» erweckte. Der Vater meines Freundes, der nun natürlich seine Lodenjacke ausgezogen hatte, aber die Baskenmütze aufbehielt, blätterte in einem Buch und zog dabei an seiner Pfeife, wobei er manchmal mit den Lippen ein Geräusch erzeugte, ein Schnalzen und Schmatzen, das auf die Dauer die Leute um ihn verärgerte. Die ihn darauf aufmerksam machten, wie man jemand aufweckt, um ihn zu bitten, doch das Schnarchen einzustellen. Bist du bald fertig? Was dann manchmal in eine jener Szenen ausartete, wie wir sie am Boulevard des Philosophes kannten und auf die ich nicht zurückkommen will. Es traf sich einfach, daß H.s Vater, ähnlich dem meinen, im Kreis der Familie wie ein Verfolgter reagierte, wie jemand, der sich in den Augen der Seinen überflüssig wähnt und sich einbildet – ich sage deutlich: sich einbildet –, daß ihn die Angehörigen, um endlich Frieden zu haben, loswerden möchten! Kamen im Lauf der Familienzwiste solche Klagen, dann konnten die Frauen über ihren Arbeiten das Lachen kaum verbeißen, denn niemals hegten sie auch nur den Schatten jenes Gedankens, den ihnen der verbitterte Alte zuschrieb. Außerdem wußten beide, daß der seelenwunde Gatte und Vater, und dies dem festen Glauben zum Trotz, eine unwahrscheinliche Angst vor dem Tode hatte, die so weit ging, daß der geringste Schnupfen Anlaß zu einer Komödie der Tränklein, Essenzen und Elixiere bot, mit Sirup und Inhalieren (wobei ein nicht weniger aufreizendes Schlürfen und Schnobern ertönte). Doch an Abenden, an denen alles gut ging, wenn man das in einer so schwierigen Existenz sagen kann – und erstaunlicherweise gab sie, wenigstens Außenstehenden, ein Gefühl des Friedens –, also an den Abenden, da auf dem armseligen Familienschiff alles gut ging, trat der alte Mann aus dem Schweigen, dem ständigen Träumen seiner Augen und seiner Bücher heraus und begann zu erzählen, was er gerade gelesen hatte, und über Gedankenassoziationen kam er auf seine frühere Arbeit zu sprechen, auf architektonische und botanische Probleme, die ihn besonders fesselten. Und manchmal stand er im Eifer seiner Ausführungen auf und schritt, wobei die Damen insgeheim schmunzelten, die Stube auf und ab, die Hand erhoben zu einer Rednerpose, als ob er uns zu Zeugen anriefe. In solchen Augenblicken sah er aus wie ein Don Quijote, zwischen zwei Abenteuern vorübergehend wieder im häuslichen Kreis. Und obschon H. und ich zu jener Zeit andere Dinge im Kopf hatten, hörten wir ihm, ich wiederhole, geduldig zu und auch, wie ich mich besinne, mit etwas Besorgnis.

Der Mann mit der Pfeife

Doch oft auch suchte ich am Morgen H. bei der Arbeit auf. Ein feuchter Morgen. Nieselregen. So etwas wie Ende November. Es war vor dem weihnächtlichen Massenandrang in den Geschäften. Ein Gäßchen zur Rhone, der kleine Platanenplatz an seinem Ende ständig übertönt vom Rauschen des Wassers, das über ein Stauwehr hinunterstürzt. Von weither sah ich in der engen Gasse wie ein Schiff die beleuchteten Schaufenster des Fischereiladens, in dem H. arbeitete. Und dem ich mich nur mit Umsicht näherte. Es waren schon Leute da, auch wenn es noch früh war. Doch auf den ersten Blick bemerkte ich hinter einem Gedränge von Kundinnen und Kunden meinen Freund H. zusammen mit andern Angestellten am Ladentisch. Er trug meist einen blauen, manchmal einen weißen Schurz, der schon beschmiert war. Mit aufgeschlagenen Hemdsärmeln, die Hände und Knöchel von Nässe und Kälte gerötet, mühte er sich mit den Fischen ab, aufmerksam und argwöhnisch beobachtet von einer Hausfrau oder einem Snob, der aus Snobismus früh aufgestanden und wie ein Besessener zum Fischeinkauf geeilt war. In dieser Umgebung schien H. noch magerer. Mitten im Laden, wie ein Kapitän auf der Kommandobrücke, aber auch wie ein Zöllner im Grenzbüro oder eine Losverkäuferin, saß ein wohlbeleibter Mann an der Kasse und überwachte das Geschäft. Es war der Vater eines der drei Spielkameraden, mit denen wir zur

Zeit der Trommel im Park Messerwerfen geübt hatten. Ich erinnere mich eigentlich nur noch an den kahlen Schädel, den aufgedunsenen Quittenkopf und zwei glanzlose Äuglein, stumpf und boshaft zugleich – merkwürdiges Gefühl –, und ohne jeglichen Zweifel wie Bienenaugen mit Hunderttausenden von Facetten ausgestattet, die es ihm möglich machten, den ganzen Geschäftsgang zu überblicken und die geringste Nachlässigkeit, eine Minute des Dösens oder der Zerstreutheit der Angestellten, zu bemerken. «Ein Drecksaas», sagte H., «vor den Kunden reibt er salbungsvoll die Hände, lächelt und spielt den guten Apostel, kurz, honigtriefend wie ein Pfaffe, und in Wirklichkeit würde er für einen Rappen seiner eigenen Mutter den Bauch aufschlitzen.» Doch während er es sagte, fühlte man, daß H. für den Patron, wenn auch nicht Sympathie, so doch eine Art von Erbarmen fühlte. Wonach er nicht beizufügen vergaß, der einzige Mensch, vor dem der Dickwanst wie ein Schulbub dastehe, sei seine Frau. Die er erst spät geheiratet hatte, in zweiter Ehe. Und die noch aasiger sei. «Denn mit ihm kann man reden – krampfen heißt für ihn krampfen –, doch bei ihr zählt Geld. Nichts als Geld.» Auch die Meisterin sah ich manchmal am Morgen in der Kapitänskajüte sitzen. Gerade, bolzgerade und stocksteif. Immer mit schwarzem Mantel, schwarzem Kleid, bleichem, wächsernem Gesicht; Brille, dickes Chignon mit einem, wenn auch entfernten, Rest an Weiblichkeit. Niemals ein Lächeln. Eine Einzelheit: Ich könnte die Farbe ihrer Augen nicht nennen. Etwas an ihnen entgeht mir. Auch sie überwachte hinter ihrer Scheibe (wie eine Leiche) die geringsten Bewegungen der Kundschaft und der Angestellten. Manchmal war es wie eine unfreiwillig komische Nummer: man sah, wie der Boß die feiste Fratze voll listiger Furcht schüchtern über die Schulter neben ihr bleiches, dünnes, dürres Gesicht schob, sei es um den Betrag einer Rechnung abzulesen, sei es, um ihr etwas mitzuteilen über die Arbeit eines Angestellten, die Reklamation einer Kundin oder Mängel an einer Lieferung. Die Nummer mit dem See-Elefanten und dem Schakal. Doch selbstredend hütete ich mich davor, meinem Kameraden in den Stoßzeiten zuzuwinken. Einesteils, weil ich ihn nicht bei der Arbeit stören, anderseits vor allem, weil ich ihm Rügen von seiten der Meistersleute ersparen wollte. Wenn ich dann jeweils den geeigneten Moment abwartete, studierte ich die Auslagen des Delikatessengeschäfts, Geflügel und Wassertiere mit Aquarium und Fischbehälter, Abbilder unseres Lebens: eine Gnadenfrist bis zum letzten Quak, und der Schwache wird vom Starken abgemurkst. Was meint ihr, Fische, die ihr unsere Brüder seid, können wir das einmal ändern? Doch wie ich den Kopf hob, sah ich im kalten Licht des Fischladens das Gesicht B.s, eines der ältesten Angestellten des Hauses. Nicht umzubringen, und H. hatte mir mehrmals erzählt: Von B. und seinem knallroten Kopf (er trank ebensoviel, wie er arbeitete), der sich voll Groll zu Tode arbeitete. Als wollte er bei der Selbstzerstörung die Kräfte in sich zerstören, mit denen er nichts anzufangen wußte. Kurz, er opferte sich Tag für Tag, man – und er selbst – wußte nicht wozu. Wie viele Leute auf dieser Welt gleichen ihm! Zu erwähnen wäre eine liebliche kleine Frau, die ihn manchmal im Laden besuchte: sanft und fein, ein wenig geheimnisvoll, große blaue Augen, blonde Haare. Und welch hübsche Figur! Richtete er sich – doch vielleicht sind dies absurde Mutmaßungen – ihretwegen zugrunde? Auch H., der ihn immerhin gut kannte, konnte keine Antwort geben.

Doch an seiner Seite war zu jener Zeit im Fischladen ein anderes Modell von Mann in der Person des P., den man im Gegensatz dazu als den Friedfertigen und Wohlwollenden bezeichnen könnte. Jedenfalls am Anfang. Sosehr B., der erste Geselle, krampfhaft und schweigend in seine Arbeit vertieft war, sosehr war dieser mild und gutmütig. Und diplomatisch. Schrecklich diplomatisch. Man darf nichts übereilen, schien seine rundliche Gestalt zu sagen. Nichts überstürzen im Leben. Dorthin, wo man ohnehin kommt, kommt man immer noch früh genug. So nahm sich denn P., der älteste Angestellte, immer Zeit, wenn er der Kundschaft antwortete. Er watschelte wie der Boß und hatte ein ebenso gerötetes Gesicht. Denn was der andere an Rotem in sich leerte, konsumierte er an Weißem. Stets mit dem Bleistift hinterm Ohr und der Pfeife zwischen den Zähnen, bediente P. den lieben Tag lang gelöst und dienstbeflissen zugleich. Lächelnd, plaudernd, Witze reißend. «Ein flotter Kerl», sagte H. von ihm, «und hat doch schon allerhand Pech erlebt.» Besonders mit Frauen. Seiner Galerie von Frauen. Mit keiner der drei wollte es recht gehen. Keine Kinder. Und seither lebt er wie ein Junggeselle, am Abend in den Wirtschaften, immer mit den gleichen Gesichtern, im selben Nebel des, wie man sagt, ruhigen Lebens, das doch so heimtückisch ist. Sobald er mich sah, wie ich auf dem Trottoir H. erwartete, nickte er mir zu, mit einem breiten Lächeln, als ob meine Ankunft ein kleines Fest wäre oder zumindest eine Abwechslung, und bedeutete mir, daß sein «Kollege» nicht da, sondern momentan im Untergeschoß beschäftigt sei, doch bald zurückkomme. Das Lächeln glich zwar, wenn ich dem Mann unverhofft allein begegnete, eher, wie ich gestehen muß, einer Grimasse, einem Muskelzucken. In dem man plötzlich etwas Künstliches und Abgelebtes entdeckte. Als ob nach dem Lichterlöschen im Laden und der leutseligen Geschäftigkeit aus der lächelnden Maske plötzlich das Hintergründige eines Lebens durchschimmerte. Die Niederlage. Doch ich kann hier nicht umhin, an einige Sonntagvormittage in unserer kleinen Stadt zu erinnern, an denen ich früh durch die verlassenen Straßen schlenderte – man hört das Geräusch der Brunnen besser, das

Vogelgepiepse, und beim Vorbeifahren eines Wagens das Zittern der Luft, wie gedämpft durch die Nähe des Sees – und plötzlich vor mir unseren Mann auf der Schattenseite des Trottoirs gehen sah. Langsam, gemächlich, in die Zeitungslektüre vertieft, an der Stummelpfeife ziehend, hielt er nach einigen Schritten inne, um die Buchstaben besser zu entziffern. Und wenn er das Gesicht wegwandte, als ob er etwas Luft schnappen oder irgendeinen geheimen Funkspruch auffangen wollte, sah ich seinen Kopf noch besser, der im klaren Morgen noch röter war, den wulstigen Nacken, der in seiner Wulstigkeit auf einmal traurig schien, das dichte Haar, das damals noch schwarz war. Mein Jungmännerblick betrachtete ihn mit einer Art heiterem Mitleid, wie man es gegenüber einem sympathischen Tölpel empfindet. Und dabei vergißt, daß man selber einer ist, und dazu erst noch nicht besonders sympathisch. Hat man den Wind der Jugend in den geschwellten Segeln, wobei man alles für möglich hält, so neigt man dazu, die andern als Schatten zu sehen, die den Weg ins wahre Leben nicht gefunden haben. Gestrandete. Und man spürt seine eigene Kraft ... Deshalb glaubte ich an diesen Sonntagvormittagen, aus der schwerfälligen Erscheinung P.s, dem massigen Kopf und dem etwas tatterigen Gang des Trinkers die Anzeichen für eine kaputte Type herauszulesen, die mit gespielter Leutseligkeit an den letzten Lebensjährchen zehrt. Wie alt mochte P. zu jener Zeit sein? Um die fünfzig. Die ich jetzt längst hinter mir habe. Und zweifellos wird heute ein junger Mann, der, von mir nicht bemerkt, allein durch die verlassenen Straßen geht, beim Anblick meiner Erscheinung denken... Doch bei andern Anlässen machte manchmal der Mann mit der Stummelpfeife einen in jeder Beziehung völlig veränderten Eindruck. Ein braunes Kleid saß ihm wie angegossen, er trug eine Krawatte und ging sicheren Schrittes mit strahlendem Blick – wohin? An ein Rendez-vous? Unwahrscheinlich. Eher an ein Bankett. Jedenfalls eine Versammlung. Vielleicht Jahrgänger- oder sonst ein Verein, von dem er im Morgengrauen heimkehren würde, mit erloschenem Blick, den Kragen locker und hängender Pfeife. Doch mit demselben braunen Kleid, in dem ich ihn an einem Ersten Mai gesehen hatte. Zur Zeit des Umzugs. P. war an jenem Tag wenige Schritte von mir entfernt, ohne mich zu bemerken. In seinem Lächeln lag etwas Sarkastisches: eine Mischung von Haß und Spott über die Arbeiter, die vorbeimarschierten, während er, wenn auch mit der roten Nelke im Knopfloch, als Zuschauer am Straßenrand stand. Bis zum Augenblick, da er im Umzug einen Bekannten sah, den er fröhlich grüßte, wobei er im scherzenden Gespräch aufzublühen begann. Der andere P. war auferstanden. Jeder trägt in sich zwei Welten. Kurz, mit seinem Lächeln – dem guten Lächeln – bedeutete mir der Mann mit der Stummelpfeife, daß ich mich etwas gedulden solle, bis H. aus dem Untergeschoß zurück sei oder einen Kunden fertig bedient habe, der noch mit dem Paket in der Hand herumtrödelte und endlos plauderte. Wenn dann der Kunde ging, benützte H. die Gelegenheit zu einem Sprung zu mir aufs Trottoir, wobei er von Zeit zu Zeit, während wir ein Treffen vereinbarten, einen unruhigen Blick Richtung Boß und Fischdame warf, die beide in ihrer Glaskabine auf dem Posten waren: «Also heute abend um acht. Bei mir zu Hause.» Einverstanden. Wonach er sich nicht weniger eilig zurückzog. Ich folgte der Gasse, erdrückt von der Fassade einer Bank. Eine mehr, die hier ihr Hauptquartier errichtet hatte.

Und am Abend zur besagten Zeit ging ich zu H. In meiner Erinnerung hat sich an seinem Zimmer nichts verändert. Meist öffnete mir die Schwester. «Er ist da», sagte sie mit freundlichem Lächeln, welk und wehmütig. Worauf sie stets mit derselben Geste, einer Andeutung von Geste, in den Hausgang wies. Ein Hausgang mit einem Geruch von Suppe und Familienpension, den ich heute noch spüre. Ein dunkles, doch vertrautes Labyrinth, in dem ich H.s Zimmer mit geschlossenen Augen gefunden hätte; es lag am Ende der Wohnung und bildete für sich eine Insel. Der Korridor war nicht ohne Ähnlichkeit mit demjenigen am Boulevard des Philosophes. Vom eigentlichen Zimmer bleibt mir nur noch die schalenförmige Lampe, die von der Decke herunterhing, und ihr schwacher Schein. Schwach und rötlich. Wie an feuchten Gewitterabenden mit Mondlicht. Schlechtes Vorzeichen! Die Möbel sehe ich fast nicht mehr. Trotzdem sind sie da, in mir, ich fühle, weiß es. Sind da, und doch versteckt, warum? Weshalb die Weigerung des Gedächtnisses? Als ich ankam, war H. beim Umziehen. Das war allabendlich das Problem für ihn: wie konnte er den hartnäckigen Fischgeruch loswerden, der ihm buchstäblich in der Haut haftete, die Kleider durchtränkte und gnadenlos von ihm ausströmte. Zu ihm gehörte. Und zum Zimmer, in dem er die Luft erfüllte, sozusagen jede Parzelle der Luft. Ein stechender Geruch, gegen den man wehrlos war wie gegen rasende Zahnschmerzen. «Ich würde nicht wagen, ein Rendez-vous mit einem Mädchen abzumachen», meinte H. lachend. Worauf er mit einer halb verzweifelten, halb komischen Gebärde beifügte: «Und ohnehin ...» Denn seine Schüchternheit auf diesem Gebiet war sprichwörtlich. Auch er hatte, trotz der Erschöpfung und der von Überanstrengung angeschlagenen Gesundheit, ein freundliches Lächeln, voll Geduld und Traurigkeit, furchtsam, als gäbe er sich zum voraus geschlagen, und an dem man mühelos die Verwandtschaft mit dem Lächeln seiner Mutter herauslesen konnte. Soll ich sagen, daß H. damals zwei Leidenschaften hatte? Lektüre und Theater. Woher? Wie soll man auf solche Fragen antworten, die den ganzen Menschen und seine Geschichte betreffen. Alles, was man erwähnen könnte, wäre, daß schon sein Vater, der Mann mit der Lodenjacke, gerne am Abend zu Hause las. Doch sein Lesestoff war meist «belehrend». In Sachen Theater – H. träumte davon, ein großer Schauspieler zu werden – müßte man von einem seiner Brüder sprechen und von dessen Einfluß auf unsern Freund. Jener Bruder war damals Mitglied einer Liebhaberbühne, an deren Abendveranstaltungen die Amateure Gedichte rezitierten und Theaterstücke aufführten. Er trat dort auf. Er hatte von seiner Begabung die allerhöchste Meinung, so daß er H. und mich von oben herab anschaute und unsere Pläne und Hoffnungen herablassend belächelte. Weshalb ich ihn offengestanden haßte. Für wen hielt er sich eigentlich? Doch merkwürdigerweise reagierte H. nicht gleich. Nicht nur, daß er keinen Groll gegen jenen Bruder hegte, sondern zu meinem Ärger erwies er ihm einen gewissen Respekt oder sogar Bewunderung. Doch zurück zu jenen Abenden im Zimmer mit dem rötlichen Schein, geschwängert, trotz des offenen Fensters, vom widerlichen Fischgeruch. Da fand das Theater statt, wenn man überhaupt von Theater reden kann! H. rezitierte, deklamierte und brüllte drauflos. Ich verzichte auf Details über die Texte, die er aufsagte, und seine Lieblingsrollen. Das würde zu weit führen. Es war auch nicht Hauptsache an diesen Abenden. Die Hauptsache war – und sie bleibt es – in einem Punkt zusammengefaßt. Ich meine H.s Adamsapfel und die Rolle, die er spielte, wenn H. rezitierte, deklamierte und brüllte; ungestüm war die Leidenschaft in ihm, doch gerade durch ihr Ungestüm verhinderte sie die Befreiung der jugendlichen Gefühle, die in ihm nach Ausdruck drängten. So sehe ich H. wieder genau in jenem Moment, der ihn bestens charakterisiert: er stand in einem Zustand äußerster Konzentration am offenen Fenster, in der Hitze eines Sommerabends, in den Gerüchen des Quartiers und dem Fischgestank, der dem Kleiderwechsel zum Trotz alles übertönte. Er streckte die Arme von sich, hob den Kopf – ein wenig die Pose, die man früher in den «Akademien für dramatische Kunst» annahm – und ließ seinen langen, mageren Jünglingshals blicken, aufgeregt, mehr als aufgeregt, verkrampft, und auf halber Höhe der besagte Adamsapfel wie eine gefangene Maus, erschrocken in der Falle; er klomm in die Höhe, ohne es richtig zu wagen, kletterte zaghaft wieder abwärts. Es war, als verknoteten sich Empfindsamkeit, Leiden, dunkle Begierden und Träume in H.s Kehle zu einem Kloß, der ihm den Stimmfluß hemmte. Außer dem Seufzen, Stöhnen oder Heulen brachte er dann nur noch ein klägliches Gewinsel heraus, das fistelnd erstarb und mich an den ersten heiseren Trommelschlag denken ließ, der jeweils aus der Ferne die Stille der sonnenüberfluteten Rue Saint-Ours durchbrochen hatte; und tatsächlich war es, als ob H.s ganze Kindheit wiederauflebte, wenn er sich in der Erregung zu äußern versuchte und mich in seiner lächerlichen Aufregung an einen Ertrinkenden oder an einen Gekreuzigten gemahnte. Was ihm selber bewußt war. Und das Bewußtsein schlug ihn noch fester ans Kreuz. War es ein Zufall, daß H. am liebsten Verse von Stéphane Mallarmé «aufsagte»? Doch noch einmal, ich werde nicht auf Détails eingehen. Ich bleibe beim Bild des jungen Mannes am Fenster, der alles auf einmal ausdrücken will und deshalb stumm bleibt. Wie abgewürgt. Da er zu sehr an seine Gefühle dachte und unter den eigenen Gefühlen erstickte.

Manchmal gingen wir am Abend, wenn H. mit der Arbeit nicht allzu spät fertig wurde, ins Theater, denn uns lockten die Bretter, die die Welt bedeuten. Wir waren zuoberst auf dem Flohboden. In schwindelnder Höhe, wie es mir damals vorkam, von der aus man auf der Bühne winzig klein die Schauspieler sah, die wir größtenteils kannten, wie man sich in kleinen Dörfern kennt. Wir hatten die Gewohnheit, ihr Spiel während der Woche endlos zu kommentieren. Und da das Theater am Boulevard des Philosophes war, hatte ich tatsächlich einen Logenplatz, um das Kommen und Gehen der Theaterleute zu beobachten, wobei auch Mütterchen, die vom Lehnstuhl am Fenster aus zuschaute, ihre Bemerkungen machte. Jeder der wortgewaltigen Bühnenauftritte des Regisseurs, der das Etablissement auch als Direktor leitete, war für H. und mich ein richtiges Fest. Ich will sagen, daß der feurige Histrione, der alle Mätzchen seines Handwerks beherrschte – doch am meisten beeindruckte uns, daß er im Krieg in der Flugwaffe auf französischer Seite zahlreiche Luftkämpfe bestanden hatte –, seine Rollen «mit Autorität» darbot, wie die lokale Kritik schrieb; und diese Autorität schien uns lachhaft, da sie in Wirklichkeit eher das Militär als die Schauspielkunst betraf. Man muß sich vorstellen, daß er im Leben wie auf der Bühne mit gebieterischer Haltung und Donnerstimme auftrat. Vaterländische Standpauken aus geschwellter Brust. Doch hinter der Schminke und den glanzvollen Auftritten Cyranos erriet man den lauernden Infarkt, hinter dem Bühnenvirtuosen den abgespannten Griesgram. Gewiß, seine Augen strahlten hell, doch in jenem flüchtigen Glanz entdeckte man den gehetzten und, wie mir schien, verängstigten Menschen. Das Alter, die Erschöpfung. Doch nichtsdestotrotz kämpfte er stürmisch und tapfer, der Angst und dem Alter trotzend und der Hoffnungslosigkeit, die er in der allzubraven Stadt verspüren mußte, und forsch ging er drauflos mit einer Kühnheit, die uns unvergeßlich bleibt. Im übrigen Leben, ich will sagen in Zivil, spielte er eine andere Komödie: Stattlich mit gut sichtbarer Pochette und dem erhabenen Blick des Olympiers, oder wenigstens dem Abglanz davon (in Wirklichkeit und aus der Nähe gesehen war er unsicher, schrecklich unsicher), so wandelte er den Boulevard des Philosophes auf und ab; manchmal blieb er beim Diensteingang des Theaters stehen, hob seinen Mantel und suchte in der Gesäßtasche der Hosen mit einer äußerst prosaischen Handbewegung nach dem Schlüsselbund. In diesem Moment schien der Regisseur-Direktor von hinten gesehen jeweils plötzlich müde. Todmüde. Wie jemand, der sich verbraucht fühlt, abgeschrieben. Jenseits von Bombast und Prahlerei. Wie ein Familienvater, der alles verloren hat. Und dann erst kam, ohne daß er es selber merkte, der eigentliche Charakter zum Vorschein, der wahre Jakob, er und kein anderer. Nackt und bloß wie wir alle. «Sieht nicht aus wie ein schlechter Kerl», meinte Mütterchen, wenn sie ihn vorbeigehen sah. Und noch etwas anderes: er war verheiratet, der «brillante» Regisseur, mit einer lieblichen, rundlichen Schauspielerin, die mit ihren großen ausdruckslosen Augen, leicht blöde nach Effekt schmachtend, aussah wie ein Püppchen. Wenn man die beiden zusammen gehen sah, spürte man, daß jedes für sich sein eigenes Leben führte. An ihnen war wie bei manchen Ehepaaren etwas Schäbiges, Trauriges und fast Dreckiges unter der scheinbaren Ungezwungenheit und der äußeren Eleganz, oder vielmehr der angestrebten Eleganz, denn alles an ihnen war übertrieben. Wenn sie den Boulevard hinauf- oder hinabgingen, konnte man von unserer Wohnung aus sehen, wie sie stets ein wenig Abstand hielten. Und an diesem Abstand war etwas Merkwürdiges, das mir heute noch im

Gedächtnis bleibt, auch wenn die beiden seit langem aus meinem Gesichtskreis verschwunden sind. Und mit ihnen auch die kleine Welt, von der ich spreche. Ich meinte also vom Abstand, daß dieser, wenn sie des Weges gingen, zwischen ihnen das Feld freiließ für einen leisen Zusammenklang. Den man nur an beiläufigen Gesten erkannte. Etwa an der Art, wie der Directeur-Regisseur in solchen Momenten verstohlen die Gefährtin anschaute, die einige Schritte vor ihm ging. Oder umgekehrt. In den gegenseitigen Blicken war trotz allem Erschöpften, Matten und Schäbigen weder Vorwurf noch Groll. Eher etwas wie staunende Zuneigung. Keimende Zärtlichkeit. Wie zwei Menschen, durch gemeinsame Schwächen verbunden, durch Niederlagen, die mächtiger sind als das, was man Stärke, Erfolg undsoweiter nennt. Unser Mann war nun nicht mehr der lächerliche Protz, der über die Bühne schwadroniert oder der alte Frauenbetörer, der federnden Schrittes durch die Straße ging. Sie, die Schauspielerin-Gattin, war nicht mehr das rundliche Püppchen. Die Blicke schienen ein banges Vögelchen vom einen zum andern zu tragen: die gegenseitige Sorge um den Partner. Die Frau richtete ihre ausdruckslosen Augen auf ihn. Und er mit seiner hohen Statur betrachtete sie wie vom Denkmalsockel des einstigen Fliegerhelden herab mit einer Art schüchterner Zärtlichkeit. Wie geheimnisvoll ist doch, was Menschen verbindet. Sogar das einzige Geheimnis. Dasjenige des Lebens. Ohne Theater. Doch zur Theatertruppe gehörte zu jener Zeit ein anderes Paar, dessen Auftritte auf Bühne und Straße wir ebenfalls verfolgen konnten. Ein großgewachsener Mann, mit einem üppigen Bäuchlein, das auf hohen Beinen schwankte. Mit greller Stimme. Sein Gefährte und Freund, kaum weniger groß, war dagegen dünn und mager. Mit einem schmächtigen Gesicht, röter als rot. Sah man ihn an der Seite seines dicken Gevatters, so mußte man an eine rote Pfefferschote denken. Aber eine melancholische Schote. Der Schmerbauch hatte in jedem Stück lebhafte Auftritte. Und da er oft – wenig gesagt – seinen Text nicht wußte, begann er zum Zeitgewinn statt Worte zu erfinden, dem Souffleur heimliche Zeichen zu geben und zu stottern. Mit schmetternder Stimme zu stottern. Seine Fistelstimme geriet in eine Art Taumel. Auf der Galerie hielt man sich den Bauch vor Lachen. Für uns das eigentliche Schauspiel. Eher als das Stück im Programm. Doch die satten Zuschauer, die dasaßen wie Ölgötzen – besonders an den tödlichen Nachmittagsvorstellungen der Wintersonntage –, schienen die uneingeplanten Szenen kaum zu bemerken. Sie folgten der Bühnenhandlung. Die Pfefferschote erzielte ihre Wirkung, wenn sie auftrat, sagen wir, wie ein würdevoller Regenschirm, voll Selbstironie. Abgestimmt auf sein Äußeres brauchte der Mann sparsamste Mittel zu einer wirksamen Komik. Er hielt den Kopf leicht geneigt, stets mit einem etwas traurigen Ausdruck hinter den dicken Brillengläsern des Kurzsichtigen. Er sprach mit tiefer, gemessener Stimme, die einen Kontrast bildete zu seiner fast zerbrechlichen Magerkeit. Ich sehe ihn jetzt noch am roten Vorhang, in einer Ecke der Bühne stehen, bei einer Replik, wie wir sagten. Was für eine Replik? Unwichtig. Es ging nicht um das, was er sagte, sondern um ihn selbst. Ich weiß nur, daß die Gestalt der roten Pfefferschote auch in Momenten überbordender Komik eine melancholische Note behielt. Wie einer, der sich im Festtrubel allein fühlt und Distanz wahrt, oder einer, der sich bei der Ankunft in der fremden Stadt, die er schon lange sehen wollte, sagt: «Was tue ich eigentlich hier?» Diese Art Abwesenheit steigerte die Komik. Kurz, mit den beiden Spießgesellen auf der Bühne wurde das zum Schauspiel, was eigentlich gar nicht Schauspiel war. Umgekehrt gab bei ihnen, wenn sie auf der Straße waren, das Selbstverständlichste den Eindruck eines Theaters. Man hätte glau-

ben mögen, der Schmerbauch spreche mit seinem Spiel- und Lebensgefährten absichtlich im Falsett, und die Pfefferschote setze bewußt die nachdenkliche Miene auf, stülpe die rauhe Schale über den goldenen Kern. Doch der köstlichste Moment in der Komödie außerhalb des Theaters war beim Einkaufen im Quartier zu beobachten: einer wartete dem andern vor dem Laden, den dieser betreten hatte; der eine trug den Milchkessel in der Hand, der andere ein Papier mit zweihundert Gramm Salami aus der nahen Metzgerei. Und zum wahren Schauspiel kam es, wenn sie sich in Bewegung setzten. Ihr Gang hatte nichts gemein mit demjenigen des Regisseurs und seiner Frau mit den großen, ausdruckslosen Augen. Jeder ging schweigend seinen Weg, wie wenn er allein gewesen wäre. Jeder hob den Kopf auf der Suche nach seinem eigenen Leitstern. Es war, als ob sich jeder der beiden Gesellen heimlich über die Anwesenheit des andern ärgerte. Der Ärger jedoch schien sie wachzuhalten. Wie Leute, die sich so sehr hassen, daß sie nicht mehr ohne einander leben können. Schmerbäuchlein hielt den Milchkessel mit der Miene eines Oberpriesters, Pfefferschote trug den Salami wie ein Opfertier. Sie gingen heimzu, jeder getrieben von seinem eigenen innern Drang. «Die Familienszenen muß man gesehen haben, die sie sich machen», erklärte der Coiffeur, der auch Theatercoiffeur war, «sind sie eifersüchtig, so geht es haarscharf am Mord vorbei ...»
Eine andere jener Gestalten, die man in aller Ruhe betrachten konnte: ein armer Mann, um den vertrauten Ausdruck zu übernehmen, auch er ganz dick. Auf der Bühne trat er nur flüchtig in Erscheinung. Aber er plusterte sich zu außerordentlicher Wichtigkeit auf. Man hätte glauben können, das ganze Stück sei nur im Hinblick auf seine kurzen Auftritte ersonnen worden. Wenn nach der Vorstellung vom Sonntagnachmittag alles weg war, sah man ihn als letzten am Künst-

lereingang auftauchen. Bei gutem und schlechtem Wetter trug er einen schäbigen Regenmantel, viel zu lang und gelblich, einen ebenso zerschlissenen und zerknitterten Filzhut, den er nachlässig nach hinten geschoben auf Sturm trug. Auch der Filzhut sah aus, als wollte er sagen: «Mein Ärmster, wir sind im Leben schön in die Tinte geraten...» Nach dem Theater gab es zwei Möglichkeiten: entweder wartete der arme Mann in voller Beleibtheit auf seine Kollegen, um mit ihnen zu einem Trunk zu gehen, und in diesem Fall bestand das fast beängstigende Spiel darin, daß er jedesmal, wenn er sein Wort an einen Kollegen richten wollte, abgewiesen wurde, gleichgültig, als hörte man ihm überhaupt nicht zu; und obschon ihn niemand beachtete, ging er von einem zum andern und versuchte ihn anzureden, doch der Angesprochene schien ihn jedesmal wie mit unsichtbarer Hand von sich zu stoßen. Oder dann stand der Mann im schäbigen Regenmantel, der als letzter heraustrat, einen Moment auf der Schwelle des Künstlereingangs wie ein ratloser Schwimmer vor dem Sprung vom hohen Brett. Und dann, nachdem er nach links und rechts geschaut hatte, wagte er sich auf den zu dieser Zeit verlassenen Boulevard, den er schräg überquerte, um in unserer Nähe in die Rue Saint-Ours einzuschwenken, deren Obliegenheit mehr denn je schien, in ihrer Stille das Andenken aller Dinge zu bewahren. Wie es bei den Philosophen Mütterchen tat. Und so war er in einem gewissen Sinne mit ihr verwandt. Doch genug der Kommentare. Der arme Mann in seiner Beleibtheit schlich nun, aus dem Boulevard kommend, den grauen Mauern entlang – den Mauern, die Geheimnisse wahrten und davon zeugten – durch die kleine Gasse, senkte manchmal den Kopf und hob ihn wieder wie ein Mensch, den eine plötzliche Inspiration durchzuckt, wie ein Schauspieler, der endlich das Stichwort zu einer schwierigen Replik gefunden hat. Und die Bedeutung, die er sich selber gab, folgte ihm dann wie ein kranker Hund. Was jedoch niemand sah. Außer meinem Freund H. und mir, die wir ihn mit dem Blick begleiteten. Bis zum Ende der Gasse. Und der Sonntag ging dem Ende entgegen. Die Tauben jedoch wollten davon nichts wissen.

MAMSELL ELIANES DREI STATIONEN

Der Tee

Wenn ich von meinem Aussichtspunkt aus gewohnheitsmäßig die Rue Saint-Ours inspizierte, erblickte ich auch die Fenster jener Wohnung, die früher H.s Eltern gehört hatte. Und in die einige Jahre danach mit ihrer Mutter jene eingezogen war, die man bei den Philosophen «Mademoiselle Eliane» nannte. Welch zurückgezogenes Leben die beiden Damen führten! Welche Regelmäßigkeit im gewohnten Tagesablauf! Mamsell Eliane machte sich morgens zehn vor acht auf den Weg ins Büro. Sie kam ein Viertel nach zwölf zurück. Am Nachmittag: zehn vor zwei, halb sieben. Und immer den gleichen Weg, dem Parkgitter entlang, durch den besagten Park, über den großen Platz mit dem Reiterstandbild; endlich die dazumal stille Straße zum Hauptgeschäftsviertel. Mit der Bank, in der sie seit der Jugend arbeitete. Eine gepflegte Erscheinung, herausgeputzt. Geschickt herausgeputzt, würde ich sagen. Die Kleidung unaufdringlich, mit einem Hauch von Eleganz, aber einer diskreten Eleganz, die nichts über die Lebensweise der noch jungen Frau aussagte. Ein knochiges, eher mageres Gesicht mit großen braunen Augen, deren Blick weich und tief sein sollte, der aber merkwürdigerweise unter dem Samt einen metallischen Glanz aufwies. Kräftige rote Lippen. Doch wenn man näher hinsah, bemerkte man, daß das sorgfältig aufgetragene Rouge über die Lippen hinausgezogen war. Die Lippen waren eigentlich dünn. Fast täglich war Mamsell Eliane anders gekleidet. Und gegen Abend sah man sie manchmal am Arm der Mutter die Parkallee hinaufgehen. Um jedoch, wenn ich so sagen darf, die Hüllen über diesem Leben zu lüften, das Mütterchen von ihrem Lehnstuhl aus teilweise durchschaut hatte, muß ich bis in die ferne Zeit zurückgehen, als Mr. und Mrs. Smith zum Tee zu uns kamen, regelmäßig einmal im Monat: am Donnerstag. Zum Tee! Das klang für mich allzu englisch und geziert, und außerdem hieß «zum Tee» an jenen Donnerstagen, daß man endlos im Eßzimmer weilte, unten am Tisch unsere Bekannte, die dicke Mrs. Smith, die so dick schien wegen der Fülle, der krankhaft großen Dimension ihrer Brust. Der gewaltige Vorbau überschattete, beherrschte alles. Das geringste, was man von der Stimme der ehrfurchtgebietenden Dame sagen kann, ist, daß sie der Bütte, der sie entquoll, würdig war: tief wie ein Baß, voll und tremolando. Brust und Baß hätten die Embleme der Mrs. Smith sein können. Als gebürtige Pariserin hatte sie einen Engländer geheiratet, mit dem sie über zwanzig Jahre lang in der Nähe der Chaussée d'Antin ein Edelsteingeschäft führte, und dann hatte sie sich – nach guten Geschäften oder einer kleinen Erbschaft – hier niedergelassen, in einem anfangs etwas verwilderten Landhaus, das Mr. Smith, ihr Gatte, der trotz Ruhe und Ruhestand vielbeschäftigt war, bald instandgestellt hatte. Vom eigentlichen Haus werden wir noch sprechen. Denn von ihm aus ging Mamsell Elianes Rätsel. Um jedoch auf unsere Donnerstage zurückzukommen: Die Wahrsprüche, die Mrs. Smith an den allmonatlichen Teerunden mit der Stimme eines weiblichen Zeus zu verkünden pflegte, waren unumstößlich. Sowohl der Lautstärke als dem Inhalt nach. Mit ihrem Redefluß erfüllte sie das ganze Eßzimmer, und zwei geschlagene Stunden lang beherrschte sie das Gespräch. Wenn der Ausdruck Gespräch in solchen Fällen überhaupt sinnvoll sein kann. Nur hie und da hielt sie für die Zeit weniger Sekunden inne und senkte fromm die Augenlider wie eine Klosteroberin, voll gnädiger Geduld, um die Frage des Gesprächspartners – meist war es Mütterchen – oder einen schüchternen Einwand anzuhören, den sie, wieder mit gnädiger Geduld, gestattete, um von neuem loszulassen. Wie der Löwe, der seine Kräfte sammelt, damit er sich um so besser auf die Beute werfen kann. Ihr Mann war Engländer, und wehe dem, der wagte, England, die Engländer oder den englischen Lebensstil anzuzweifeln. Das Heiligste. Wenn Mütterchen zufällig, Vaters Thesen gemäß, zwar nicht eine Anspielung, sondern nur den Schatten einer Anspielung auf die wirtschaftlichen oder kolonialen und politischen Schwierigkeiten des Vereinigten Königsreichs machte, so schwoll die kolossale Brust, von Empörung wie von einer Grundwelle gehoben, und Mrs. Smith, die obendrein auch noch Bühnenkünstlerin war – sie hatte in ihrer Jugend Opern gesungen –, begann mit ihren Augendeckeln zu klimpern. Doch nun ließ sie die Stimme nicht mehr dröhnen, sondern nahm den mild gekränkten Ausdruck eines Wesens an, das man in seinen höchsten Werten verletzt hat, und zwar weniger böswillig als durch Dummheit und Unwissenheit, wodurch Verzeihung möglich war. Mit gekonnt ersterbender Stimme pflegte sie dann zu hauchen: «Marguerite, wie kommen Sie auf so etwas?» Es folgte eine kurze Pause, unterstrichen von der traditionellen Bemerkung: «Wenn Sie wüßten, wieviel Geld es in England hat!» Ein gewichtiges Schweigen ließ uns Zeit, uns unserer Nichtswürdigkeit bewußt zu werden. Und mit einem Schlücklein Tee wappnete man sich für kommende Strapazen. Denn ebenso bedeutungsvoll und unumstößlich waren ihre Kenntnisse über Paris. Ein Name, der unaufhörlich im «Gespräch» wiederkehrte. In der Tat war es unmöglich, ein Wort über Paris oder Frankreich zu äußern, ohne daß die ehrenwerte Madame Smith das Wort abschnitt und vollendete, was man nicht sagen wollte oder das Gegenteil dessen vorwegnahm, was man sagen wollte, wobei sie selbstverständlich immer mit der langjährigen Erfahrung argumentierte, die «wir, mein Mann und ich, von der Hauptstadt haben». Jede Richtigstellung auf diesem Gebiet begann mit: «Da Sie ja nie in Paris waren ...» Und weil bei den Philosophen tatsächlich niemand Paris kannte, nicht einmal, glaube ich, mein Vater, der doch ziemlich weit herumgekommen war, senkte man den Kopf und schluckte den Ärger zusammen mit der neuesten Behauptung.

Während all dieser Zeit saß Mr. Smith, mit völlig kahlem, aber sonngebräuntem Schädel, eindrucksvoller Statur und elegantem Aussehen, auch in der Kleidung – die ihm «gut saß», wie man sagte – etwas abseits steif auf seinem Stuhl, rauchte die Pfeife, bleckte mit schwachem Lächeln die rauchgeschwärzten Zähne und begnügte sich offenbar mit Zuhören. Er nickte und sagte von Zeit zu Zeit ein Wort, ein einziges, und manchmal ein Scherzchen, das für uns schon wegen seiner Aussprache völlig unverständlich war. So daß es, auch nachdem es Madame Smith mit ihrem dröhnenden Organ in Klartext übertragen hatte, jede Pointe verlor, die es zweifellos in der Originalversion aufweisen mußte. Doch Mr. Smith stieß sich nicht daran. Denn – man wird es erraten haben – er war nicht ein Mann der Friedenshoffnung, die einen ständigen Kampf mit der Welt bedingt, sondern einer der häuslichen Ruhe und damit der Kapitulation. Tatsächlich lebte der Gentleman mit der eindrucksvollen Statur völlig im Schatten seiner Frau wie andere im Schatten einer Kirche oder Partei. Genauer: im Schatten der Stimme seiner Frau, als deren gefügiger Diener er sich stets erwies, auf ruhige Weise dienstbeflissen; doch gelegentlich wußte er sich auf unmerklich ironische Weise zu distanzieren, indem er etwas Nebelhaftes zwischen den Zähnen mit dem Pfeifenstiel hervorstieß. Doch die ironische Nuance war so unauffällig, daß sie anscheinend niemand wahrnahm. Tatsächlich konnte ich nie etwas von dem verstehen, was Mr. Smith artikulierte oder vor allem nicht artikulierte, wenn er die dünnen Lippen mit dem angegrauten Seehundsschnauz bewegte, aber ich fand trotzdem Gefallen daran. Und ich glaube behaupten zu dürfen, daß ich, mehr als die übrige Gesellschaft, mit meinem kindlichen Gespür ohne zu begreifen am meisten begriff. Jedenfalls war ich ihm am nächsten. Was er, ich bin heute davon überzeugt, selber fühlte. Denn von Zeit zu Zeit, während die wortgewaltige Mrs. Smith das Eßzimmer mit ihren lautstarken Abgeschmacktheiten erfüllte, drehte er sich mit einem Anflug von Lächeln mir zu. Ich sage: mit einem Anflug. Man glaubte, daß seine Lippen eine freche Zwischenbemerkung formulierten. Mitnichten. Nur die grünen Augen glänzten plötzlich wie ein inneres Leuchtfeuer unter den dicken Brauen hervor. Das war seine Art, mit mir Verbindung aufzunehmen, mit einer Drolligkeit, die andern unsichtbar blieb. Dank Mr. Smiths versponnenem Humor hatte ich einige Momente das Gefühl, die einzige ernsthafte Person der Gesellschaft zu sein! Und deshalb mochte ich den verschwiegenen Herrn gern, der für mich als Kind eine freundliche und zugleich schonende Zuneigung zu empfinden schien. Bei ihm hatte ich das Gefühl, im guten Sinne wie ein Erwachsener für voll genommen zu werden, während er für mich, auch wieder im besten Sinne des Wortes, zum Kind wurde. Dieser stillschweigende Pakt zwischen uns machte für mich die Donnerstag-Parties erträglicher.

Garden Party

Doch nun ist der Moment gekommen, da ich es sagen kann: Mr. und Mrs. Smith, unsere Bekannten, hatten drei Nichten.

Die eine in England verheiratet, die andere in Paris, während die dritte, was uns nun an den Ausgangspunkt zurückführt, niemand anders war als Mamsell Eliane. Deren Bekanntschaft ich damals unter Umständen machte, die ich nun schildern will. Und die zu Hause zu berichten mir schwierig, wenn nicht unmöglich gewesen wäre. In einem Wort, mit der Sache oder vielmehr mit den Sachen war es so. Zum ersten ist zu erwähnen, daß Vater damals noch am Leben war und sich alles zu einer Zeit abspielte, als ich noch kurze Hosen trug. Zum zweiten, daß die Teekränzchen bei den Philosophen regelmäßig abwechselten mit Donnerstagparties auf dem Lande bei Smiths. «Die Villa», sagte Mrs. Smith mit einer Art triumphierender Zerknirschung. Als ob sie Wohl und Wehe des ganzen Universums zusammenfaßte. Im Winter traf man sich im Eßzimmer oder Salon, die prunkvoll möbliert waren; man fühlte sich abgeschnitten von der Welt, in Klausur an einer völlig abgeschiedenen Stätte des Schweigens, mit dem Leben einzig durch das Ticken der Standuhr im Hausgang verbunden. In der warmen Jahreszeit hingegen: im Garten. Da schon in diesen Jahren Mütterchens Gesundheitszustand keine großen Sprünge erlaubte, ging man ohne sie. Meist selbander mit Tato oder dann mit meiner Schwester. Manchmal, welche Pein, mußte ich allein hingehen. Ich könnte nun nebenbei erklären, warum Vater an diesen Gesellschaften nicht gern teilnehmen wollte. Doch ich gehe zum dritten Punkt: die Fahrt im Wagen zur Villa Smith. Mr. Smith holte uns allein ab und überließ seiner Frau die Sorge, uns jeweils bei der Ankunft einen freundlichen und stets überschwenglichen Empfang zu bereiten. Er tauchte mit einem ziemlich luxuriösen Citroën auf. Man hatte gesagt: um halb drei. Und punkt halb drei stand ich am Trottoirrand und spähte nach dem Auto, das mir feierlich und fast etwas rätselhaft vorkam wie der Besitzer und Chauffeur selbst. Der, stets pünktlich, mit sanfter Behutsamkeit zum Trottoirrand fuhr. Auch mit spaßiger Eleganz, die den Dingen das allzu Feierliche nahm. Und in mir die Angst, allein zu den Bekannten zu gehen, etwas dämpfte. Wovor fürchtete ich mich eigentlich? Vor allem und nichts. Wie immer. Was sich nie änderte. Eher schlimmer wurde. Angst vor dem, was ich erleben würde, vor dem Nachmittag bei Smiths, dessen Verlauf ich doch schon zum voraus in großen Zügen kannte. Aber was zählt, sind nicht die großen Linien. Sondern die unvorhersehbaren Einzelheiten ... Also? Also kann ich sagen, daß das ängstliche Warten am Trottoirrand an den Donnerstagen, da ich zu Smiths gehen sollte, seinerzeit in mir einen Abgrund auftat, in dem alles verwahrt bleibt, was diese Donnerstage betrifft, Mr. und Mrs. Smith vor allem, dann die Teekränzchen bei den Philosophen und diejenigen in der Villa. Im Zeichen von Mr. Smiths blauem Wagen, dessen Ankunft ich erwartete, schien die ganze Rue Saint-Ours in mein Innerstes zu versinken und sich mit meiner Angst wie ein Schwamm vollzusaugen. In ihrer Unbewegtheit schien sie mir immer ein Geheimnis zu bergen hinter den Mauern, den schmerzlich banalen Fassaden, dem Schweigen, den Tauben, den Möwenschreien im Novembernebel und unserm Haus, das im Nebel einem Schiff glich, in dem Mütterchen im dritten Stock im Lehnstuhl saß und strickte, mühsam (wegen der durch die Arthrose verkrümmten Finger), und dahindöste. Und jedesmal war mir, als ob Welt und Leben in mich einflössen wie eine Nährlösung, die mich vergiftete mit ihrer Gewalt, mit ihrer Überpräsenz, wie ich sagen möchte. Kurz, es war eine Furcht, die da ist, bevor irgend etwas geschehen oder nicht geschehen kann, eine Daseinsangst. Dazu kam, daß ich mich jeweils zu gut gekleidet fühlte, geziert und zum voraus lächerlich. In dem Maße, daß ich zum voraus wußte, wie sich der Nachmittag abspielen würde, nach einer unveränderlichen Ordnung (obschon sich jeder frei wähnte): der Kies knirschte, wenn der Wagen durch das Tor in die Allee rollte, dann knurrte Mr. Smiths Wolfshund, bis er mich erkannte, und wenn dann der Wagen vor der Freitreppe hielt, erschien oben auf den Stufen, nachdem die Tür weit aufgegangen war, Mrs. Smith mit theatralischem Effekt in voller Leibesgröße, die ungeheure Brust auf uns gerichtet wie die Stücke einer Marineeinheit, und hieß uns willkommen mit einem dröhnenden Auftritt, der jede Antwort, auch wenn sie laut gesprochen oder gar geschrien wurde, zum Stammeln werden ließ; Umarmungen endlich, Wange an Wange (was ich haßte: das Klebrige an der Sache), und dann drückte sie die ungeheure Brust gegen mich (zu ungeheuer, um in mir in dieser Beziehung irgendeine Wirkung zu erzielen); während Mr. Smith die freie Zeit benützte, um, stets die Pfeife im Mund, mit einer manischen Gewissenhaftigkeit irgendeinen kleinen Makel zu untersuchen, den er auf der Kühlerhaube entdeckt zu haben glaubte: Schmutzfleck oder Kratzer? Und dann, während er sich über das Mal beugte, sah ich auf seiner Stirn, genauer an der Schläfe, die Windungen einer Ader hervortreten. Nebenbei wird man sich fragen, warum mich eine solche Ader beeindrucken konnte. Antwort: weil ich bei dieser Gelegenheit unter der anscheinend unerschütterlichen Ruhe Mr. Smiths einen völlig anderen Menschen entdeckte: verwundbar, stärker gealtert, als ich mir vorgestellt hatte, doch lebhaft (was man an der Kopfhaltung merkte), besorgt und, wer weiß, trotz der friedlichen Miene, leidenschaftlich. Einen Mr. Smith, den in der Intimität als einzige Mrs. Smith kennen konnte ... Aber unser Mann richtete sich bereits wieder auf. Es war nichts mit dem Makel am Kühler. Die Windungen der Ader waren verschwunden. Das Gesicht wieder entspannt. Und Mr. Smith selbst war wieder zum vertrauten Mr. Smith geworden.

Während Mrs. Smith in die Küche zurückging, um den Tee bereitzumachen oder das Hausmädchen damit zu beauftragen, das zu meinem lebhaften Bedauern fast immer unsichtbar blieb, begannen Mr. Smith und ich gemäß dem Ritual jener Donnerstage mit dem Rundgang durch den Garten. Doch beim Weggehen bot sich mir Anlaß zu neuen Befürchtungen, da ich auf dem Tisch, an den wir bald zum Tee gerufen würden, eine größere Anzahl an Gedecken als gewöhnlich bemerkte. Wer sollte denn da noch kommen? Bekannte der Smiths, aber nicht der Philosophen, voll Gesundheit und Schwung, lachend, schwatzend, die mir beim Vorstellen ein fragendes Gesicht voll Herablassung für den kleinen Mann zukehren würden? Gewiß Bekannte und Freunde von Fräulein Eliane. Doch nehmen wir nichts vorweg. Es wird ohnehin schon kompliziert genug. Einstweilen folgen wir selbander mit Mr. Smith der verlassenen Allee, die zu einem andern Gartentor führte, und das ich wie einen persönlichen Freund liebte. Es war im Gestrüpp verborgen und öffnete sich auf ein weites Land mit einem Feldweg. Ein Hang senkte sich zum Fluß, der unsichtbar blieb; Kornfelder, Raps; Wäldchen, anscheinend ohne Geheimnisse und doch unergründlich; Weiler mit braunen Ziegeldächern; Pappeln, im Herbst verschleiert in einem leichten Nebel, aus dem, wie im Traum, Geläut ertönte und manchmal ein Muhen. Das Tor allein war schon eine Welt: verbunden mit dem geheimnisvollen, wilden und doch vertrauten Leben des Gartens; gleichzeitig offen zur Weite. Vertrautheit und Ferne. Wie ein Fenster. Lieber als alles wäre ich allein dageblieben, während sich die Gäste auf ihre Weise vergnügt hätten. Doch vielleicht war ich Mr. Smith dankbar, daß er auf unserem Rundgang – war er sich dessen bewußt? – das stumme Zwiegespräch respektierte, das ich am Ausgang der Allee mit dem Tor führte, meinem Freund, und dem wuchernden Reich des Gartens. An den Regentagen, an denen wir uns, wie durch eine schweigende Abmachung, gleichwohl zu zweit auf den kleinen Spaziergang machten, schienen mir die Büsche beim Tor noch lebensvoller zu sein. Tröpfchen, lastendes Wasser, ein Duft, der sich mit dem Erdgeruch verband, eine bestrickende Reglosigkeit, plötzliches Zittern, und jenseits der rostigen Gitterstäbe der schmale Feldweg mit den Pfützen. Mr. Smith respektierte das Zwiegespräch um so mehr, als er stets tat, als untersuche er irgend etwas oder halte Ausschau nach einer Verrichtung. Denn er war, wir haben es gesehen, ein rühriger Mann, trotz der äußerlichen Ruhe, und das Haus war, als er es kaufte, dem Zerfall nahe gewesen. Er, er allein, hatte es wieder instandgestellt, alles repariert, alles erneuert. Und die Arbeit ging weiter! Doch manchmal gab Mr. Smith das Ratschlagen über künftige Projekte auf und stellte sich neben mich, um ebenfalls am Tor das Doppelreich mit dem eingefriedeten Garten und dem weiten Raum zu betrachten, die feuchte Erde im lebendigen Schweigen der langen Regennachmittage. Ich betrachtete ihn, wenn er so dastand, von der Seite: er hatte den friedlichen Ausdruck eines alten Baumes. Ein rundliches Bäuchlein zeugte, wenn auch diskret, von Wohlleben und Komfort. Den Kopf wie immer erhoben, so rauchte Mr. Smith seine Pfeife mit einem leichten Lächeln, das den Eindruck erweckte – jedenfalls schien es mir so –, er richte seine Gedanken nach innen, weg vom Geschwätz und Getümmel; er war gar nicht mehr feierlich, sondern auf einmal befreit von der rätselhaften Maske, die er gewöhnlich zwischen sich und die Blicke der Leute schob. Vielleicht weil er neben dem kleinen Mann, der ich war, seinem Bruder, leichter als anderswo sich selber Dinge sagte, die er sonst niemandem anvertrauen konnte, nicht einmal Mrs. Smith, und so eine Zeitlang im Frieden mit seinem Geheimnis, seiner Wahrheit, verharrte. Doch vielleicht handelte es sich um etwas völlig anderes für Mr. Smith, oder um gar nichts, und ich gaukle mir etwas vor. Vielleicht! Doch auch er schien in diesem Moment gerührt, mehr als gerührt vom Anblick des nassen Gartens mit dem Gartentor, das unter seiner Rostschicht das ganze Reich noch besser zur Geltung zu bringen schien. Am Horizont ging sein Blick in den Himmel über. Und sein Gesicht erlebte in einem Augenblick zitternden Ahnens dasselbe geheimnisvoll-üppige Leben wie die Pflanzen im Garten, die Erde, und die seltenen Geräusche, die in die ruhige Regenluft stiegen und zu zerfließen schienen. Und wenn ich ihn so verbunden sah mit der unsichtbaren, aber wahren Welt in den vertrauten und sichtbaren Dingen, dann schwand wie durch Zauber meine Furcht vor dem Nachmittag. Mr. Smith schien mir, ungeachtet seines Alters, derselben menschlichen Gattung anzugehören wie ich. Wie ein großer Bruder, aber auch wie ein Vater. All dies selbstverständlich, ohne daß unser Schweigen unterbrochen worden wäre. Manchmal würgte er, behindert noch durch die Pfeife im Mund, irgendeine Bemerkung hervor, die kaum zu verstehen war: «Sieht man den See heute?» Die Frage verlangte natürlich nach keiner Antwort, sie war nur da, um die Minute der lebendigen Beziehungen zwischen dem Garten und dem befreundeten Gartentor zu verlängern. Doch schon erreichte uns durch das regennasse Gezweig von der Treppe her die gut hörbare und deutliche, allzu deutliche Stimme Mrs. Smiths, die ihre Gäste zum Tee rief. Zweifellos gingen die Leute bereits zu ihren Plätzen. Dann ließen wir bedächtig das Reich des Gartentors hinter uns und gingen – ich fühlte wieder neue Angst im Hals – die kleine Allee hinauf. Es scheint mir heute noch, daß auch Mr. Smith, der doch sonst die Gesellschaft liebte, nur ungern zurückkehrte und sich deshalb

Zeit nahm, mir zu erklären, daß er da einen Baum pflanzen und dort ein Beet durch Rasen ersetzen wolle undsoweiter. Doch am bedeutsamsten war, seitdem die Villa ihm gehörte, das Projekt, das Mr. Smith mit dem Hinweis auf ein mit Büschen, hohem Gras und Dorngestrüpp überwuchertes Stück Land bezeichnete, wobei er – welch seltener Fall – die Pfeife aus dem Mund nahm und das Wort aussprach, das bedeutungs- und zukunftsträchtiger war, als ich mir vorstellte: «Da gibt's das Tennis.» Ein Jahr danach war dies zu meinem Leidwesen – man wird noch sehen, warum – Tatsache geworden.

Beim Tennis

Doch schon standen die Gäste beim ungezwungenen Geplauder um die Tische im Rasen. Schon hielten sie eine Tasse, das Mineralwasser oder den Whisky in der Hand. Schon entfernten und näherten sich weiße Tennistenues je nach dem Gang des Gesprächs. Schon wähnte ich grausame, gleichgültige und belustigte Blicke auf mich gerichtet. Da Mr. Smith in seinen Zustand der Geselligkeit zurückgekehrt und die Maske des phlegmatischen Engländers aufgesetzt hatte, fand ich mich wieder in meinen kurzen Hosen angstvoll konfrontiert mit der Welt. Mit den andern zusammen und zugleich ausgeschaltet aus der ungezwungenen Gesprächsrunde, die manchmal von Mrs. Smiths kraftvoller Stimme übertönt wurde. Es kam, wie es an diesen Donnerstagen kommen mußte: ich will sagen, daß schließlich alle Gäste – aus kleinen Bächlein werden Ströme – englisch zu sprechen begannen. Man gestatte mir hier eine kurze Zwischenbemerkung, um zu sagen, weshalb mich das Englisch-Geplauder auf dem Rasen peinigte, als ob man mit einem Messer in einer Wunde gewühlt hätte. Ich glaube bereits erwähnt zu haben, daß mir mein Vater schon in frühster Kindheit um jeden Preis Englisch beibringen wollte, wobei sein Bemühen (das in vielen Dingen durch sein persönliches Leben bedingt war) die gegenteilige Wirkung erzielte, indem es mich beim Lernen nicht nur blockierte, sondern in mir eine richtige Abneigung erweckte, sowohl gegen die englische Sprache als auch gegen deren wichtigtuerischen Gebrauch, den ich um mich beobachtete. Die Donnerstage bei Smiths zeigten verschiedene Seiten des Problems. Einerseits erkannte ich, wie recht mein Vater hatte: wer nicht englisch kann, ist von der Welt abgetrennt (wenn er nicht genau diese Worte brauchte, so fassen sie doch die besorgnisbeladenen Gedanken zusammen). Da ich tatsächlich nichts begriff vom Scherzgespinst der Neckereien, die wie Bälle von einem zum andern hüpften, fühlte ich mich noch tiefer in der Einsamkeit. Vielleicht gab ich im stillen Vater recht und fühlte vielleicht sogar Gewissensbisse, daß ich seine – nur allzu gerechtfertigten – Absichten durchkreuzt hatte, als er mir mit dem Englischunterricht das Leben erleichtern wollte. Andrerseits aber konnte ich auf diese Weise nur um so besser die stille und bittere Genugtuung des Unterlegenen genießen, die mich schon zutiefst erfüllte. Jawohl, ich war froh, auf trübsinnig-komische Weise froh darüber, daß ich nicht Englisch verstand und deshalb beim Gicksen und Gacksen der Gäste auf dem Rasen nicht mithalten konnte. Tatsächlich beeindruckte mich niemand von den Leuten, die an dem Gewäsch beteiligt waren: der Kerl mit der Hakennase, jener mit den behaarten Vorderarmen und den Stirnlocken wie ein – allerdings mondäner – junger Stier; an jenem Frauenzimmer, das leicht beschwingt und elegant aussehen wollte, bemerkte ich riesige Latschfüße und rote Haxen in den Tennisschuhen. Denn selbstverständlich kamen alle zum Tennisspielen. So wie alle – ich hatte es mühelos erraten – zum Kreis der internationalen Beamten gehörten. Wie oft hatte Mütterchen zu Vater gesagt: «Geh doch einmal an einem Donnerstag zu Smiths. Das bringt dir Zerstreuung. Und dann hast du Gelegenheit, englisch zu sprechen». Doch abgesehen davon, daß mein Vater an jenen Tagen im Büro war, wußte ich, daß er um nichts auf der Welt seinen Fuß in die Smith-Villa setzen wollte, weder zum Tennis (das er verabscheute) noch zum Tee, und noch weniger, um am internationalen Englisch-Gegacker der schneidigen Gäste im weißen Tenue teilzunehmen. Wie hätte er aus dem Dunkel seines Lebens, das ihm verloren schien, unrettbar verloren, auftauchen können in den Kreis jener, die ihm wie Dilettanten des Lebens vorkamen? Aus seiner Mühsal heraus hätte er sie unter freundlichen Manieren nur allzusehr verachtet und sich selber dazu. Doch schon zur Zeit der kurzen Hosen fühlte ich ähnlich wie er. Die Leichtlebigkeit jener Leute quälte mich. Doch nicht darin lag mein Problem. Jede der Gestalten für sich genommen, ich wiederhole es, machte mir kaum einen Eindruck. Auch wenn die Bedeutung zu erraten war, so erschreckte mich doch die angelsächsische Heimlichtuerei bei der Unterhaltung, von der ich in zweifachem Sinne – ich sage deutlich: zweifach – ausgeschlossen war; sie weckte in mir Mißtrauen und Ablehnung zugleich. Und wenn ich nicht verstand, was sie sagten, so fühlte ich allzugut, und ohne daß jemand eine Ahnung davon hatte – o ihr Erwachsenen! – welches Spiel jene Leute in Wirklichkeit trieben mit ihrem britannischen Gelispel, dem Schäkern und Lächeln, dem Nicken, dem Schlenkern von Rumpf und Gliedern auf dem Rasen, auch mit dem Gläseranstoßen und Tassenabstellen: das Spiel, man wird es erraten haben, der unvermeidlichen Annäherung zwischen Männchen und Weibchen, das immer von neuem angebändelt und von Grüppchen zu Gruppe weitergegeben wird. Wobei mir die englische Sprache als das dazu unerläßliche Verständigungsmittel vorkam. Ich fand wieder das Gefühl, das auf jene Zeit zurückging, da sich mein Vater vergeblich abmühte, mir das verfluchte Englisch beizubringen; er zwang mich dabei zu Ausspracheübungen, die eine besondere Behendigkeit von Lippen und Zunge verlangten: kurz, ich bekam den Eindruck, daß Englisch schon durch die unvermeidliche Zungengymnastik eine sexualisierte und unzüchtige Sprache sei. Wovon die Parties in der Villa Smith das offensichtlichste und für mich unausstehlichste Zeugnis ablegten. Ein Bad in Einsamkeit und Schamlosigkeit. Die Erotik lag in der Luft, fein versprüht und vornehm, was meine Verlegenheit noch verstärkte. Doch worauf wollen wir eigentlich hinauskommen? Darauf, daß mich nicht nur Alter und Sprachunkenntnis dieser Gesellschaft der Tennisspieler abstießen, sondern vor allem das Männchen-Weibchen-Spiel, das auf magische Weise die Leute auf dem Rasen rund um mich beherrschte, die sich auch in einer andern Ausdrucksform desselben seltsamen Spiels – dem Tennis – begegneten. Auf dem Tennisplatz, der dank Mr. Smiths Bemühungen unweit – und zugleich weit – vom Gartentor erstellt worden war, beim wildwuchernden Stück Land, das ich an den Regentagen so gerne aufsuchte. An jenen Donnerstagen spürte ich, bis zu welchem Punkt das besagte Spiel jeden ausschließt, der aus dem einen oder andern Grunde nicht oder noch nicht dazugehört. Tatsächlich sind, von außen gesehen, die Leute – deren wunderliches Verhalten ich in aller Muße verfolgen konnte – wie in einem Stromkreis, der allen Gesichtern, Gebärden und Worten eine ungeheure, lächerliche und ekelhafte Intensität verleiht. Fast schon Segregation, Rassismus. Diejenigen, welche ich im Netz ihrer eigenen Magie gefangen sah, wußten nichts, was nicht sie und das Spiel betraf, merkten nicht, daß sich die Maschen verengten, bis schließlich nur noch eine hartnäckige, blinde Macht regierte. Und die Spieler in Automaten verwandelt wurden, denen noch die Illusion der Freiheit blieb. Und mir, dem unbeachteten Zeugen – wir übersehen stets den möglichen Tatzeugen; und das Kind ist in dieser Beziehung wie ein Abbild unserer Sorglosigkeit oder deren Spiegel – schienen sie zum größten Teil lüsterne, eitle Wesen, mächtig und dumm zugleich, überheblich und kindisch, und in bezug auf ihr System nichtsahnend, was ihnen trotz allem eine gewisse Unschuld verlieh. Welche Verwirrung! Eine listige Umwertung der Werte und Dinge machte in meinen Augen schließlich die Darsteller des Segregationsfestes zu Ausgestoßenen. An meiner Statt! Ich sah sie, beobachtete sie, machte sogar mit – ohne mitzumachen – an ihrer Realität, während sie für ihr Teil mich nicht einmal sahen, wie es schien, und nicht die Muße hatten, mich zu beobachten oder auch nur sich vorzustellen, was meine Wirklichkeit sein könnte, die auch die ihre umfaßte. Kurz, gerade dank der Ausschließung, die mir die Gäste auf dem Rasen ungewollt auferlegten, fesselten mich jene Dinge stärker, die ihnen entgingen – angefangen mit jenem Teil ihrer selbst! – und die ich trotz aller Befürchtungen liebte: der Rasen; die Beine des Tischs mit den Sandwiches und Getränken; ein umgestürzter Stuhl, der wie ein hilfeheischender Verletzter aussah, und vor allem dort jenseits des Treppenaufgangs hinter dem Haus das Gartentor, mein Freund, und das dunkle Reich der Sträucher, das niemand beachtete. Ja, gerade durch meinen Ausschluß – mein Exil – bewegte ich mich in einer Welt, deren Existenz ihre Erwachsenenspiele nicht zu ahnen ermöglichten. Auf der eifrigen Suche nach dem Glück gingen sie am Fest vorbei. Das dadurch mir allein gehörte. Jedes Leben sekretiert sein Gegen-Leben! Doch wenn die Eingeladenen ihre Unterhaltung auf französisch, deutsch oder italienisch fortzusetzen begannen, schienen sie mir noch närrischer, noch ärgerlicher in

ihrer Erregtheit, in ihrer Einbildung auf ihr verlogenes Geplapper und auf alles, was jede Ichbetonung hassenswert macht. Ich sage noch einmal, Marionetten waren sie, wie sprachgewandte Leute es oft sind!
Darum ging es selbstverständlich nicht. Doch zu den Gästen zählte in erster Linie Mamsell Eliane. Man spürte, daß sich der ganze Empfang in Wirklichkeit um sie drehte, daß er nur ihretwegen veranstaltet worden war. Doch gleichzeitig spielte Mamsell Eliane eine völlig zurückgezogene Rolle. Ich meine, daß sie sich zwar nicht vordrängte, aber gerade dadurch um so mehr auffiel und das Feld beherrschte. Sie gesellte sich zu jeder Gruppe, um sie bald wieder zu verlassen. Wie die Biene, die von Blume zu Blume fliegt. Doch wer war eigentlich Fräulein Eliane im Garten der Villa Smith? Vorerst war sie für mich ein Paar großer Augen inmitten der Gesichter der Gäste, Augen, die ich nur mit Mühe vergessen könnte, deren Blick ich eine Sekunde lang auf mir ruhen fühlte. Ein Blick – ich gestehe es bald vierzig Jahre später –, den ich suchte! Mit einem Gemisch von Verwirrung und Freude. Verwirrung wegen der Stimmung, von der wir sprachen; und – ängstliche – Freude, in unruhigem Widerspruch zu einem Teil meiner selbst. Doch zurück zum Ausgangspunkt: Mamsell Eliane im Smith-Garten, das waren also in erster Linie die dunkelbraunen, fast schwarzen Augen. Doch wie schon gesagt, und ich bleibe dabei, ohne eigentlichen Glanz oder eher ohne innere Schwingung. Etwas, trotz der Farbtönung, Kaltes. Und das dich, kaum hat es dich angelockt, wieder zurückstößt. Und dich dadurch noch stärker anzieht. Übrigens hätte man gesagt, daß Fräulein Eliane dieses Spiel bewußt spielte. Daher war eine gewisse Ironie in ihrem Blick und in der ganzen Haltung, während sie sich anstrengte, den Gästen liebenswürdig und munter entgegenzutreten und die doppelgesichtige Rolle der Gesellschaftsdame zu spielen, die zwar die

Party nicht organisiert – das war Sache von Mr. und Mrs. Smith –, die aber insgeheim den Anlaß dazu gibt und sie für sich veranstalten läßt. Zwar verstand ich schon die Worte meines Vaters: «Ich mag dieses männerbetörende Frauenzimmer nicht.» Doch da ich wußte und sah, daß es eine Betörerin war, verwirrte und bezirzte mich Fräulein Eliane noch mehr mit ihrem Verführerinnenblick. Mitten im Scherzen und Schäkern auf englisch legte er sich von Zeit zu Zeit auf mich. Ergötzt, aber auch – und als Ausnahme in dieser Gesellschaft – mit einem Anflug merkwürdiger Aufmerksamkeit. Wie eine Frau den Sohn eines Mannes betrachten würde, den sie einst geliebt hatte (doch ich weiß, daß dies bei meinem Vater nicht der Fall war); eine andere Frau betrachtete mich so: und jedenfalls war es ein merkwürdiges Gefühl für ein Kind. Fräulein Elianes flinke braune Augen schienen mitten in einer Gruppe der als Tennisspieler verkleideten Erwachsenen beim Blick auf mich plötzlich das Bewußtsein zu haben, daß sie von einem Reich in ein anderes wechselten. Der Blick schien zu fragen: Das Persönchen dort drüben, nicht mehr ganz ein Kind und noch nicht ein Mann, noch nicht einmal ein junger Mann, was ist das eigentlich? Ein Übergangswesen? Das sich nicht in eine bestimmte Kategorie einordnen und manipulieren läßt wie jemand, der leicht zu etikettieren ist. Deshalb vielleicht eine zweite Verwirrung in jenem Blick. Das Ergötzen darüber, daß ich noch nicht ganz ein Mann war ... Wie sollte man es mit dem anfangen? schien sich der Blick zu fragen. Und die neue Verwirrung weckte in mir gegen meinen Willen – und trotz allem, was mein Vater über das männerbetörende Frauenzimmer gesagt haben mochte – eine freudige Erregung. Es war für mich wie ein kleiner Sieg, daß sich der Blick auf mich und nicht auf sonstwen legte. Nicht auf einen der Tennisspieler und Englischschwätzer. Für die Zeit einer Sekunde kuschelte ich mich in meine eigene

Freude. Dann schickte ich ihr ein Lächeln. Das sie zurückgab. Wir waren quitt. Trotzdem lag noch etwas schwieriger Definierbares in ihrem Fünklein Verwirrung. Doch wir werden im gegebenen Zeitpunkt davon sprechen, auch im Zusammenhang mit andern Umständen, die zeigen werden, daß ich mich nicht so sehr täuschte. Daß es sich nicht nur um reine Vermutungen meinerseits handelte.

Und ich komme zum merkwürdigsten Rätsel dieses Nachmittags. Es ging im Gewirr der Beziehungen um jene zwischen Mamsell Eliane und dem Mann, der für alle ihr «lieber Onkel» war: Mr. Smith. Zu diesem Behuf müssen wir noch eine Stufe weiter in diese Parties eindringen, um das Geheimnis neu zu erleben, das, ehrlich gesagt, nie ganz gelöst wurde. All dies ist wichtig und zu gleicher Zeit unwichtig für das, was ich sagen will. Nebensächlich und zugleich grundsätzlich. Zwar geht es nur um Blicke, um Schweigen, um Zeiträume. Doch dem Kind genügt dies. Versteckte Kräfte, stumme Präsenz, unsichtbare Wechselbeziehungen, das Untergründige zwischenmenschlicher Begegnungen, das ist sein Reich. Voll Gewißheit, doch ohne Beweis. Ein Reich, das im gewöhnlichen Leben nicht beachtet wird. Immer jenseits des Erfassens. Deshalb ist ein Kind vor allem Poet ... Schweigende Blicke also! Und zwar unter bestimmten Umständen. Ort meines Erlebnisses und auch meiner Leiden: der Tennisplatz. Der berühmte Tennisplatz, der mitten im wildwuchernden Landstück erstellt worden war. Gegen fünf Uhr, nachdem man ausgiebig geplaudert hatte, kam tatsächlich unter Mr. Smiths geheimer, aber spürbarer Regie die von allen erwartete und von mir befürchtete Frage: «Wer hilft bei einer kleinen Partie?» Mamsell Eliane spielte hervorragend. Und Mr. Smith seinerseits war ein Champion. Er schlug alle und gestattete sich keine Niederlage. Ich erinnere mich, ihn das eine oder andere Mal in Schwierigkeiten gesehen zu haben.

Er war unerträglich. Wurde rot, biß auf die Zähne. Die gewundene Ader an der Schläfe schwoll auf. Sein geheimnisvolles Lächeln wurde zur Fratze. Und zwar zur gebieterischen Fratze! Weg war der gemütliche Onkel! Er fand erst wieder Entspannung, wenn er den Ball in der Tasche hatte. Dann wischte er sich die Stirn ab, steckte die Pfeife wieder an ihren Platz und murmelte uns etwas wie einen freundlichen Scherz zu. Doch immerhin. Er hatte heiß gehabt. Und die Schwierigkeit hatte in ihm einen völlig anderen Menschen zum Vorschein gebracht. Mamsell Eliane war auf dem Lawn-Court, mit dem weißen Band um die Stirn, das ihr Haar umfaßte, noch eindrucksvoller als sonst. Im Kontrast zum weißen Band schienen die Augen noch größer, noch dunkler. Und der Blick verlor seine Ironie und wurde metallischer. Man merkte, daß der Match für sie nicht nur ein Scherz war. Er schien für sie im Gegenteil eine ernsthafte Angelegenheit zu sein. Ebenso ernsthaft wie der Empfang der Gäste bei Mr. und Mrs. Smith, die Wahl des einen oder anderen Wortes, ein Wortspiel, ein Zwinkern für einen Gesprächspartner, eine versteckte Pointe für den andern. Kurz, man fühlte – ich fühlte –, daß alles in Mamsell Elianes Wesen, in Worten und Gebärden, wie von einer dunklen Willenskraft ferngesteuert war, die auf ein längerfristiges Ziel hinwirkte, das, trotzdem ich es damals nicht zu nennen vermochte, festgelegt war. Ganz präzis. Was war es eigentlich? Diese Frage verlieh der beunruhigend anmutigen Dame ihr Geheimnis. Bei ihr schien alles berechnet. Doch da man nicht wußte, worin die Berechnung bestand und welches das angestrebte Ziel war, blieb das Spiel offen. Die nebensächlichste Bemerkung, eine Höflichkeitsfloskel erhielten dadurch einen gewissen Charme. Einen fast ärgerlichen Charme. Man war versucht, zu sagen: «Eine Marionette, auch sie!» Aber weil in der Marionette, wie es schien, doch noch etwas anderes war, sagte man es nicht. Und so blieb die Ungewißheit. Man fand wieder ganz sie selbst in der Art, wie sie Tennis spielte: geduldig, fleißig, mehr als fleißig, geschäftig, beharrlich; sie ging kein Risiko ein, nützte die geringste Schwäche des Gegners, und dank ihrer Gründlichkeit, gepaart mit List, gewann sie auch dann, wenn man gewiß war, daß sie verlieren würde. Man wird ohne weiteres verstehen, daß ich unter diesen Bedingungen, wobei ihr Ruf als gute Spielerin dazu kam, und auch wegen all dem andern, was wir über sie erwähnt haben, daß ich auf dem Lawn-Court einen Schnitzer nach dem andern machte: ich verpaßte kinderleichte Backhands; smashte ins Leere; schickte den Ball sogar über die Umzäunung hinaus in den glücklichen Teil des Gartens, der wild überwuchert war! Und in jenem Moment konnte ich die Reaktion der Meisterspielerin bestens beobachten. Ein Lachen entfuhr ihrem Mund mit den geschminkten, makellos geschminkten Lippen. Doch das Lachen wirkte sofort gekünstelt. Höchst amüsant, die Fehlschläge des Nachwuchsspielers. Doch man konnte nicht umhin, eine gewisse Verlegenheit an ihr festzustellen, wie die leise, aber wirkliche Furcht, der Eindruck, den meine phantasievollen Schmetterbälle machten, könnte die ernsthaften Bestrebungen, die sie unter dem Anschein des Ungezwungenen verfolgte –, weiß Gott worin – stören. Es versteht sich von selbst, daß ich unter der Kontrolle dieses Blicks nur noch ungeschickter war. Doch über das eigentliche Spiel hinaus fiel mir auf, daß Fräulein Eliane und Mr. Smith heimlich unter einer Decke zu stecken schienen, was besonders in manchen Phasen eines gemischten Doppels spürbar war, wenn Onkel und Nichte eine Equipe bildeten. Hatten sie ein Spiel verloren oder einen Punkt abgeben müssen, und auch wenn sie oder er das Rakett zu einem entscheidenden Aufschlag hob, dann entging mir nicht, wie sie sich gegenseitig mit einer gewissen Innigkeit anschauten, die so tief in mich eindrang, daß sie mir unvergeßlich blieb. So sehe ich noch Fräulein Eliane leicht vornübergeneigt; sie hat eben einen Ball aufgelesen und sich umgewandt, um sich zu Mr. Smith hinter die Grundlinie zu begeben. Auffallend das weiße Haarband, auffallend vor allem aber der Blick, den sie Mr. Smith zuwendet. Ein Blick, der vieles andeutet. Die Beunruhigung über den Verlauf der angefangenen Partie wurde in Fräulein Eliane zum Imperativ «das Spiel muß gewonnen werden»; daraus entsprang in jenem Augenblick die Entschlossenheit, die – über den Punktgewinn hinaus, über die Tennispartie hinaus, über den Nachmittag bei Smith hinaus – eine ernsthafte Angelegenheit, das langfristige Ziel darstellte, von mir unmittelbar verspürt, aber nicht richtig erkannt. Doch der Blick, der sich in dieser Sekunde auf den Onkel richtete, war noch mit einer anderen Wirklichkeit beladen: einmal hatte er – betont durch das geneigte Gesicht – einen demütig dem Partner-Onkel ergebenen Ausdruck. Doch allzu demütig und allzu ergeben, wodurch die Abhängigkeit allzusehr betont wurde. Wenn ich dies sage, kann ich nicht umhin, an eine von Mütterchens Bemerkungen über Mamsell Eliane zu denken: «Man darf nicht vergessen, daß diese Tochter alles ihrem Onkel verdankt.» Offensichtlich vergaß sie es nicht. Doch dies war, sagen wir, nur die schöntuerische Seite des Blicks. Darunter lauerte der harte Glanz der schwarzen Pupillen, der das Metallische ihres Wesens andeutete. Und in jenem andern Glanz des auf Mr. Smith gerichteten Blicks zeigte sich in für mich beängstigender Weise etwas Grausameres und Gefährlicheres als ein Zweifel. Ich will sagen, daß das dunkle Blitzen in Mamsell Elianes Augen Mr. Smith abzuschätzen, seine Macht abzuwägen schien. Tatsächlich weit über die Tennispartie und die physische Person des guten Onkels hinaus. Aus der äußeren Freundlichkeit und dem Anschein von Unterwürfigkeit – einer eleganten Unterwürfigkeit – erwuchs ein kühles Kom-

binieren, das im Klartext etwa besagen mochte: worauf kann ich bei dem Guten noch zählen – punkto gesellschaftlichen Einfluß, Status, Geld – und wie lange, um das zu erreichen, was ich erreichen will. Immer wieder die ernsthafte Angelegenheit! Und worauf ich hinauskommen möchte, ist, daß unter der Wirkung eines solchen Blicks Mr. Smith plötzlich all dessen beraubt schien, was den Wert seines Daseins und Soseins ausmachte. Unter der Wirkung eines derartigen Blicks stand auf der weißen Linie des Lawn-Courts nicht mehr der vertraute, friedfertige Mann, dessen Gesellschaft wir schätzten. Da stand nur noch der Villenbesitzer, der in einem gewissen Wohlstand lebte und über eine bestimmte Anzahl Beziehungen verfügte, deren Art und Aussichten es abzuschätzen galt, um die Partie zu eröffnen, diesmal nicht eine Tennis-, sondern eine Pokerpartie, die für Mamsell Eliane die Zukunft bedeutete.
Kleine Anmerkung zur Person: langes Haar, damals braun, zeitweise braunrot; das Gesicht, wie bereits gesagt, länglich, knochig; mit rötlichen Bäckchen wie bei Rokokodamen. Von schlanker Gestalt. In welcher sich weniger direkt Eleganz als ein Wille zur Eleganz zeigte. Denn auch in diesem Punkt war alles an Mamsell Eliane Selbstkontrolle, Berechnung, Vorbedacht. Ursprünglich hatte sie etwas, ich weiß nicht was, Linkisches, Unschönes, ja Abstoßendes, das sie erschrecken mußte. Das sie als Feind Nr. 1 betrachten mußte, und das sie tatsächlich in den späteren Lebensphasen mit einer Härte und Gründlichkeit bekämpfte, die ans Lächerliche grenzte: so daß sie zum Beispiel Lektionen in richtigem Benehmen nahm. Um sich noch ungezwungener in anderen Sphären der Gesellschaft bewegen zu können. Doch die angeborene Unbeholfenheit, die allen Bemühungen zum Trotz nie ganz verschwand und sich unter anderm in einer Steifheit der Bewegungen zeigte, weckte nie so sehr meine Aufmerksamkeit wie damals,

lange nach den Donnerstag-Episoden, als ich vom Fenster an der Rue Saint-Ours aus Fräulein Eliane, zu der Zeit noch brave Bankangestellte, das Haus verlassen sah, in das sie nach ihrer Scheidung zusammen mit der Mutter eingezogen war. Sie ging den Mauern entlang, als ob sie sich nicht allzusehr irgendeinem unsichtbaren Feind aussetzen wollte (denn sie war eine überlegte Spielerin), bewegte sich ruckartig vorwärts und wiegte die Schultern wie (allzu) entschlossene, fast männliche Frauen. Kopf gesenkt, abgehackter Schritt, eine Schulter leicht verdreht – zweifellos wäre sie ärgerlich oder gar wütend über sich geworden, hätte man ihr in einem Film die Gangart zeigen können, die sie hatte, wenn sie sich nicht überwachte. Und nichts hätte sie so sehr in ihrem Willen zur Korrektur bestärkt. Doch sie konnte sich Mühe geben wie sie wollte. Etwas in ihren Bewegungen, in der Körperhaltung besagte, daß sie nie das erreichen würde, was sie zu sein oder zu scheinen begehrte. Kein Einüben der Grazie und der Gewichtsverlagerung konnte die Verfremdung in ihr überwinden. Nur unverständige und erfahrungslose Blicke ließen sich betrügen. Dies sei nicht gesagt, um Fräulein Eliane als Frau abzuwerten, sondern um den seltsamen Eindruck festzuhalten oder vielmehr den seltsamen Wechsel des Eindrucks, der sich dann vollzog, wenn man vom ersten Blick – Eleganz und Schönheit – näher hinblickte und die unerwarteten Behinderungen entdeckte.

Um jedoch auf die Tennispartie zurückzukommen, ist der völlig andere Blick zu erwähnen, den Mr. Smith hatte. Und nicht nur der Blick, sondern auch seine ganze Haltung der Nichte gegenüber. Etwas wie ein inneres Mitschwingen, das ich stets wahrnahm, wenn Fräulein Eliane einen etwas schwierigen Vorhandschlag abgab, sich vor dem Service konzentrierte oder einen Ball verfehlte. Doch vor allem nach der Partie, wenn sich alle wieder auf dem Rasen zusammenfanden und in einem babylonischen Sprachengewirr schäkerten, war Mr. Smith besonders aufmerksam. Jene Augenblicke, kaum beachtet von den andern, haben sich in mein Gedächtnis eingeschrieben. Ich war in meine Schüchternheit eingeigelt, außerhalb des mondänen Zirkels, und konnte als Außenstehender unbemerkt das Gesicht des Onkels beobachten, der mit scheinbarer Gleichgültigkeit Fräulein Elianes Bewegungen folgte. Im reglosen Gesicht Mr. Smiths – die Pfeife unterstrich die Unbewegtheit – strahlten nur um so lebendiger, weil nicht bewußt, die Augen mit einem wachen Glanz. Doch auch ich wachte. Mir entging nichts von den Andeutungen, die in der Luft lagen. Und dies auf zwei Seiten, da ich es mit Fräulein Eliane und ihrem Beschützer zu tun hatte. Unruhig wie der Beschützer eines Schatzes, der ständig zu entweichen droht. Im Blick lag väterliche Zärtlichkeit, gewiß, aber gemischt mit etwas anderem. Einer kräftigeren, engeren Verbindung als bloße Zärtlichkeit. Mr. Smith schien, wie soll ich sagen, mit seiner ganzen Person und allen Fibern seines Wesens an Fräulein Elianes Hin und Her gebunden, an Bewegung und Stillstand ihres Körpers, an den Wechsel des Gesichtsausdrucks, an die für ihn, so denke ich, gefährlichen Untergründe der Anmut und Gefälligkeit, kurz an die Koketterie der jungen Frau. Manchmal glaubte ich im Radar dieser Augen, die unaufhörlich auf das rastlose Ziel ihrer Aufmerksamkeit gerichtet waren, eine plötzliche Verhärtung, eine Angst zu erkennen, etwas mehr als Unzufriedenheit, nahe am Zorn. Ohne daß Mr. Smith während all dem Treiben aufgehört hätte, die Pfeife zu schmauchen, mit Humor einem Gast zu antworten oder einen seiner gewohnten unverständlichen Scherze zu murmeln. Manchmal, für den Zeitraum einer Sekunde, traf sich Fräulein Elianes Blick mit dem seinen. Und diese Begegnung, die kurze Begegnung, verstärkte den Eindruck eines unklaren Einvernehmens zwischen der berechnenden, erobernden Anmut und der schützenden Autorität, die in Frage gestellt und deshalb im Alarmzustand war. Doch was steckte hinter jener Beziehung? Welcher Art war sie? Wer wird es je sagen können. Eine Bemerkung Mütterchens, die im Verlauf eines Gesprächs mit Vater fiel, hatte Verwirrung in mir gestiftet: «Ich habe fast den Eindruck, daß das unverschämte Frauenzimmer und Mr. Smith ... Hm! Es würde mich nicht wundern. Mit ihrer scheinheiligen Miene ist sie zu allem fähig ...» Worauf Vater nichts geantwortet hatte, vielleicht ungehalten darüber, daß man sich erlaubte, in meiner Gegenwart von Dingen zu sprechen, die er selbst niemals antönte. Auch wenn er besser als alle wußte, woran er sich zu halten hatte. Ein weiterer Umstand – nun kommen wir zur Sache! – war alles andere als dazu angetan, die Verwirrung zu lösen: ich will sagen, daß Fräulein Eliane schon zur Zeit der Tennispartien verlobt war! Und natürlich war der Verlobte, von dem wir noch nicht gesprochen haben, und zwar aus guten Gründen, an den Nachmittagen bei Smiths ebenfalls anwesend. Und seine Anwesenheit weckte in mir eine heftige, unüberwindliche Abneigung, in welcher, wie könnte es anders sein, die Eifersucht dominierte. Vorerst das Äußere jenes Kerls. Er war, und dies ließ mich erschaudern, kleiner als Fräulein Eliane. Doch gleichzeitig merkte man, daß er muskulös, nervig und gespannt war. Gewellte blonde Haare, gebräunte Haut. Allzeit, so schien es, zum Angriff bereit. Blaue Augen, glaube ich, und, da bin ich sicher, dünne, verkrampfte Lippen. Bankangestellter, gebürtiger Deutschschweizer, und er blickte einen mit gesenkter Stirne an: *ὑποδςᾶ* würden die Griechen sagen. Ich verargte ihm, Fräulein Elianes Erwählter zu sein. Diese unbestreitbare Eifersucht veränderte, man hat es gesehen, jeden seiner Züge in einen Fehler. Etwas war gewiß, und dagegen konnte ich nichts: er war ein bemerkenswerter Tennisspieler, und auch, was mich noch mehr beschämte, ein ebenso guter Tänzer. Hatte er übrigens nicht beim Tanz Fräulein Elianes Bekanntschaft und – ach – auch ihre Eroberung gemacht? Welche ebenfalls, wie Mrs. Smith voll Bewunderung zu berichten wußte, bezaubernd tanzte. Ich sehe noch den Ausdruck sanfter Ironie, mit dem Mütterchen bei den Philosophen diese Bemerkung aufnahm. Und eines Tages, ich weiß nicht mehr bei welcher Gelegenheit, meinte sie achselzuckend: «Aber ich bitte Sie. Das hat nichts mit Liebe zu tun, das sind Possen!» Jedenfalls war dank Tanz und Tennis der blonde Deutschschweizer-Verlobte, der Bankangestellte, an den Gartengesellschaften bei Smiths anwesend, verdammt anwesend, und herrschte über Fräulein Eliane. Herrschte? Das ist nicht wörtlich gemeint. Denn in Wirklichkeit war das eine ganz andere Frage. Oder die Frage war vielmehr jene außergewöhnliche Komödie, die, in meinen Augen, Fräulein Eliane im Lauf jener Nachmittage spielte, an denen sie, ihr blondes Männchen «bewundernd», und auf allernatürlichste Weise, wie wir gesehen haben, auch mit dem guten Onkel gemeinsame Sache machen und darüber hinaus ihre Betörungskünste an allen erproben konnte. Muß ich wiederholen, daß ich dem vielseitigen Spiel, wie es in diplomatischer Sprache heißt, meine volle Aufmerksamkeit schenkte? Mit allem, was in der Folgezeit aus dieser explosiven und tückischen Mischung werden, und das uns dieselbe Mrs. Smith, die üppige und wortgewaltige Mrs. Smith, einige Jahre später am Boulevard des Philosophes beichten sollte, mit einer Stimme, die ich heute noch höre – ihre Begeisterung hatte sich um einige Grad abgekühlt, blieb aber wegen der Empörung immer noch ungestüm –, um uns zu erklären, daß Fräulein Elianes Ehe «eine Katastrophe» sei. Schuld daran war – wer hätte etwas anderes gedacht – der kleine blonde Deutschschweizer Bankangestellte, der meisterhafte Tennisspieler und nicht weniger vorzügliche Tänzer, der sich rasch als ein Ungeheuer häuslicher Grausamkeit entpuppt hatte. Er hatte einen Sauberkeitswahn, einen Gründlichkeitswahn, und zwang Fräulein Eliane, nun Ehefrau – aber für mich hat sie nie Fräulein zu sein aufgehört! –, jeden Abend nach der Arbeit (sie hatte die Bankstelle nicht aufgegeben) die Wohnung zu putzen und die Möbel zu polieren, während er selbst Jagd auf jedes Stäubchen machte und jedes Stäubchens wegen in schreckliche Wut geriet, so daß er manchmal die Ärmste ohrfeigte, die nun, wie Mütterchen verlauten ließ, über die beim Tanz geknüpften Liebesbeziehungen nachdenken konnte. Doch zu der Putzwut kam – «Sie wissen noch lange nicht alles, meine Teuerste» – der Geiz; der Mann war «ein Rappenspalter, Sie können es sich nicht vorstellen», schrie im Eßzimmer Mrs. Smith, deren Hals sich während ihrer Anklagerede wie bei einem Perlhuhn blähte. Bitterkeit, Zorn. Und um das Maß voll zu machen: «Sie (Fräulein Eliane), die doch von ihrem Onkel so verwöhnt worden war.» Doch außer dem Geiz, dem Hauptgrund der Ehekatastrophe, hatte der Deutschschweizer Gatte eine Eifersucht, die «völlig krankhaft» war (hier schüttelte Mütterchen den Kopf). Hatte er nicht einen Revolver gekauft, mit dem er das liebliche Fräulein Eliane bedrohte und sie in die Wohnung verwies wie eine Löwin unter der Peitsche des Dompteurs in den Käfig. «Nein, also das ist kein Leben mehr für sie.» Doch immerhin hatte sie ihr Leben noch. Das von nun an für mich im Nebel versinkt. In einem Nebel, aus dem wie eine Insel das verhängnisvolle Bekenntnis hervorsticht, das Mrs. Smith an einem Donnerstag bei den Philosophen machte: «Wissen Sie, Marguerite, diesmal ist es nun sicher: Eliane hat sich scheiden lassen.»

So geht es. Mr. Smith ist tot. Mrs. Smith ist tot. Mein Vater auch. Seit langem. Doch an der Rue Saint-Ours hat sich nichts geändert. Nichts? Doch, etwas: direkt unter dem Nähatelier ist das «Institut für orthopädische und schwedische Gymnastik» verschwunden. Mit seinen drei Arkaden, den schmutzigen Scheiben, die das Schweigen in der Gasse wenn möglich noch verstärkten. Von meinem Fenster aus konnte man bei offenen Oberlichtern einen Teil der Sprossenwand sehen, ein Pauschenpferd, etwas vom Fußboden, den man glatt und glänzend wähnte. Ein rötlich-brauner Raum, tief im Halbdunkel, der mir als Kind ein Verlangen weckte, in die Halle einzudringen, als ob sich dort außerordentliche Dinge abspielten. Doch mit dem Verlangen auch das Vorgefühl, daß es nie dazu kommen würde. Und tatsächlich ist es nie dazu gekommen. Deshalb das heiße Verlangen! Angefacht manchmal durch den Anblick eines Frauenkörpers an der Sprossenwand, von dem das Gesicht nicht zu sehen war, nur das Haar, der herunterhängende Haarschopf. Langsam hob sich dann ein Torso, ein Bein wurde sichtbar, ein zweites. Wie auf Befehl. Der Befehl kam tatsächlich von einem Mann, den man durch das dritte und letzte Oberlicht sehen konnte: fast kahl, dünn, mit langem, luftigem Schnurrbart. Den ich manchmal in der Gasse kreuzte. Liebenswürdig-vornehme Miene, melancholisches Gesicht wie oft bei Leuten, die gezwungen sind, einen Beruf auszuüben, der nicht ausgesprochen ihr Traumberuf ist. Es war Doktor B., der Initiant der «orthopädischen und schwedischen Gymnastik», wie eine Tafel über den Oberlichtern in großen gelben Lettern verkündete. Ich glaube mehr als einmal bei den Philosophen gefragt zu haben, worin diese Gymnastik bestehe. Ich habe nie eine klare Antwort erhalten. «Was für ein merkwürdiger Mensch», meinte

Mütterchen nur. Und nach einer Pause, die sie stets einschaltete: «Offengestanden ist das ein wenig ein Scharlatan.» Ich hatte meinerseits die Sache zur Kenntnis genommen, ohne richtig zu verstehen, warum er es sei, der Scharlatan. Was mich veranlaßte, nur noch aufmerksamer durch die Oberlichter zu spähen, um etwas von der gymnopädischen Zeremonie zu erhaschen, die sich zu jeder Zeit unter der – wie ich ahnte: gutmütigen – Fuchtel des Doktors abspielte. Doch weshalb haben Dinge, die bei dieser Aufzählung unbedeutend scheinen, für mich einen Sinn? Vielleicht weil jedes von ihnen ein Teil des Lebens der Rue Saint-Ours trägt, mitträgt, und diese ihrerseits wieder die Wohnung der Philosophen mitträgt: und mit ihr, in ihrem Herzen, Mütterchen, im Lehnstuhl sitzend etc. In unserem Leben gibt es, seelisch gesprochen, kein Detail ohne Bedeutung. Nur beachtet man dies nicht, nicht genug. Item, um mit dem Gymnastikinstitut zu Ende zu kommen, nach dem Tod des Leiters wurde das Lokal aufgeteilt und machte zwei völlig verschiedenartigen Geschäften Platz, die sich aber zweifellos ergänzten und im übrigen nichts am allgemeinen Aussehen der Gasse änderten. Doch was könnte sie schon verändern? Ein Bombardement? Der Weltuntergang? Die Katastrophe des Jüngsten Tages? Eine Spezereihandlung wurde eingerichtet, in der bei Tagesbeginn ein dicker Mann mit Löckchen seine Stimme erschallen ließ. Und der dann merkwürdigerweise den ganzen restlichen Tag über schwieg, als ob er den Gebrauch seines Organs verloren hätte. In diesem Punkt habe ich nie eine Erklärung gefunden: im Morgengrauen hallte die tiefe, gemütliche Stimme, und dann nach neun Uhr, in der schlummernden Gasse, die mich manchmal an ein geheimnisvoll glänzendes Bächlein irgendwo in der französischen Provinz denken ließ, plötzlich Stille. Schritte: jemand, der zur Arbeit ging oder an einem Stock humpelte (Lebensabend). Und immer die Tauben. Doch in diesem kümmerlichen Klima konnte sich der Laden des dicken Mannes mit den Löckchen und der zeitweise hallenden Stentorstimme nur mit Mühe halten. Ein kleines Gipserei-Unternehmen folgte ihm, das, wenn ich mich nicht irre, heute noch da ist. Das andere Geschäft hingegen – Verkauf von Schreib- und Rechenmaschinen – hat nach und nach einen Aufschwung genommen. Ein Pin-up-girl, in Wirklichkeit eher bescheiden und sittsam im Benehmen, wirkt im vergrößerten Lokal mit der Klinikbeleuchtung, mit den allerneusten Geräten, deren starrer, anonymer Glanz nach einem immer regeren Geschäftsgang ruft, der indessen der gemächlichen Heimeligkeit des Gäßchens völlig fremd ist.

Ein kecker Griff

Doch nehmen wir den Faden mit Mamsell Eliane wieder auf, zur Zeit, da sie, kurz nachdem das Institut eingegangen war, nach ihrer Ehescheidung, zusammen mit ihrer Mutter in jenem Haus einzog, worin vordem die Familie des armen H. gewohnt hatte. Als man sie mit der Regelmäßigkeit einer mustergültigen Angestellten kommen und gehen sah. Nichtsdestotrotz und auch in Anbetracht meiner Erfahrungen an den Nachmittagen bei Smiths, war in jener Regelmäßigkeit etwas, das mir erstaunlich vorkommen mußte. Doch mich verwirrt aufmerken ließ. Die Aufmerksamkeit manifestierte sich im wiederholten, ja anhaltenden Verlangen, die pflichtgetreue Mamsell Eliane zu treffen, die ich entweder in unserem Gäßchen oder in einer Allee des nahen Parks sah. Das eine oder andere Mal, ich überwand meine Hemmungen und benützte die Gelegenheit, da sie nicht in Begleitung ihrer Mutter war, um sie anzusprechen. Und wie ein Wort das andere gab, kamen wir lachend auf gemeinsame Erinnerungen in der bereits weit zurückliegenden Wirklichkeit zu sprechen, zu der für uns Mr. und Mrs. Smith, das Tennis und natürlich die Villa mit dem Garten geworden waren. Über ihre Ehe fiel kein Wort. Einige Andeutungen nur über ihr neues Leben. Als ich mit ihr sprach, war ich über zwei Dinge überrascht: einmal, daß ihr knochiges Gesicht von nahem gesehen über den Lippen mit einem leichten Flaum bedeckt war; eine Eigenart, die Mr. Smiths Nichte etwas vom Glorienschein nahm, sie näherbrachte und zugleich fremdartiger werden ließ. Anderseits ihre Sprechweise, die insofern der Gangart ähnelte, als sie bis in den Willen zur Liebenswürdigkeit und Anmut etwas Gespanntes, Geschäftiges, Linkisches hatte. Man hätte glauben mögen, meine hübsche Gesprächspartnerin wolle sich zeitweise von unwichtigen Worten befreien, damit sie in Wirklichkeit etwas verstecken könne. Sie sprach husch husch, um nichts verlauten zu lassen, das sie sich vorbehalten hatte. Soll ich endlich zugeben, daß ich, abgesehen von der Schüchternheit, nicht ohne Erregung, ehrlich gesagt eine vielschichtige Erregung, der neuen Mamsell Eliane begegnete: für mich als jungen Mann vor allem jene, daß ich es nicht mehr mit einem jungen Mädchen zu tun hatte, sondern mit einer Frau. Und einer Frau, die wegen unserer Nachmittage bei Smiths ein gutes Teil meiner Kindheit und der frühen Jugend mittrug. Allem, und uns selber zum Trotz überbrückte etwas in uns den Abstand, den wir beide einander gegenüber beachteten (doch zweifellos aus verschiedenen Gründen). Und außerdem war es jedesmal, wie wenn ich mich im Geplauder mit ihr einem Geheimnis näherte. Einer Art innerem Feuer, das unter der Asche und unter dem geregelten Leben weitermottete. Dem Ziel, das sie, wie man spürte, mit berechnender, listiger Beharrlichkeit anstrebte. Das sie zur Zeit unseres Gesprächs zweifellos noch nicht erreicht hatte, das zu erreichen sie jedoch auf dem besten Weg war, wobei sie allerdings ihr Spiel streng geheimhielt. Unter dem trügerischen Schein ihres jetzigen Lebens. Tatsächlich war, wie man noch sehen wird, mein Eindruck nicht falsch... Und übrigens wurde bei den Philosophen die Nachbarin nur noch höchst selten erwähnt. «Und Eliane? Weißt du, was sie macht?» fragte Mütterchen manchmal. Ich glaube, daß ich gar nicht antwortete, sondern lediglich mit einem Achselzucken bedeutete, daß ich nichts wisse. Und daß es mir gleichgültig sei. Wie wenn ich andere Sorgen hätte. Und schließlich gab Fräulein Eliane mir ihr Geheimnis damals selbst preis, im Verlauf der Begegnungen und Gespräche, von denen einige ehrlich gesagt recht lange dauerten. Nicht mehr auf der Straße oder am Parkeingang, sondern nunmehr bei ihr zu Hause. Was ich, wie man ahnen mag, Mütterchen am wenigsten erzählen mochte. Also in Fräulein Elianes Wohnung. Ihre Mutter war da und verschwand im Verlaufe unserer Unterhaltung plötzlich in der Küche. Fräulein Eliane bot mir Portwein, Biskuits und Pralinen an. Seltsame Plauderstündchen, in der Tat. Ich erinnere mich schlecht an Einzelheiten der Wohnungseinrichtung. Nur an die vorherrschende Farbtönung in jenem Zimmer, in dem sie mich empfing: zwischen purpur und granatrot. Samt zwischen purpur und granat. Etwas Plüschernes in der Stimmung und katzenfreundlich. Verführerisch wiederum und berechnend. Gern hätte man sich der flauschigen Sanftheit des Samts hingegeben. Doch man konnte sich nicht gehenlassen. Eine Kraft war wachsam, hielt dich zurück. Im Schein des Verlockens und der Herzlichkeit war glasklare Kälte. Ich betrat Fräulein Elianes kleinen Salon, wie man klopfenden Herzens jenes Zimmer betritt, in dem man das Glück – oder was man als das bezeichnet – an der Seite einer Frau genießt. Zu gegebener Zeit gab es Portwein, Biskuits und Pralinen, wie an einer charmanten Geschäftssitzung. In deren Hintergrund ein Geheimnis wartete. Dessen tropfenweise Preisgabe darauf hinauslief, daß von Fräulein Elianes Lippen oder von denjenigen ihrer Mutter, regelmäßig, wenn von einer nebensächlichen Begebenheit, einer besonderen Stimmung oder einem Gedanken die Rede war, ein Name, oder vielmehr ein Vorname perlte. Jedesmal ausgesprochen mit einer Art respektvoller Diskretion und einer bedingungslosen Hochachtung, wobei sogar die Vertraulichkeit, der Gleichmut, mit dem man ihn auszusprechen vorgab, vom Stolze zeugten, den man darüber fühlte, daß man auf diese Weise davon Gebrauch machen konnte. Mutter und Tochter hatten die Eroberung von etwas oder vielmehr jemand Entscheidendem gemacht, im Verhältnis zu dem ich mich angesichts meiner Jugend, meiner Unerfahrenheit, meiner furchtsamen Anwandlungen auch, als ein armseliger Jüngling fühlte, der auf diesem Gebiet nicht rivalisieren konnte. Weniger gedemütigt, als auf ein bescheidenes Plätzchen verwiesen. Der Name, der magische Name war Eduard. Paßwort, Schlüssel zu einer Welt, von der ich aus Fräulein Elianes Wohnung klar erkannte, daß sie nicht die meine war; nicht jene der Rue Saint-Ours, auch nicht diejenige der Philosophen, doch mit der sich nun Mr. Smiths Nichte durch das regsamste Teil ihrer selbst verbunden fühlte, und nach der sie sich mit ihrem ganzen Wesen über lange Jahre hinweg gesehnt hatte. Worauf ich noch beizufügen habe, daß Fräulein Eliane in der Zeit vor der definitiven Annäherung an den allmächtigen Herrn Eduard wie ein Schmetterling vor seinem Austritt aus der Verpuppung drei Phasen durchlief, die merkwürdigerweise – oder vielleicht nicht merkwürdigerweise – drei aufeinanderfolgenden Wohnungen entsprachen: jene an der Rue Saint-Ours, eine andere unweit jenes Parks, in dem wir uns einige Male getroffen hatten, eine dritte Wohnung endlich in der Nähe des Seeufers. Worauf dann ... Doch überstürzen wir nichts. Jede Wohnung – jede Station – entsprach ihrerseits einer Etappe der Schicksalsgemeinschaft zwischen dem diskreten Beschützer und der jungen Frau. Einem bestimmten Gepräge der Haltung, die Fräulein Eliane mir gegenüber einnahm. Ich will sagen, daß in der kleinen Wohnung der Rue Saint-Ours ihr Blick, richtete er sich auf mich, etwas Belustigt-Zudringliches hatte. Man hätte glauben mögen, daß sie, wenn sie mir beim Sprechen zuhörte oder mich ohne zuzuhören betrachtete – wobei sie sich bei weiß Gott welcher Einzelheit meiner Person oder Kleidung aufhielt –, im jungen Mann, zu dem ich geworden war, jenen Knaben in kurzen Hosen wiederzufinden suchte, der an den Donnerstagnachmittagen bei Smiths keinen Laut von sich gab und Tennis spielte wie ein Tölpel, mit einer Art schamvoller Wut. Außerdem fragte sich dieser Blick offensichtlich, ob der Knabe nun als junger Mann etwas, sagen wir, Besonderes in bezug auf die neue Mamsell Eliane fühlte, die inzwischen mehr als ein Jahrzehnt – und eine Reihe von Erlebnissen – hinter sich gebracht hatte. Oder anders gesagt, konnte sie in dem jungen Mann, der eben den Jünglingsjahren entwachsen war, die erwarteten Reaktionen auslösen? Doch dies, wie mir schien, nicht im Hinblick auf irgendwelche meiner persönlichen Eigenschaften oder meiner Fähigkeiten, die Aufmerksamkeit einer Frau auf mich zu lenken, sondern einfach zur Erprobung der eigenen Macht. Was ich nur allzu klar erkannte und, wie man sich denken mag, nicht ohne einen gewissen Verdruß. «Wissen Sie», sagte sie, wobei sie ihren Blick aus alten Tagen auf mich richtete, ich hätte bald gesagt, auf mich bettete, «daß ich Sie nicht anschauen kann, ohne an den kleinen Jungen zu denken, der jeweils am Donnerstag zu uns kam.» Und sie fügte bei, was ich kaum eine Provokation nennen darf: «Erinnern Sie sich?» Und ob ich mich erinnerte! In derselben lachenden Anspielung auf jene Zeit war – oder bin ich am Flunkern? – ein unmerkliches erotisches Fünkchen, unabhängig, ich wiederhole, von den Eigenschaften meiner Wenigkeit. Kurz, in der bescheidenen Wohnung der beiden Damen war ich tatsächlich hinter gezogenen Vorhängen Fräulein Elianes Spielzeug für Forschungseifer und psychologische Ränke. Glückliches und unglückliches Spielzeug. Glücklich darüber, zu einem Kreis zu gehören, der mich der Person und besonders dem Körper der jungen Frau näherbrachte, die auf ihrem Fauteuil nahe war und zugleich weit entfernt wie ein Sternnebel. Unglücklich darüber, daß ich, für diese Pseudo-Annäherung, ein Verfahren über mich ergehen lassen mußte, über das ich keine Gewalt hatte, in dem ich keine aktive Rolle ausüben konnte, da ich mich damit sofort lächerlich gemacht hätte: Herr Eduard auf der einen Seite, meine kurzen Hosen auf der andern, und das die Essenz von dem, was ich damals zu sein glaubte, gar nicht berührte. Manipuliert von Fräulein Eliane. Wie wenn mein Double mit ihr zu schaffen gehabt hätte und nicht ich selbst! In der Wohnung, die jener an der Rue Saint-Ours folgte, die gleiche Situation, nur noch eindeutiger. Hier spielten sich unsere Unterredungen meist ohne die Anwesenheit der Mutter ab. Das Licht der Lampe war noch gedämpfter, die Stille tiefer, samtener und fast schwül die Atmosphäre in dem Raum, der nicht mehr nur ein bescheidenes Zimmer für den Empfang der Gäste war, sondern ein ansehnlich großer, fast eleganter Salon. Und in dem sich Fräulein Eliane an manchen Abenden im Schlafrock präsentierte. In einem Schlafrock von derselben Farbe wie die Fauteuils und Vorhänge, granatpurpur, doch mit einem Stich ins Braune, im Einklang mit dem Portwein in den Gläsern und der Schokoladenschachtel auf dem Tischchen, die mit Trüffelpralinen und Maronen gefüllt war. Man spürte an jedem Detail die heimlichen Fortschritte eines gewissen Wohlstands. Auch etwas, das, wie eine Tunke, beim Reicherwerden schwerer wurde. Das ging bis zu Fräulein Elianes Blick. Unternehmungslustiger, weniger rätselhaft. Und, wie ich glaube, etwas mehr Schminke auf dem knochigen Gesicht. Sorgsam aufgetragen, sorgsamer denn je. Neues Element in der Lage der Dinge: nicht so sehr der Morgenrock selbst als die Art und Weise, in der Fräulein Eliane nunmehr mit ihm spielte, wie mit einem Theatervorhang, um die immer noch so schönen, schlanken und kräftigen Beine den Blicken darzubieten und gleichzeitig zu entziehen. In dieser Verschämtheit lag eine aufreizende und vorbedachte Schamlosigkeit. Fräulein Eliane sprach ohne etwas zu sagen. Zeigte ohne etwas zu verraten. Mit einem solchen Geschick in der Ungeniertheit, daß der Gesprächspartner, hätte er sich den Anschein gegeben, daß er darauf achte, von vornherein wieder einmal lächerlich gemacht hätte, so daß ich, in meiner Einfältigkeit verhaftet, meine Kehle sich zuschnüren fühlte. Nichts tun in diesem Fall, nichts zu sehen vorgeben, war dumm; die geringste Reaktion andeuten noch dümmer. Der Blick und die ganze Haltung Fräulein Elianes, so schien es, deuteten darauf hin, daß sie ihr Vergnügen daran hatte, den einstigen kleinen Mann in kurzen Hosen dermaßen bestrickt zu sehen, und siegreich ihre Weiberlisten zu erproben. Ich war mir bewußt, daß ich nur völlig belanglose Dinge sagte, sagen konnte. Wie betäubt durch die Situation. Neu war indessen: in dem Maße, wie sich von seiten meiner Gesprächspartnerin das entwickelte, was ich als Aktion Schummerlicht bezeichnen möchte, mit Schokoladetrüffeln, Gesprächspausen, Spiel des roten Vorhangs über den Beinen, fielen die Anspielungen auf Herrn Eduard in dichterer Folge. Langsam tauchte die Gestalt des fernen Mannes aus dem Schatten auf: gehobene Stellung, selbstverständlich, in der Finanzwelt; tatsächlich war er ein großer Manager, jener des Unternehmens, in dem sie arbeitete (und zwar seit jeher!), und wo es ihr nach vielen Jahren und nach Gott weiß welchen untergründigen Kombinationen und Winkelzügen gelungen war, seine persönliche Sekretärin zu werden. Wie viele Weiterbildungskurse besuchte sie, von denen sie abends allein in die kleine Gasse zurückkehrte. Sommers und winters. Im Nebel wie im Regen. Welche Ausdauer! «Diese Kleine hat einen eisernen Willen», hatte seinerzeit Mrs. Smith erklärt, die nicht wußte, wie recht sie hatte. Sekretärin, jawohl, des großen Managers. Doch dieser, ach, war verheiratet – dreimal ach – mit einer Dame der «guten Gesellschaft» (der er selber angehörte); und Kinder waren auch da. Fünf oder mehr. Das war der Stachel. Aber auch die furchtbare Bewährungsprobe für Fräulein Elianes List und Geduld, die jetzt mir gegenüber nicht von einer «schwierigen Situation» zu sprechen zögerte. Womit stillschweigend gemeint war: um zum Ziel zu gelangen. Worte, die sie in ein undurchdringliches Lächeln hüllte wie in eine zarte Wolke, die trotz der Zartheit grausam war. In der anmutigen Tennisspielerin von einst kam plötzlich ein mörderischer Engel zum Vorschein. Ich war zeitweilig erschreckt. Vor allem, warum überhaupt enthüllte mir Fräulein Eliane tröpfchenweise die Lage der Dinge? Wo hinaus wollte sie eigentlich mit ihrer Geduld, den Hintergedanken hinter der Geduld und der Beharrlichkeit im Hinblick auf das ferne Ziel, das sich mehr und mehr näherte. Doch im Moment, als ich mich in naiver Entrüstung über diese Strategie in jenem Punkte äußern und sie fast anflehen wollte, doch ja acht zu geben, kam sie mir mit einer knappen und gleichzeitig liebenswürdigen Geste zuvor und meinte kurz: «Noch ein Gläschen Portwein?» Das Bild des kleinen Jungen in kurzen Hosen verschwamm nun mit den dunklen Zielen der Frau, die sich darin gefiel, sie anzudeuten, ohne jedoch zu gestatten, daß man sie zur Diskussion stellte. Überdies erriet ich an jenen Abenden, daß die Frau Mutter, stets unsichtbar, in ihr Zimmer zurückgezogen, in Fräulein Elianes

Spiel einen nicht zu vernachlässigenden Trumpf bildete: denjenigen der rührenden Note. Tatsächlich begann die ernsthafte Angelegenheit, die vor fernen Jahren an den Donnerstagnachmittagen bei Smiths angefangen worden war, erst jetzt richtig nach ihren innern Gesetzen sich zu entwickeln und Form anzunehmen. Und wie könnte man sich nicht, wie an ein Kontrastprogramm, an das Wort erinnern, das Mütterchen im Hinblick auf die Lebensart Fräulein Elianes ausgesprochen hatte: «Ich weiß nicht, was in ihr vorgeht, aber eines ist gewiß: sie hat es faustdick hinter den Ohren!» Gefolgt von der prophetischen Anmerkung: «Die wird ihren Weg machen, die Schlawinerin.»
Im Haus in der Nähe des Sees endlich, der dritten Station: eine Handbewegung meinerseits, ein kecker Griff, der aber alles zusammenfaßt. Und den man mir tatsachengetreu zu berichten gestatten möge. Juni. Gegen Ende des Tages. Fräulein Eliane hat mich diesmal zum Essen eingeladen. Das Fenster zum See steht offen. Die Wohnung ist hell. Nicht mehr Purpur und Granat. Auch keine dunklen Farbtönungen. Frau Mutter ist in der Küche beschäftigt. Und Fräulein Eliane ganz in weiß gekleidet. Wie seinerzeit beim Tennis. Mit demselben ironischen Fünklein im auf mich gerichteten dunklen Auge. Das Gesicht ist stark geschminkt, doch entspannt. Nicht strahlend – ein solches Gesicht kann es niemals sein –, aber frischer und belebter als gewöhnlich, wie ein Boot, das mit dem Wind in den Segeln flink dahingleitet. Wie wenn die Dinge, an denen die «Schlawinerin» in bezug auf die «hochgestellte Persönlichkeit» hing, sich günstig entwickelten. Und wir plauderten am Fenster, auf das Essen wartend. Mit einem Glas, wie stets voll Portwein. Item, in einem Augenblick des Gesprächs rief die Frau Mutter ihre Tochter zu sich in die Küche. Um sie zu bitten, ihr, ich weiß nicht mehr genau was zu holen. Sei dem wie ihm wolle, als Fräulein Eliane ins Zim-

mer zurückgekommen war, in dem wir geplaudert hatten, öffnet sie einen Schrank in der Nähe des Fensters und, um zu holen, was ihr die Mutter aufgetragen, nimmt sie ohne weiteres einen Stuhl und steigt hinauf. Ich habe also – ich stehe beim Stuhl – vor mir eine Frau, die mir den Rücken zukehrt. Das Tennistenue von einst, in diesem Weiß kaum verhüllt ein Körper, strammer und praller als ich mir vorgestellt hatte (eine «falsche Dünne»); das kurze Röcklein; die langen, glatten, gebräunten Beine, die warme Abendluft; vielleicht auch der Portwein; das Gespräch, gelöster als gewöhnlich; die Fülle der weit zurückliegenden Erlebnisse bei Smiths und ihre Wiedererweckung, die alle denkbaren jugendlichen Begierden anstachelte; eine Vergeltung meinerseits auch für alles, was ich erlitten, erhofft und erträumt hatte, nachmittagelang und abendelang in der für mich lähmenden Atmosphäre der kleinen Wohnung an der Rue Saint-Ours, dann in der andern Wohnung – gedämpftes Licht, Pralinen, Morgenrock, Vorhänge über den Beinen –; der Drang endlich, Herrn Eduards Allmacht zwar nicht anzugreifen, so doch ihre Grenzen zu erkunden, das ist es, scheint mir, unter tausend Dingen, was mich dazu brachte, daß ich mit einer einzigen wagemutigen und zugleich besonnenen Bewegung, lautlos und unaufhaltsam, als stiege sie aus dem innersten Selbst auf, und an der, ich kann es sagen, keine Entscheidung teilhatte – sie war langsam, im Lauf der Jahre herangereift wie eine Frucht –, auf Fräulein Eliane zugehe, die immer noch auf ihrem Taburett steht, und indem ich weiter zu ihr spreche, wie zu dem vertrautesten Wesen, einem innig vertrauten Menschen, diesmal ohne einen Schatten von Angst, auch ohne Überstürzung, und wie wenn diese Gebärde, ich wiederhole, das Ergebnis einer langen Entwicklung wäre, lasse ich, nun ganz nahe dem geschmeidigen Körper, der sich auf der Suche nach dem fraglichen Objekt zur Höhe des Kastens aufreckt, meine

Hand unter das Röcklein zwischen die nackten Beine gleiten, und greife nun rasch und entschlossen nach der schönen Mitte des weichen Fleisches – o du allerköstlichste Lust, süßeste Samtcrème – und da, in der Zufluchtsstätte, halte ich inne. Wie man am Berg in der Mitte der Felswand einen Halt einschaltet. Was folgt nun? Einmal und vor allem überhaupt keine Überraschung, keine Reaktion von seiten der Angegriffenen! Als ob der Griff von ihr zwar nicht seit jeher erwartet, aber doch, sagen wir als Möglichkeit in Betracht gezogen oder gar vorausgesehen worden wäre. Bleibt festzustellen, daß die Antwort auf den Griff oder vielmehr das Nicht-Überraschtsein der Antwort alles aussagte, und Fräulein Elianes Persönlichkeit derart bis in alle Tiefen bloßlegte, wie ich es nie wieder erlebte, und zwar aus Gründen, die wir noch sehen werden. Die Antwort im Nicht-Überraschtsein wurde als ganze auf drei Registern gespielt. Kaum hatte meine Hand am besagten Ort Zuflucht gefunden, in der erstaunlich zarten und sanften Wesenheit zwischen den Oberschenkeln, als sich Fräulein Eliane umkehrte, nicht schnell, nicht mit einem Ruck, wie man es hätte erwarten können: sondern im Gegenteil mit der größten Gelassenheit, wie um das Nicht-Überraschtsein zu bezeugen, was wiederum eine Überraschung für mich war. Und nicht ein Wort, ich entsinne mich, nur ein Blick. Ihr Alltagsblick, mit seinem trügerischen Samtglanz und dem metallischen Blitzen, beladen nach dem Zwischenfall – zu meiner Freude und auch, wie einzugestehen ist, zu meiner Verwirrung – mit nachsichtiger Ironie. Weit davon entfernt, irgendwie Anstoß zu nehmen, betrachtete Fräulein Eliane, wie mir schien, meine Gebärde mit einer gewissen Belustigung, welche nicht eines unmerklichen Wohlbehagens entbehrte. Über den kleinen Jünglingsstreich, den ihre Neugierde auf mich, mit dem Bild des kleinen Tennisspielers in kurzen Hosen im Hintergrund, wenn nicht verlangt, so doch angeregt hatte. In dem Impuls des Blicks war etwas wie eine boshafte Bestätigung ihrer Kräfte und eine Art dankbarer Selbstgefälligkeit. Doch im gleichen Blick unvermittelt auch, den Glanz verstärkend, eine listige Warnung, praktischer Art, wenn ich sagen darf, keineswegs gehässig, die man zu deuten hatte mit: «Achtung auf Frau Mutter» (die von einer Sekunde auf die andere aus der Küche zurückkommen konnte). Gefolgt war diese Warnung von einer andern, ausgedrückt nicht durch den Blick, sondern durch den possierlich auf die Lippen gelegten Zeigefinger, wie bei einer Lehrerin, die dem Kleinen ganz artig zu schweigen bedeutet (wozu ich unter ihrem Blick tatsächlich gehalten war). Es handelte sich, ich hatte es sofort verstanden, um die Art ihrer Beziehungen mit Herrn Eduard, dessen Befehlsgewalt in dieser Sekunde nicht mehr allmächtig war. Es schien sonnenklar, daß Fräulein Eliane in diesem Augenblick – doch vielleicht nicht immer – einen Akt mied, welcher ihr zwar nicht an sich mißfiel, aber die knifflige und bedrohte, auch bedrohliche Unterhandlung in Frage stellen konnte, die mit Herrn Eduard angebahnt war. Und dieser hatte, was ich am Schluß jenes denkwürdigen Abends vernehmen sollte, bereits die Möglichkeit ins Auge gefaßt – unerhörte Sache! –, die Scheidung zu verlangen. Er hatte vor, Frau und Kinder stehen zu lassen, um Mr. Smiths Nichte in Person, seine treue Sekretärin, zu ehelichen. Noch war es nicht so weit. Aber auf dem besten Weg dazu. Also nicht der Moment zum Spaßen. Deshalb die sanfte Weigerung, immerhin eben doch eine Weigerung, gegen mein Ansinnen, die weniger durch den Blick oder die anmutige Gebärde des Fingers auf den Lippen zum Ausdruck kam, als durch einen sanft-intimen Druck von Fräulein Elianes Weichteilen auf meine jugendliche Hand. Keineswegs ein Veto. Sondern zu meiner Überraschung, meiner äußerst großen Überraschung, eher eine Einladung. Als ob für einen flüchtigen Moment Fräulein Eliane als Frau, welch ein Sieg, ein Lustgefühl, den Schimmer eines Lustgefühls, genoß, das sie, aus der Ferne gelenkt durch Fräulein Eliane, der Zukunftsorganisatorin, zu ihrem Leidwesen unverzüglich stoppen mußte. Der Anflug von Bedauern im sanften Schenkeldruck allein umfaßte sowohl Fräulein Elianes Geschichte als auch «unsere» Situation. Die sich gleichzeitig, in einem freundschaftlichen, fast brüderlichen Einvernehmen auf unwiderrufliche Weise von selbst entwirrte. Meine Hand zog sich beglückt zurück, ebenso selbstverständlich wie sie in die privilegierte Stellung vorgedrungen war. Nachdem das Spiel somit beendet war, suchte Fräulein Eliane noch einen Moment im Schrank nach dem von Frau Mutter in der Küche Verlangten. Unser stillschweigendes Bündnis oder genauer meine Anerkennung der vollendeten Tatsache einer Situation, die sie so klar definiert hatte, wurde durch einen andern leichten Druck besiegelt, als sie beiläufig ihre Hand auf meine Schulter legte, um sich beim Abstieg aus luftiger Höhe aufzustützen. Sie verstand, daß ich verstand. Fräulein Eliane, die Organisatorin ihres Schicksals, und Fräulein Eliane, die Frau, wieder ein und dieselbe Person geworden wie in den fernen Zeiten der Donnerstage bei Smiths, sagten mir Dank. Einen Dank im Ton der guten Gesellschaft.

In höheren Sphären …

Von da an nahmen die Dinge ihren unaufhaltsamen Lauf. Gemäß dem von der listigen, allzu listigen Mamsell Eliane ausgeheckten Dispositiv, das sie erfunden zu haben glaubte, doch dessen willenloses Werkzeug sie in der Folge wurde, zusammen mit dem allmächtigen *Herrn Eduard:* Scheidung des Financiers; Einzug der neuen Gattin-Mätresse in einem prachtvollen schloßartigen Landhaus (mit Frau Mutter immer als Begleitgestirn). Musik, Empfänge, Kreuzfahrten, mehrmals Reisen um die Welt, Ausstellungen in Chicago, Safaris, La Scala, Bayreuth, diplomatische Missionen, wichtige Verhandlungen über Finanzfragen, selbstverständlich auch Wohltätigkeitsveranstaltungen und Kirchenbasare. Und überdies Depressionen. Eine Kette von Depressionen bei Herrn Eduard; Behandlung durch weltbekannte Kapazitäten der Psychiatrie, der Neurologie... Doch lassen wir das nunmehr uninteressante Leben. Es ist, als ob Fräulein Eliane – die erste, zweite und dritte in einer vereint – nach ihrem Aufschwung in höhere Sphären, von denen sie tatsächlich von früher Jugend an geträumt hatte, nun für uns tot wäre. Tot für die Villa Smith mit dem wilden Garten und dem Tor, meinem Freund. Tot für ihre aufeinanderfolgenden Wohnungen. Tot schließlich für die Rue Saint-Ours, für die endlosen Tage, das Nähatelier. Kurz für das kleine Reich der Altstadtgasse mit dem Unsichtbaren und Dunklen, in dem das wahre Leben gewoben wird und in die ich heute in Gedanken an Mütterchen Schritt für Schritt eindringe.

DER KLEINE

Verschwinden von Büchern

Was meine Schüler in jener Zeit anbetrifft, so möchte ich vorerst erwähnen, daß Tato, stets neugierig auf alles, die Gewohnheit hatte, sich vor jeder Ankunft eines der Bürschchen ans Fenster zu begeben, um das Erscheinen abzuwarten und auch den Verkehr auf der Straße zu betrachten. Wenn sie dann, nachdem sie das Fenster behutsam geschlossen hatte, im Zimmer zurück war, sagte sie: «Da ist er.» Womit sie in unserm Fall einen Jungen meinte, den sie, aus Gründen, die wir noch erfahren werden, «Zuckerknopf» getauft hatte. Mein neuer Schüler war kleingewachsen, dick und kurzbeinig. Auf dem fetten Rumpf saß ein im Verhältnis zum Ganzen zu kleiner Kopf, der hinten abgeplattet war. Für einen jungen Menschen war das Flachshaar eher spärlich. Große Plattfüße, effektvoll und freundlich auswärts gedreht. Hatte man einmal die Augen des Bürschchens gesehen, so konnte man sie unmöglich wieder vergessen. Dreißig Jahre danach sehen sie mich aus dem Tod – seinem Tod – immer noch an. Listig, ein wenig scheu, unruhig. Augen von intensivem Blau, anfangs, das aber an manchen Tagen in Grau übergehen konnte und sogar in ein Grau vermischt mit grün. Indessen war nichts Katzenhaftes an ihm. Nichts «Elektrisches» im Blick. Und zeitweise, an Tagen der Nervosität, wenn er sich auf mir niederließ wie eine Fliege bei Gewitterwetter, konnte man sich fragen, ob dieser Blick überhaupt jemanden sah. Nicht so sehr, weil er mit einem Gedanken beladen gewesen wäre, oder einer Sorge, die ihn an der Betrachtung des Naheliegenden gehindert hätte, als vielmehr entleert von Substanz. Ein Blick, wie von innen abgeschaltet, ohne Blickpunkt. Wie im Abgrund. Worauf er sich wieder auffing. Und der Stromkreis sich wieder schloß. Eine fröhliche Lebhaftigkeit war wieder in ihm. Diejenige, die gewöhnlich auf seinem Gesicht lag, das für mich ebenfalls schwer zu vergessen ist. Zwei dicke Hängebacken in rosiger Schweinchenfarbe; ein Mund mit unaufhörlichem Lächeln, vieldeutig, wie eine krankhafte Gewohnheit, der eine Reihe von Zähnen sehen ließ, die seltsam voneinander Abstand hielten wie im Winde schwankende Telegraphenstangen; winzige Öhrchen. Das Ganze ruhte auf einem nicht vorhandenen Hals. So sah der Zuckerknopf aus, den man bei den Philosophen, wo er eine belustigte Zuneigung und ein fast zärtliches Interesse weckte, auch, und zwar öfters «den Kleinen» nannte. «Wie geht's dem Kleinen?» Er hatte ein seltsam umgängliches Wesen, eine Mischung von Herzlichkeit, gespielter Herzlichkeit und echter oder gestellter Einfalt, in der man jedoch eine Distanzierung spürte, in der Distanzierung einen gewissen Dünkel und hinter dem Anschein von scherzender Gesprächigkeit eine richtiggehende Verachtung für Leute, die «nicht aus seinen Kreisen» stammten. Doch dies nur zu gewissen Zeiten. Gewöhnlich schien das Bürschchen mit allen lieb Kind sein zu wollen. Am Boulevard des Philosophes bezeugte er gegenüber jedermann Höflichkeit und Ehrerbietung, die er jedoch in der Art eines kleinen Mannes von Welt zum Ausdruck brachte. Merkwürdigerweise kann ich mich, abgesehen von einigen Ausflügen, von denen noch zu berichten sein wird, kaum an etwas erinnern, das er sagte, obwohl ich ihn noch nach Jahren so deutlich vor mir sehe. Und kaum noch an den Klang seiner Stimme. Hingegen sehe ich ihn, wie er sich ungezwungen in der alten Wohnung bewegt und mich mit parodierter Höflichkeit fragt, ob er meiner Frau Mutter die Aufwartung machen dürfe. Die immer im Eßzimmer in ihrem Lehnstuhl am Fenster saß. Und mit der der kleine Mann, nachdem er sich nach ihrem Ergehen erkundigt hatte, aus respektvoller Distanz ein Gespräch anknüpfte, weltmännisch, umständlich und von nichtssagender Freundlichkeit. Wodurch er, was niemandem entging, etwas Zeit gewinnen wollte bis zum Beginn der Lektion, an deren Ende er immer auf die Minute genau wegging, da er für die Heimkehr aufs Land den Zug zu nehmen hatte. Die Lektion, damit wir es nicht zu sagen vergessen, fand im früheren Schlafzimmer der Großmutter nach einem genau bestimmten Ritual statt. Nach dem Eintritt ins Zimmer setzte sich der Kleine an den ehemaligen Schreibtisch meines Vaters, den Rücken zur Bücherwand, während ich vor ihm in einem Fauteuil Platz nahm oder statt zu sitzen auf und ab ging, manchmal einen Blick in die Rue Saint-Ours warf, die ruhig dalag wie immer, und in das stets hell erleuchtete Nähatelier. Über diese Nachhilfestunden habe ich nichts zu sagen, außer daß sie mir etwas festzustellen gestatteten, was als erstes den Charakter des fraglichen Schülers bezeichnet: ich meine die Tatsache, daß, seitdem er an den Boulevard des Philosophes kam, mehrere Bücher aus dem Büchergestell – ich hatte es nicht sofort bemerkt – schlicht und einfach verschwunden waren. So ein Latein-Wörterbuch, seines Formats wegen alles andere als unauffällig; Romane von Emile Zola und manches andere. Es war nicht zu übersehen. Sollte sich etwa Zuckerknopf darauf eingerichtet haben, bei jedem Besuch einen oder zwei Bände mitlaufen zu lassen? Zu welchem Zweck? Gerade er, von dem man kaum sagen konnte, daß Lektüre seine Stärke sei? Doch diese Frage beantworten heißt in Wirklichkeit ein ganzes Dossier öffnen: das seine und dasjenige seiner Familie und einer ganzen Zeitspanne am Boulevard des Philosophes für uns, und schließlich auch für die Welt, da es sich zu Beginn des Krieges abspielte. Des letzten Krieges. Hier also der Bescheid, worum es bei den verschwundenen Büchern eigentlich ging.

Sand im Getriebe

Das Verschwinden der Bücher hatte schließlich den Anlaß zu einer kleinen Besprechung zwischen den Eltern des Schülers und mir gegeben. In deren Verlauf der Vater, ein großes Tier in der Finanzwelt der Stadt, mit einer trotz der Ungezwungenheit eher verlegenen Miene, doch offen und, was ich zugeben muß, einer gewissen Einfachheit mir den Fall des Kleinen zu erklären versuchte, der seine Frau und ihn seit einigen Jahren ernstlich beschäftigte: daß der jüngere Sohn, nicht von bester Gesundheit – Hormonprobleme, verstärkt durch psychologische und nervöse Schwierigkeiten –, tatsächlich einen Drang zum Stehlen hatte. Nebenbei gesagt glaube ich nicht, daß mein breitschultriger Gesprächspartner, der mit langsam gemessener Stimme sprach und zeitweise ein wenig näselte, das Wort «Kleptomanie» gebraucht hätte. Die Unsitte des Kleinen stand selbstverständlich im Zusammenhang mit dem gesamten affektiven, intellektuellen und geistigen Zustand, von dem man sich vielleicht nicht sofort Rechnung ablegte, der aber, wie soll man sagen, eine besondere Art von Behandlung bedingte, eine spezielle Erziehung oder Wiedereingliederung, verbunden mit usw. Was er besonders nötig hätte – Nachtigall, ick hör dir trapsen, sagen die Berliner –, wäre ein Lehrer, der nicht nur Stundengeber wäre, mehr als ein gewöhnlicher Schulmann: ein Freund und Gefährte aller Tage, ein Berater, der dem Kleinen über den Berg helfen würde (denn man glaubte, daß es sich nur um vorübergehende Schwierigkeiten handle). Mit einem Wort gehe es vorderhand um zwei zusammenhängende Ziele: darum, den Klei-

nen zur Matur zu führen, vor allem aber auch – wenn irgend möglich – mit einigen seiner «Schwierigkeiten» fertig zu werden. Welche die unliebsame Tendenz, usw. Wenn ich richtig verstand, sollte ihn ein Hauslehrer kurieren und seine Wiedereingliederung in die Gesellschaft fördern. Nichts weniger als das! Und für diese Aufgabe hatte man an mich gedacht. Ob ich sie übernehmen könnte? Ich konnte – zeitlich, nicht den Fähigkeiten nach! – und mußte sogar. Denn nach Vaters Tod sahen meine Schwester und ich uns gezwungen, den Lebensunterhalt selber zu verdienen (und dies neben meinem Studium). Ich sagte also zu. Und so kam es, daß ich mich im Hause des Finanzmanns M. auf dem Lande einrichtete. Eine vom Wald umgebene Liegenschaft, geöffnet gegen Sonnenuntergang, wo ein Weiher lag; vor dem Hause Rasen, der sich friedvoll zum Gemeindesträßchen Richtung See senkte. In der Ferne Baumreihen, Dächer von Bauernhäusern, der See mit seinen Ufern und die Savoyerberge. Vor den Toren der Stadt, in unbegreiflichem Frieden. Um so unbegreiflicher, als es, ich habe es schon erwähnt, zu Beginn des Krieges war...
Doch am einfachsten ist wohl, wenn ich hier berichte, wie sich unsere Tage abspielten. Zuerst, am Morgen, die Lektionen. Ohne Interesse. Interessant war es vor Beginn der Stunde im Zimmer, das ich bewohnte. Eine Art Mansarde. Doch mit Komfort. Mit einem Kaminfeuer, das jeden Morgen nach dem Erwachen anzuzünden war; mit dem Geprassel des Regens auf Fensterscheiben und Dachziegeln, dem ich so gerne lauschte. Und dann die Stille, das regennasse Land wie zerknittert.

Zugleich licht und erfüllt von einem verborgenen, gedämpften, unterschwelligen Leben. Wenn ich an meinem Tischchen saß und auf den jungen Mann wartete, glaubte ich in ein Leben außerhalb der Zeit zu versinken. Wie in die Tiefe einer trauten Muschelschale von riesigen Ausmaßen. Die Flammen knisterten. Es regnete und regnete. Man hörte in der kühlen Luft die ersten Schwalben des Frühjahrs zwitschern. Dem unebenen Zimmerboden entströmte ein guter Geruch von frisch gebohnertem Holz. Worauf mein Schüler eintrat, nicht ohne zuvor, dem Höflichkeitskodex des Hauses gemäß, angeklopft zu haben. Doch jedesmal war in der Art, wie er dreimal klopfte, etwas wie eine leise und zugleich wohlwollende Ironie. Eine Art freundlichen Spottes über sein Milieu, über mich mit meiner Pseudo-Funktion und auch über die eigene Person, die auf diese Weise ihre «gute Erziehung» bezeugte. Worauf der Kleine, um die stets unangenehme Zeit des Lektionsbeginns hinauszuzögern, mit einem oder zwei mühsamen Scherzen, die ebenfalls verschlafen schienen, am dazu vorgesehenen Tisch Platz nahm und sein Schulmaterial mit umständlicher Langsamkeit vor sich ausbreitete, was für ihn eine Form des Protests gegen die ihm auferlegte Ordnung der Dinge war. Sein Vater, der würdige Bankier, hatte nicht versäumt, mich im Verlauf unserer Unterredung darauf aufmerksam zu machen: trotz der Unschuldsmiene und einer Denkkraft, die einige Mangelerscheinungen aufwies, war das kleine Bürschchen zu allerhand Bübereien fähig, da es die Leute je nach Charakter zu nehmen verstand, um sie schließlich in den Sack zu stecken, ohne daß sie etwas merkten. Oder erst nachher. Wenn das Unheil geschehen war. Welches Unheil? Wir werden darauf zurückkommen. Also der Kleine – so nannte man ihn auch in seiner Familie – machte es sich vorerst einmal auf dem Fauteuil mit einem Kissen bequem, denn das Herrchen war ausgesprochen verzärtelt. Hatte er sich einmal eingerichtet, so war es ergreifend komisch, wie er in der Haltung seinem Vater zu gleichen begann, allerdings fast als Karikatur. Doch er erinnerte mich an den Mann auf der Bankdirektion, an das Gespräch, an dem wir die verschiedenen Fragen über unsere «Zusammenarbeit» bereinigt hatten. Im Fauteuil unter einem Ahnenporträt, das einen Bankier aus früherer Zeit darstellte, streng und feingebildet, nicht ohne eine kühle Höflichkeit, die die List nur schlecht überdeckte. Er selbst, der Bankier und Vater meines Schülers, erinnerte an einen mittelalterlichen und zugleich modernen Turm, der viele Sturmangriffe erlebt und abgewiesen hatte. Also ein gewitzter Turm. Item, der Bankier mir gegenüber hatte das scharfgeschnittene Gesicht eines Verwaltungsdelegierten und Armeeobersten; solid, ausgeglichen, von feiner Bildung. Feinsinn aus Erfahrung und Tradition. Kurz, ein Schlaufuchs höherer Gattung. Mit einem durchdringenden Blick in den klaren Augen, die ebenfalls blau waren und zeitweise grün, aber mit einem völlig anderen Glanz als diejenigen des Kleinen, und die gleich zu Beginn den Klüngel von Kombinationen zu entwirren versuchten, die ihm der Gesprächspartner darbot. Er hatte, wie gesagt, mit einer langsamen Stimme gesprochen, um mir vom Kleinen zu berichten. Von dessen Lumpenstücklein, aber darüber hinaus von den Schwierigkeiten aller Art. Mit bedächtiger, vorsichtiger Stimme wie der eines Mannes, bei dem jede Silbe Gewicht hat, aber zutiefst ehrlich. Er wird Ihnen schöntun, hüten Sie sich. Er wird Sie zu umgarnen versuchen. Liebenswürdig, zutraulich. Geben Sie acht! Nicht wenige Lehrer, Erzieher und sogar Ärzte haben sich von ihm übertölpeln lassen. Sie glaubten ihn durchschaut zu haben. Er drehte ihnen eine Nase. Und alles mußte von vorn beginnen. Danach hatte er mir die ganze Lage geschildert. Aufenthalte in Spezialschulen, Erziehungsheimen, «Besserungsanstalten». Wirkungslos. Nach einer kurzen Anpassungszeit mit einer lediglich relativen Anpassung begannen die Diebereien wieder – hier saß das Übel, einer der Aspekte des Übels. Und dann riß er wieder aus, auf und davon. Doch bei alldem hatte er, wie um die Dinge noch komplizierter zu machen, eine anhängliche, gutmütige, rührende Natur. Kurz, der Bankmann hatte mit langsamer Stimme ein lebendiges, differenziertes Porträt seines Sohnes gezeichnet, in dem er in nichts den Anteil der Schatten zu mindern suchte. Die Beschaffenheit meiner Beziehungen zum Kleinen konnte nach dieser Bildbeschreibung auf folgende Formel gebracht werden: mitfühlende Wachsamkeit von allem Anfang an. An mir war es, sie anzuwenden. Was ich denn auch jedesmal versuchte, wenn ich eine Lektion begann. Während sich der Kleine, in den Fauteuil gekuschelt, so ähnlich seinem Vater und zugleich verschieden, ebenfalls zur Unterrichtsstunde bereitmachte. Doch auf seine Art. Ich will sagen, man spürte gut, daß nicht die eigentliche Lektion ihn beschäftigte – Geschichte, Geographie, Latein, Französisch –, sondern die Frage, wie er sie im Hinblick auf mich anwenden könne. Um mich ins Garn zu locken. Aus seinem weichgepolsterten Sitz hervor belauerte er mich. Aber auch ich belauerte ihn! So geflissentlich, daß, wie mir scheint, diese Wachsamkeit und Konzentration mir erlaubten, das Kerlchen buchstäblich in mich aufzunehmen: den äußeren Schein und die Energie unter dem Schein. Im Moment, da ich mit ihm zu sprechen begann, rollte er sich zusammen. In seine eigenen Rundungen hinein. Ein Nervenbündel mit geballter Kraft. Es war klar, daß er, nur schon um einen Satz, eine Erklärung zu verstehen, sie mochten noch so kurz und einfach sein, eine ungeheure Anstrengung machen mußte, in keinem Verhältnis zum Objekt, schmerzvoll fast. Und in der sich für den Zeitraum einer Sekunde jede List auflöste. Unter dieser Anstrengung runzelte der Kleine die Augenbrauen, und gleichzeitig änderte sich der ganze Gesichtsausdruck. Das führte zu einem seltsamen Effekt von Verwirrung und Bestürzung. In dem Kräfte zum Vorschein kamen, die man üblicherweise nicht bemerkt hätte. So konnte ich, während der Kleine tatsächlich die Brauen runzelte, um mit einem offensichtlichen und entwaffnenden Willen den Sinn meiner Worte zu ergründen, besser als sonst feststellen, wie niedrig und unförmig die Stirn tatsächlich war, wie wunderlich die Behaarung und die Ohren, abstehend wie diejenigen eines Teufelchens und oben knallrot. Etwas anderes fiel an dem von Mühsal verzerrten Gesicht auf: die hervorspringenden Überaugenwülste. Ein Zug, der immer meine Aufmerksamkeit erregt hat. Tatsächlich hat es mir immer geschienen, daß Leute mit hervorspringenden Stirnwülsten über den Augen, wenn auch nicht eine besondere Begabung, so doch eine außerordentliche Kraft in sich hätten. Geballter, gebieterischer, urtümlicher. Im Guten wie im Bösen. Ich erinnere mich in diesem Zusammenhang an einen schrecklichen Raufbold in der Primarschule (der heute der wackerste aller Familienväter ist). Wenn er zwei oder drei Bengeln gegenüberstand, die sich gegen ihn verbündet hatten, bekam er ein Aussehen wie ein wildgewordener Stier. Da konnte ich jeweils sehen, wie sehr seine Stirnwülste vorsprangen, und darunter in zwei Höhlen die zornblitzenden Augen. Eine stürmische Entschlossenheit in diesen Wülsten. Gewiß war es nicht so bei dem Kleinen. Doch man erkannte, daß auch in ihm eine Kraft hauste. Die er nicht zu meistern verstand, und die ihn trotz der freundlichen, witzigen und höflichen Mienen bedrohte, ohne sein Wissen. Der Blick unter den Brauenbogen bestätigte diesen Eindruck. Er war nicht mehr lächelnd und licht, sondern wurde wie ein Weiher, wenn sich ein Wind hebt. Nachtgrau, undurchdringlich. Dazu kamen Strudel der Verwirrung, wenn ich so sagen darf, die beunruhigten, da sie, wie man fühlte, von ihm nicht kontrolliert werden, sondern gefährliche Wege einschlagen konnten. Wie ein gehetztes Tier. Und noch etwas anderes, das jedoch in dieselbe Richtung geht: die Wangen waren mehr als rot. Nicht aus Gesundheit. Doch von einem Blutandrang, den seine Verwirrung und Bestürzung hervorrief.

Als würde zum Abmarsch geblasen. In diesem Alarmzustand schien die Nase außerordentlich: verdreht, monströs, ähnlich einer Ruine. Und unvermittelt zeichneten sich auch hier wieder Ähnlichkeiten und Unterschiede zum Vater ab. Dessen Adlernase – hier stimmte das etwas abgegriffene Bild – erinnerte an einen Raubvogel. Ganz anders war jene des Kleinen, die zu beobachten ich in der Lage war, und die ebenfalls gekrümmt war. Doch zu schwammig für eine Adlernase. Wo sich beim Bankier eine feingeschnittene Kante aufwärtsschwang, war hier eine plumpe Krümmung. Und was beim ersteren in eine Spitze auslief, mit gestochen feinen Nasenlöchern zu beiden Seiten, gierig, blutrünstig, endete beim Sohn in Geschwülsten, in denen die Nasenlöcher an die gähnenden Höhlen einer Hausruine denken ließen. An eine Art von Zerfall. Mit etwas Gequältem dazu, etwas Krankhaftem. Aus dieser Nase konnten, so schien es, wie aus verlassenen Gebäuden und Kellern nächtliche Ungeheuer aufsteigen, Wahnvorstellungen: winzige Gestalten in Form von Maulwürfen, bewaffnet mit Hellebarden, gestiefelte Insekten, Sägeschlangen, Mottenbataillone usw. Woher kam beim Kleinen die Verwirrung und, auch wenn ich das Wort nicht mag, jene Degeneration? Es ist nicht an mir, mich in diesen Abgrund vorzuwagen. Meine Rolle beschränkt sich auf das Feststellen. Das Aufzeigen. So will ich denn im selben Geist, den Leser um ein wenig Geduld bittend, nach der Nase auch noch vom Mund meines Schülers sprechen und vom seltsamen Schauspiel, das er zeitweise bot. Besonders dann, wenn er zu lachen begann. Ein Lachen, das an sich schon eine Welt war. Man hätte geglaubt, zu dem manierlichen Gesichtchen gehöre ein frohes, jugendfrisches Lachen. Doch ging der Mund auf, dann zeigte sich, wie gesagt, ein Rechen aus schiefgestellten, krummen Zähnen mit großen Lücken dazwischen. Das entblößte Gebiß weckte aber weniger Abscheu als Mitleid. Wie auch die beiden Hängebacken Mitleid erregten, die das krankhaft aufgedunsene Gesicht einrahmten wie zwei dicke Melonenschnitze. Das waren ungefähr, mit Schattierungen, die man sich selber ausmalen mag, meine Gefühle am Morgen im Mansardenzimmer. Und jedesmal legte der Kleine trotz aller Anstrengung ein fahriges Wesen an den Tag. Doch bevor ich zu dieser Zerstreutheit komme, noch ein Punkt, den ich bald vergessen hätte: die Kleider. Die Art und Weise, wie der junge Mann im Großen Haus gekleidet war: meist nachlässig, oder dann mit überspannter, kindischer Eitelkeit wie ein komischer Dandy. Unglaublich. Anzüge aus Übersee, perlgrau, kastanienbraun. Höchster Schick, trotz der Körperfülle. Ein Gehrock, offensichtlich vom Vater. Und was für Krawatten! Ich hatte es bald erkannt: Krawatten – wie die unwahrscheinliche Gier nach Süssigkeiten – waren bei ihm der wunde Punkt. Von dem wir nur allzuoft noch sprechen werden. Gestreifte, buntscheckige, schreiende Krawatten, die er sich mit geklautem Geld kaufte und mit denen er die ehrenwerte Familie geflissentlich auf die Palme brachte. War er bei Kasse, so deckte er sich serienweise mit Krawatten ein, die sich dann in diversen Verstecken fanden oder die er seinen Spielkameraden verteilte. Und die ihm die Kehle umschnürten, wenn er sich jeweils als Geck herausputzte, wobei sich sein Gesicht in so etwas wie einen strahlenden, selbstzufriedenen Blumenkohl verwandelte. So daß man bei seinem Anblick bald die bejammernswerten Zähne vergessen hätte. Doch ich komme zurück zum Problem der bei ihm unglaublichen Zerstreutheit. Wenn ich ihm etwas zu erklären versuchte, wie gesagt, etwas Leichtes, dann spürte ich, wie sich der Körper auf dem Fauteuil verkrampfte. Das Gesicht nahm einen verschwommenen Ausdruck an, die Augen wurden grau und nebelhaft, die Backen noch röter. Man fühlte, daß er einen Höchstgrad an Spannung erreicht hatte und zugleich völlig verloren war. Nichts drang zu ihm durch. Er war nicht auf «Empfang». Ein geheimnisvolles psychisches Hindernis – das man mit Händen glaubte berühren zu können – bildete eine Sperre. Blockierte den Zugang. Was war in dem unförmigen Kopf und in dem ebenfalls mißgestalteten Körper, das dem jungen Mann den Zutritt zu einem Reich elementarer Erkenntnisse verwehrte? Welche Macht hemmte ihn? Wohlverstanden, niemand konnte darauf antworten. Es war das eigentlich Schwierige an dem fraglichen Schüler. Das Geheimnis seines Seins. An dem alle Versuche, ihn wieder aufzufangen, sowohl von seiten der Familie wie von meiner Seite scheiterten.

Manchmal, wenn ich ihn schriftlich beschäftigte, ging ich im Zimmer auf und ab oder blieb müßig sitzen und dachte an tausenderlei Dinge, die mich und das Leben betrafen. Im Schweigen der Landschaft, deren Nähe man spürte. Dann sah ich den kleinen Mann mit rundem Rücken über den Tisch gebeugt, wie er jene Schrift kritzelte, die ebenfalls fahrig und flüchtig war und in dünnen Strichen nach allen Richtungen davonlief. Eine zittrige Schrift, die wie ein Seismograph die geringsten Regungen wahrnahm. Doch die Schrift war noch gar nichts. Am auffälligsten war der Nacken des jungen Mannes, quabbelig, kindlich, über den in unordentlichen Strähnen das Flachshaar fiel. Der Nacken sah aus, ich übertreibe nicht, wie eine öde, unfruchtbare, verlassene Heide mit spärlichem Gestrüpp. In der Art Landschaft, die der Nacken darstellte, war etwas schrecklich Verlorenes. Eine Einöde, eine traurige Wüste, in der freudlos der kleine Schüler auftauchte wie ein Verirrter. Dessen einzige Chance war – wenn man so sagen darf –, daß er in einem Milieu aufwuchs, in dem man dank dem Geld und den Gelegenheiten, die das Geld bietet, versuchen konnte, die Schäden möglichst zu begrenzen. Das Drama im Moment zu verhindern. Auf sich selber gestellt, das ist klar, würde der Kleine innert kürzester Frist hinter schwedischen Gardinen landen oder in einer «Besserungs-anstalt». Wie manches Mal, wenn ich ihn anschaute, verlor ich mich seinetwegen in unergiebige Betrachtungen, die sich von selbst auflösten wie die Wolken, die ich durch das Fenster sah. An das ich trat, nachdem ich aufgestanden war, um einmal mehr den weiten Rasen vor dem Haus zu betrachten, den Eichen- und Buchenhain unter mir, die langgezogenen Linien des Sees unter dem grauen Himmel und die Berge im Hintergrund, geometrisch in den Morgen aufgetürmt. Oder dann durchs Fenster, wenn ich mich umkehrte, während der Kleine immer noch schrieb – oder dergleichen tat! –, um mit den Augen dem Gewoge der Äste in den Baumkronen zu folgen, an denen der Märzwind rüttelte. Im Herrschaftssitz, im gesicherten Wohlstand, der den Luxus unter puritanischem Gehabe versteckte, bildete der Kleine tatsächlich das einzige unlösbare Problem, das Hindernis, den Knoten. Der allein durch sein Dasein die bestehende und künftige Ordnung in Frage stellte. Kurz, ein Sandkorn war im Getriebe. In Gestalt des kleinen Bürschchens, das man mir anvertraut hatte. Und dem ich in einem bestimmten Moment, nachdem sich die Dinge verschlimmerten, schließlich Schritt für Schritt folgen mußte. Wie man noch sehen wird. Doch einstweilen bleiben wir noch im Haus mit dem weitläufigen Landgut. Mitten unter seinen Bewohnern, deren für mich seltsame Sitten zu entdecken ich Gelegenheit hatte, während sich zur gleichen Zeit bei meinem Schüler die Zerstreutheit dermaßen entwickelte, daß ich nichts dagegen ausrichten konnte. Ich fühlte sie schon am Werk, wenn der Kleine an seinem Tisch schrieb und man die Raben über dem Rasen und dem kleinen Gehölz beim Weiher krächzen hörte. In diesem Anschein von Frieden, hier, mitten im Krieg, und der eigenartigen Unbewegtheit des kleinen Landes.

Doch befassen wir uns nun mit den wohlgeordneten Tagen im Großen Haus. In den morgendlichen Unterrichtsstunden hörte man vielleicht einen entfernten Flintenschuß, Hundegebell, einen vorbeifahrenden Zug, doch sonst immer dieselben vertrauten Geräusche. Zum Beispiel diejenigen der alten Klara, der Hausangestellten Nr. 1. Eine große, hagere Frau. Eine Bohnenstange. Die eine Doppelrolle als Spionin und Polizistin spielte und alles überwachte, was dem besagten Hause fremd war. Und Gott weiß, wie ich mich darin fremd fühlte. Deshalb hatte sie bis zum Ende meines Aufenthalts ein wachsames Auge auf mich. Doch, wie man sich vorstellen mag, mit Leib und Seele der Herrschaft ergeben. So sehr, daß sie gar kein Eigenleben mehr hatte. Ich hörte sie den Korridor wischen, in unserem Stock, dann im ersten und schließlich im Parterre. Mit Methode und nach einer unveränderlichen Regel, die der Zeit eine größere Tiefe zu geben schien. Auch dem inneren Raum des Hauses, das noch mehr im Schweigen lag. Und während Klara auf den Treppen an den Läufern hantierte, kochte unten in der Küche Suzy das Essen. Doch vom Essen werden wir bald etwas ausführlicher sprechen. Ich wußte auch, daß Alfons, der Gärtner, mit seinem ewigen Panamahut auf dem Kopf, wie ein Bild aus dem letzten Jahrhundert, ein wenig im Stil der Erzählungen der Comtesse de Ségur, in seinem Landgut umging, in dem er eigenbrötlerisch als brummiger Herr und Meister unangefochten regierte. Und während jeder der Hausangestellten – ich inbegriffen – am Werk war, während die Zeit im scheinbar unbewegten Herrensitz unmerklich alles anknabberte, verbrachte Madame – ich wußte es wie alle andern – den Vormittag im Bett. Sie war schwächlich, der hohen Gestalt und dem robusten Aussehen zum Trotz. Sie wollte zuvorkommend und ausgeglichen sein, aufmerksam allen gegenüber, doch ihr leicht pferdeartiges Lächeln, das rasch erstarrte, vermochte nicht zu täuschen. Unter ihrer protestantischen, pfadfinderischen und mondänen Gutwilligkeit war sie sehr nervös, insgeheim reizbar und trotz der distinguierten Miene im Grunde launenhaft und verzärtelt. Doch sie hielt sich selber unter Kontrolle. Man lachte manchmal über sie, und Mütterchen schüttelte den Kopf und sagte: «Leute wie die können tun, was sie wollen, nur ihrem Milieu entkommen sie nicht. Sie sind nie einfache Leute. Wie könnten sie auch?» Was mich am meisten beeindruckte an Madame, der Gemahlin des Bankiers mit dem Raubvogelprofil, war, außer ihrem Willen zum guten Einvernehmen mit dem ganzen Universum und zu einer – wie sie mit einem hauseigenen Ausdruck sagte – «aufbauenden» Sicht der Dinge, ihre Abneigung gegen alles Körperliche bei Mensch und Tier. Vor allem bei Menschen. Sie hatte ihre vornehme, aber bestimmte Art, stets die Nase zu rümpfen, als ob der Geruch, der Körpergeruch eines andern ihr keusches Näschen belästigte. Ich erinnere mich noch an den – bald überwundenen – Ausdruck des Abscheus, als sie vom widerlichen Geruch der Leute im Tram sprach, das sie manchmal auf demokratische Weise benutzte, oder vom Schweiß des Gärtners Alfons, den man, wie sie sagte, noch lange nach seinem Weggang aus dem Vestibül verspürte. Hätte sie – wie entsetzlich! – die Socken ihres Mannes waschen müssen, sie wäre gewiß ohnmächtig geworden. Tatsächlich konnte man sich fragen, wenn man sie mit ihrer gekünstelten Liebenswürdigkeit über das ganze Gebiß lächeln sah, wie eingehüllt in eine Wolke, und von dieser sorgsam geschützt vor allen unangenehmen Dünsten, wie sie vier Kinder (wovon eines, glaube ich, früh verstarb) empfangen und gebären konnte. Ich wußte, daß Madame in diesen stillen Morgenstunden, während der Bankier, ihr Gemahl, sich in seinen Bereichen bewegte, die Kinder in der Schule, der Kleine und ich mit dem Unterricht beschäftigt waren, daß also Madame auf ihrem Bett lag wie eine ägyptische Königin, eingebettet in eine sinnreich-elegante Architektur von Kissen, bedeckt mit einem luxuriösen Überwurf aus weißem Samt und bekleidet mit einem duftigen, herbstlichen, blaßrosenen Schlafrock von seltener Vornehmheit in der Farbgebung – jedem seine Art der Schlichtheit. Madame vertrödelte nun nicht mehr ihre Zeit in der weichen Bastion, die ihre Lagerstätte war, sondern besorgte die Geschäfte des Hauses oder, um in prosaischeren Worten zu sprechen, führte das Haushaltungsbuch. Dabei ließ sie die Angestellten einzeln in ihrem Zimmer antreten wie zur Audienz bei einem Minister. Um Empfehlungen zu geben und beim einen oder andern in süßestem Tonfall und mit vorgestellten Zähnen eine Beanstandung oder Rüge anzubringen. Und auch, um uns am Monatsende «das uns Zustehende auszuhändigen». Denn man sprach nicht anders davon. War ich an der Reihe, ich besinne mich, dann öffnete ich behutsam die Tür, als träte ich tatsächlich in das Allerheiligste der Pharaonin ein, so weihevoll war der Vorgang, bei dem man in Madames Zimmer eindrang, neben ihr Platz nahm und sich dem Ritual der feierlichen Handlung fügte. Die Zeremonie stand völlig im Zeichen feinen Benehmens; Madame lächelte und äußerte ihre Gedanken nicht nur leise, sondern fast etwas heiser, denn sie hatte öfters eine belegte Stimme. Ich habe es bereits gesagt: die großgewachsene Dame von robustem Aussehen hatte in Wirklichkeit eine schwächliche Konstitution, die natürlich von ihrer Lebensweise noch gefördert wurde. Doch merkwürdig, der sanfte Ton, den sie annahm, um uns eine Empfehlung zu machen, unsere Aufmerksamkeit auf jenen Punkt zu lenken oder einen Kommentar abzugeben, mit dem sie jeweils den Akt, «das uns Zustehende auszuhändigen» begleitete, dieser sanfte, fast vertrauliche Ton schuf wunderlicherweise eine Art geheimen Einvernehmens, das sie zweifellos erschreckt hätte, da es sich ohne ihr Wissen zwischen ihr und der Person bilden konnte, die auf dem Fauteuil Platz genommen hatte und ihr zuhörte. Wenn die Dame, die in jungen Jahren offenbar schön gewesen sein mußte, im Gepränge ihres Morgenrocks das Zepter führte, im Schoß jenes Bettes mit der makellosen weichen Decke und mitten in einem Zimmer von sachter Wärme, erhellt von zwei Fenstern, deren eines den Blick auf den weiten Rasen und den Weiher im Hintergrund freigab, während man am andern das Gehölz in der Nähe des Weihers bemerkte, wenn also die Dame an genannter Stätte mit ihrer belegten, fast ersterbenden Stimme sprach, und man sich, um zu verstehen, was sie sagen wollte, zu ihr neigen mußte, begann sich schließlich eine zarte Vertraulichkeit, eine zweifellos unbeabsichtigte, aber tatsächliche Intimität zu spinnen. Die dazu führte, daß man sich in jenen frevelhaften Augenblicken eher am Bett einer leidlich schönen Frau fühlte als gegenüber einer Dame, die uns das auszuhändigen im Begriffe war, was sie uns tatsächlich schuldete. Dieser flüchtige und zarte Eindruck, der an dieser Stätte unerwartet (und in der Folge ein klein wenig erwartet) war, wurde in der nächsten Sekunde jäh und vollständig ausgelöscht durch die Fragen um Rechnung und Honorar. Die nachher allein von Belang waren, aber gar nicht mehr im Sinne irgendeiner Intimität. Denn um die Dinge beurteilen zu können, muß man sich vor Augen halten, daß Madame – sie wiederholte es unaufhörlich – mit einem «angeborenen Sinn für Gerechtigkeit begabt» war. Was ich für mich öfters festzustellen Gelegenheit hatte. Um nur ein Beispiel anzuführen: während dieser Zeit des Krieges hatte ich einige Tage pro Monat beim Luftschutz Dienst zu leisten. Es war jeweils prachtvoll und rührend zu sehen, und gleichzeitig auch lehrreich, wie diese Dame, die sich wie die

Leute ihrer Kreise als feurige Patriotin bezeichnete und dem Himmel dankte, daß ihr kleines Land verschont blieb – dank der Vorsehung! – bei der Abrechnung plötzlich einen ernsten Ausdruck annahm, da sie das Lächeln für eine Sekunde eingestellt hatte, und mir mit Bleistift und Papier in der Hand erklärte, daß es ihr nach allen Abzügen – die Tage im Dienst – vergönnt sei, mir die Summe von 74 Franken «und 48 Rappen» auszuzahlen. Wobei sie mit wiedergefundenem Lächeln, wie nach einem Sieg (über sich selbst!) präzisierte: «48 Rappen. Exakt nach Tarif gerechnet». (Sie sprach es mit einem bewegten und vornehmen Vibrato ungefähr wie «egsahgt» aus.) Aufgrund ihres angeborenen Sinnes etc. «Um nichts auf der Welt», schloß sie (und auf einmal war ihr Lächeln wieder strahlend), «möchte ich Sie auch nur um einen Rappen benachteiligen.» Und wohlverstanden, ich spielte mit der letzten Heuchelei und Feigheit den Mann, der verwirrt und dankbar war über die Strenge, die sich schließlich zu unserem Besten kehrte ... Das Weitere verschweige ich. Nachdem ich aufgestanden war, blieb mir nur noch, die Hand vorzustrekken, um aus derjenigen Madames – in Wirklichkeit nicht sehr weiß, eher blaßrot und fast kupfrig, doch geschmückt mit einem Brillant, der bei der steten Gerechtigkeitsliebe kaum falsch sein konnte; und mit dem lebhaftesten Dank für die Mühe, die ich mir gab (es wollte nie aufhören) und die Sorgfalt, mit der ich die heikle Aufgabe erfüllte, die mir übertragen war, und die weit über gewöhnliche Pflichten eines Hauslehrers hinausgingen – die Summe von Fr. 74 und 48 Rappen zu empfangen. Im Zeichen dieser Zauberworte ging das Geld in meine Hände über, die es sorglich umschlossen, damit ja keiner der roten Rappen verlorenging, und der Handel zwischen uns wurde endgültig besiegelt mit einer letzten Schaustellung des Lächelns. Und wenn all die kleinlichen Operationen vergessen waren, die Menge Geld konnte mich nicht der tödlichen Schwere des Irdischen unterwerfen, schien ich mich plötzlich wie in einer irrealen Schneewelt zu bewegen. «Wenn Sie wüßten», sagte Madame noch im Moment, da ich die Schwelle überschritt wie ein Kämmerer nach Erledigung seiner Verrichtungen, «was für eine Zuneigung unser Sohn für Sie hat. Ich glaube, Sie haben ihn richtiggehend erobert.» Offensichtlich hatte die Dame im herbstlichen Morgenrock und mit dem angeborenen Gerechtigkeitssinn das naive, doch – wahrhaftig – echte Gefühl, daß ich, dank ihres gerechten Verhaltens, der zufriedenste aller Menschen sei. Wie schlecht durchschaubar sind doch menschliche Beziehungen! In einem gewissen Sinne ist es wahr, daß ich jedesmal das Heiligtum erfüllt verließ, doch erfüllt von wilder Wut unter meiner höflichen Miene, und einem ebenso wilden Drang, in Gelächter auszubrechen.

Ritual beim Frühstück

Doch nun müssen wir noch von einem andern dieser großen Augenblicke berichten, die im Patrizierhaus mit der unverrückbaren Ordnung zu erleben waren. Es handelt sich um das Frühstück während der Sommerszeit. Dazu vereinigte sich die Familie an schönen Tagen auf der Terrasse. Von der aus der Blick ebenfalls auf den Rasen Richtung See ging, und auf das Gehölz beim Weiher mit der breiten Schneise, die sich gegen Frankreich und Sonnenuntergang zu öffnete. Es gab nichts Klareres in jenen Morgenstunden als das Licht, das schon den von Alfons gepflegten Rasen übergoß, die Kiesalleen rund um den Weiher mit dem Froschgequake und dem Vogelgezwitscher im nahen Gehölz. Ein idyllischer Rahmen, in dem sich an der Schwelle jedes Tages das abspielte, was wir hier als Frühstückszeremonie bezeichnen können. Immer gleichbleibend – ein Ritual – mit Etappen, die mir folgendermaßen in Erinnerung blieben: am Ende der Terrasse auf der Seite zum See stand der runde Tisch mit – wenn die Familie vollzählig war – sechs Gedecken. Ich war gewöhnlich als erster da. Um mich zu fassen, setzte ich mich auf das Mäuerchen am Terrassenrand und tat, als ob ich läse. In Wirklichkeit betrachtete ich mit aller Hingabe das Licht. Auch es Milch der Welt. Und mit ihm, in ihm, die großen Bäume, ihre Schatten auf dem Rasen und dem Kies, die Fläche des Weihers, leichte weiße Wolken über der Waldschneise. Aus allem strömte Frische wie eine ewige Jugend. Ich vergaß darob für einen Augenblick, daß ich mich auf einem fremden Besitztum befand. Doch plötzlich hörte man das Geräusch einer Tür, die sich öffnete. Es war die Glastür des Salons. Durch die der Herr Bankier-Vater heraustrat. Nicht feierlich wie sonst, wenn er zur Abfahrt für den erhabenen Tageskampf auf der Bank bereit war, sondern in einer ganz eigenartigen Aufmachung, die dem Mann eine neue Note gab. Oder vielmehr einen an ihm unbekannten Charakterzug offenbarte. Ich will damit sagen, daß der Neuankömmling einen Schlafrock trug, der bei dem Mann, der sich gewöhnlich zu einer diskreten Eleganz bekannte, völlig unerwartet war: ein Schlafrock mit breiten blauen und roten Streifen – wie in einer Boulevardkomödie –, in der Taille geschnürt durch einen kleinen Strick, der die kraftvolle, fast athletische Gestalt des Mannes betonte und sie seltsamerweise zugleich etwas bucklig erscheinen ließ. Was man unter dem Straßenanzug nicht bemerkte. Doch das Besondere am Bankier war an jenem Morgen nicht dies. Es war das Netz, das er zu tragen pflegte, um sein Haar in Ordnung zu behalten. Etwas so Einfaches, Banales, wird man sagen, weshalb Zeit darauf verschwenden? Es war jedoch unglaublich, wie das Netz die Erscheinung des Bankiers völlig veränderte. Er grüßte mich mit einer krächzenden, schlaftrunkenen Stimme, die jedoch leutselig sein sollte, und nahm am Tisch mit den sechs Gedecken Platz. Da das Netz die Haare zusammenhielt, ließ es das Feld frei für die wie ein Adlerschnabel gekrümmte Nase, die unerwartete Ausmaße annahm, bevor sie sich über den Mund mit den dünnen, zusammengepreßten Lippen senkte; und das hervorstechende Riechorgan trug dazu bei, das vorspringende Kinn noch willensstärker und hartnäckiger erscheinen zu lassen. So daß der Vater Bankier mit den beiden vorspringenden Gesichtsteilen, der kraftvollen Gestalt, dem bestimmten Auftreten und dem unerwarteten Höcker auf dem Rücken, als er sich bückte, um Platz zu nehmen, an eine männliche Replik von Dornröschens böser Fee oder eine andere Märchenhexe erinnerte. Jeden Morgen versuchte ich seine Laune ausfindig zu machen. Die, obwohl man Monsieur nicht als wetterwendisch bezeichnen konnte – er war im Gegenteil, wie man in seinen Kreisen sagte, «bewundernswert ausgeglichen» und von «bemerkenswerter Charakterfestigkeit» –, ihre Schwankungen aufwies. An seiner Haltung bei der Ankunft auf der Terrasse, an der Art und Weise, wie er den Kopf hielt, die Schultern krümmte, beim Sprechen den Kopf hob und natürlich auch an seiner Stimme, konnte man nicht nur zwei, sondern mehrere Personen in ihm unterscheiden. Deutlich erkennbar. Den gutgelaunten Mann, beispielsweise, für den sich alles vorteilhaft entwickelte, der sich leutselig gab und mich mit einem fröhlichen, fast familiären Gruß bedachte. Dem dynamischen Gruß eines Mannes, der innerhalb und außerhalb des Hauses erfolgreich wirtschaftet. Dannzumal lag in seinem Blick ein listiges Fünklein, das in der Jugend, wie man spürte, einst schelmisch gewesen sein mußte, sogar übermütig mit den Damen, wenigstens gewissen Damen. Eine Nuance, die nun auf Kosten des listigen Ausdrucks fast völlig verschwunden war. Wenn sich Monsieur an solchen Tagen an den Frühstückstisch setzte, war er stets zu Späßen aufgelegt, die ich dankbar quittierte mit dem Ausdruck eines reservierten Kammerdieners, der über ein Bonmot lächelt, doch nicht zu sehr, um eben nicht allzu dienerhaft zu erscheinen und sich – armer Trottel – insgeheim das Gefühl der Unabhängigkeit vorzubehalten. Was der Familie um so mehr gefiel und mich noch dienerhafter werden ließ. Doch um auf Monsieurs Späße zurückzukommen, oder wenigstens auf die fröhliche Person in ihm, so muß ich sagen, daß sie stets, trotz seiner Vornehmheit, etwas plump waren. Was mir von ihnen bleibt, ist sozusagen die Tonart. Die sich mein Gesprächspartner gestattete, wenn er händereibend eine ironische Bemerkung über die Trägheit des Kleinen, seines Sohnes, machte und über die Mühe, die jener tatsächlich hatte, um am Morgen aufzustehen, oder über Alfons, der auf dem Velo durch eine Gartenallee fuhr, den Panamahut auf dem Kopf, wobei der Kies unter seinen Pneus in der ruhigen, hellen Landluft knirschte. Dann wies Monsieur, wobei im Auge das listige Fünklein aufglühte, darauf hin, daß der «gute Alfons» um diese Zeit noch nicht im Zickzack fuhr wie so oft gegen Mittag und besonders gegen Abend, wenn er angesäuselt war. Nebenbei ist zu sagen, daß Alfons, der sprichwörtliche Menschenverächter und Weiberfeind, für drei arbeitete, und dies wußte Monsieur besser als sonstwer, und deshalb hieß es denn auch stets hier Alfons und dort Alfons, und natürlich der «liebe» Alfons, der «gute» Alfons, der «wackere» Alfons. Und der redescheue, maulfaule, aber höfliche Alfons, der sich tatsächlich gern einen hinter die Binde goß, belferte manchmal Schmähwörter gegen den einen oder andern, die man sich in der Familie genüßlich erzählte wie eine urchige Köstlichkeit, und die man mit lachender Nachsicht kommentierte, wobei man des Lobes nicht genug fand für den Mann, der noch «die Liebe zur gutgemachten Arbeit» hatte (was der Wahrheit entsprach). Was sollte man anfangen ohne ihn? Item, als Alfons am Morgen um diese Zeit vorbeifuhr, schwankte er tatsächlich nicht. Und als er uns, offenbar in präsentabler Laune, sein gebräuntes Gesicht mit den tiefen Runzeln zukehrte, um uns zum Gruß herzlich, wenn auch wortlos zuzunicken, sah ich, wie sehr Monsieur von seinem Scherz befriedigt war. Ein guter Witz und gar nicht etwa boshaft! Die naive Selbstzufriedenheit bei einem sonst so geschliffenen und schlauen Mann zeigte sich in einem Grinsen, das die dünnen Lippen auf wunderliche Weise zwischen der Adlernase und dem vorspringenden Kinn auseinanderriß, wobei die Hexensilhouette noch betont wurde. Doch man hätte gesagt, eine Märchenhexe bar jeder Zauberkraft, unschuldsvoll, oder vielmehr unschädlich, die für Blitzeslänge sogar etwas Kindliches zurückerhielt. Etwas, das niemand, was er auch tun mag, je völlig verlieren kann. All dies galt wohlverstanden nur für eine der Personen, die im Bankier-Vater koexistierten und die ich jeweils am Morgen zu erforschen versuchte. Nicht einfach aus menschlicher Neugier oder aus der Sorge, dem Manne zu gefallen oder nicht zu gefallen, mich seiner Laune zu fügen, sondern aus einem eigennützigeren, handgreiflicheren Grunde. Es ging um folgendes: da ich gelegentlich abends nach der Arbeit in die Stadt hinunterging und frühmorgens zurückkehrte, meist per Velo oder dann per Bahn, fragte ich mich stets, ob meine nächtlichen Eskapaden, deren Zweck niemand zu kennen brauchte – doch man konnte allerhand und allerhand Falsches erraten –, beim Bankier-Vater und auch bei Madame nicht Mißfallen erregten. Denn das Leben in Gemeinschaft hat seine Gesetze, und auch seine unbegreiflichen Gesetze. Solange ich genau das Leben des Clans und mit dem Clan lebte, in allem gewissenhaft den Tagesablauf des Clans beachtete und mich seinem Ritual fügte – das heißt: nach einer im Mansardenzimmer verbrachten «guten Nacht» das Frühstück, gefolgt von Lektionen mit dem jungen Mann bis Mittag; das Mittagsmahl, bei dem sich wieder alles zusammenfand; danach eine Freistunde oder Siesta für den Kleinen, die ich gewöhnlich benützte, um für meine Examen zu büffeln; wieder Unterricht von drei bis fünf; schließlich das Nachtessen, der Abend in Gesellschaft der Eltern, falls sie nicht Gäste hatten; und dann, nicht ohne den unglückseligen Eisenkrauttee, der das Theater noch verlängerte, gegenseitige Verabschiedung vor dem Zubettgehen – wenn also dieses Ritual wie am Schnürchen ablief, dann stand für mich alles zum besten. Ich hatte sogar das Gefühl, daß die ganze Sippschaft in einem fast behaglichen Trutzbündnis lebte, für das ich ein wenig das Werkzeug war (da ich als Moderator für unvermutete Anwandlungen des Kleinen diente). Eine Art Anziehung verband die Familie und mich zweifellos. Nicht sehr tiefschürfend – ich fühlte mich keineswegs dazugehörig, gottseidank, ich wollte es auch nicht –, aber immerhin spürbar. Man merkte, daß dank meiner Regelmäßigkeit, wie jener des Gärtners Alfons, der Zimmerfrau Klara und der Köchin Suzy, die Maschinerie des Großen Patrizierhauses wie geschmiert und immerwährend lief an dieser Stätte einer immerwährenden Idylle: Gehölz, Vogelgesang und feiner Rasen. Doch wenn ich nach dem Tagewerk den Wunsch nach einem Besuch in der Stadt bekundete, so daß ich entweder das Abendessen ausließ oder auch erst nach dem Essen ging, etwa um zehn Uhr, war unverzüglich die ganze Familie – vor allem Vater und Mutter – im Stirnrunzeln einig. Niemand sagte etwas, denn es war nichts zu sagen, kein Schimmer von Vertragsverletzung. Immerhin und allerdings! Gemäß den ungeschriebenen Gesetzen, die die Beziehungen zwischen Arbeitgeber und Arbeitnehmer regeln, fand man im Großen Haus Mittel und Wege, gereizte Mienen aufzusetzen. Selbstredend auf subtile Art. So subtil, daß sich in die ärgerliche Miene so etwas wie Bedauern und Enttäuschung mischten. Die Miene eines Mannes, bei dem es dir trotz der Aufmerksamkeit, die er dir widmet, nicht gefällt. Der sich bewußt wird, daß du dich höflich aus dem Staub machen möchtest. Wenn ich also die Absicht zum Weggehen bekundete, nicht ohne jedesmal Besorgnis und etwas wie absurde Gewissensbisse zu fühlen – wie gut verstehen es manche Leute, dich, einfach durch ihr Dasein, zur Selbstzensur anzuhalten! –, sagte Monsieur meistens nichts oder ließ, mit einem Blick, der nun nicht mehr – oder allzu – listig war, ein trockenes «Sehr gut» fallen. Während Madame mit stummem Kopfnicken zustimmte. Was kann man auch gegen die menschliche Undankbarkeit tun? Worauf sie mir mit dem gekünstelten Lächeln, das sie bei dieser Gelegenheit im Sinne eines Vorwurfs aufsetzte – welch perfide Art der Diplomatie! –, einen schönen Abend wünschte (es war schon halb elf). Doch gerade der zweischneidigen Höflichkeit wegen war der Zauber, wenn ich so sagen darf, gebrochen. Ich «konnte» in die Stadt gehen. Doch mit einem Unbehagen. Und – wieder ein Beweis ihrer perfekten Kunst – als ob ich es wäre, der dem stillschweigenden Freundschaftsvertrag zuwiderhandelte. Ich, der ein Abkommen verletzte, das in Wirklichkeit nur in ihrer Einbildung bestand, das sie mir aber nur schon aufgrund der Honorargesetze auferlegten. Als ob Geld ein Anrecht auf Gefühle gäbe. Doch es versteht sich von selbst, daß sie eine derart kleinliche Anspielung entrüstet von sich gewiesen hätten. Bestärkt in ihrer Meinung über menschliche Undankbarkeit. Was sie eigentlich daran störte, wenn ich manchmal am Abend in die Stadt hinunterging und damit den rituellen Tagesablauf – ihren Tagesablauf – durchbrach, war, für sie unbewußt, die Tatsache, daß ich ihnen zeitweise entging. Ich beanspruchte kurzweg eine Unabhängigkeit, einen Funken Freiheit, was sich schlecht mit der Unterwerfung eines Hausangestellten vertrug, dessen größtes Glück es sein mußte, diesem Haus zu dienen und sich ihm mit Leib und Seele hinzugeben. Wie Alfons, wie Klara, wie Suzy, die niemals am Abend in die Stadt gingen. Von ihnen konnte man – mit einem leisen Zittern in der Stimme – sagen, sie seien prachtvoll. Von mir nicht. Bestenfalls machte ich ihrer Einschätzung nach meine Arbeit recht. Doch damit war es, wie ich fühlte, mit meinen Verdiensten zu Ende. Wenn ich deshalb am Morgen zur Arbeit zurückkehrte, konnte ich mich immer fragen, in welchem Geisteszustand ich die Familie wiederfinden würde. Und ganz besonders Vater Bankier beim Frühstück. Der, nebenbei gesagt, gut auf dem Damm war und wie alle «ordentlichen» und feinsinnigen Leute seiner Art dazu neigte, in der Freiheit der andern, besonders der Jungen, etwas Subversives und Zügelloses zu sehen. So fragte ich mich denn manchmal am Morgen, ob er mich heimkommen gehört habe. Wenn ja, so hatte ich gewiß keine gute Note. Glaubte man hingegen, daß ich zwar zweifellos spät heimgekommen sei, aber unter ihrem Dach übernachtet habe, so mochte es noch angehen. In dem Maße als die Übernachtung im Großen Haus besagte, daß man damit verbunden war. Verbunden durch die Abhängigkeit, die sie nötig hatten. Deshalb die Aufmerksamkeit, mit der ich im Gesicht des Mannes mit dem Haarnetz nach dem Ausdruck forschte, der mir sagen konnte, wie es, abgesehen von Höflichkeitsfloskeln, mit unsern Beziehungen wirklich stand. Und, sensibilisiert durch die Wachsamkeit, war ich in der Lage, die verschiedenen Personen in ihm zu unterscheiden, die zusammen, um den gebräuchlichen Ausdruck zu übernehmen, seine «Persönlichkeit» ausmachten.

Wir haben den Gutmütigen gesehen. Jetzt ist vom Mann zu sprechen, wie er sich an den schwierigen Tagen zeigte. Und der nichts mehr zu tun hatte mit einer harmlosen Märchenhexe. Weder Haarnetz noch Höcker oder listiges Fünklein im

Blick. Sondern kastanienbrauner Anzug und distanziert verschlossene Miene. Eisig. Das Gesicht hatte jeden Anflug von Karikatur verloren. So daß Nase und Kinn nun nicht mehr so weit vorzuspringen schienen. Der Blick kalt, flink, forschend. Und, braucht es noch erwähnt zu werden, nicht mehr ein Anflug von Scherz. Ein knapper Gruß zeigte mir diesmal unzweideutig den Grad der Verachtung gegen alles, was nicht zu seinem eigenen Lebensstil gehörte. Weg war das morgendliche Einvernehmen! Ich war nur noch einer der Angestellten des Hauses, dessen Treiben und Arbeitsertrag man diskret überwachen mußte. Weg war auch der rot-blau gestreifte Morgenrock. In Erwartung der andern Familienmitglieder hatte ich vor mir nur noch einen Mann, von dem ich allzugut spürte, daß er ein richtiger Verwaltungsratsdelegierter und Milizoberst sein konnte. Erste dümmliche Reaktion von meiner Seite: hatte er etwas Bestimmtes gegen mich? Hatte er mich eine Stunde zuvor heimkehren gehört? Zweite, kaum ruhmvollere Reaktion: nein, nicht gegen mich hatte er etwas. Eine Sorge, ein Problem, ein Ärger vielleicht, beschäftigte seinen Geist. An solchen Tagen kaute er ohne ein Wort. Und begann – doch äußerst selten – vor den andern mit dem Essen. Und manchmal ging sein kalter, klarer Blick überraschend lebhaft von einem zum andern. Ich hatte den deutlichen Eindruck, daß wir alle in seinen Augen nichts als Winzlinge seien. Und wenn wir nach dem Frühstück auf unser Zimmer gingen, um mit der Arbeit zu beginnen, sagte selbst der Kleine: «Papa ist heute morgen nicht guter Laune.» Aber in Monsieur war noch eine dritte Person. Ziemlich merkwürdig, und in Wirklichkeit nur selten zu sehen. Etwas ironisch den Seinen gegenüber, von Zeit zu Zeit wandte er sich mit einer halb scherzhaften, halb polemischen Bemerkung an mich, als ob ich allein in der Lage gewesen wäre, Sinn und Anlaß zu begreifen. Für eine Sekunde machte er mich zum Bundesgenossen. Während ich meistens spürte, daß er, nicht ohne eine gewisse kühle Gleichgültigkeit mir gegenüber, mit ihnen im Bunde war. Gegen mich. Doch im erwähnten Fall hätte man glauben können, er leiste sich den Luxus, mit mir Katze und Maus zu spielen. Ich tat, als ob ich lache. In Wirklichkeit nahm ich alles in mich auf. Tropfen um Tropfen. Und ich könnte noch von andern Personen sprechen, andern Nebenfiguren – und Charakterzügen – im Bankier-Vater. Doch das wäre ermüdend. Ich halte hier ein. Und beeile mich, zu unserem strahlenden Sommermorgen zurückzukommen, an dem Monsieur nach seiner Ankunft im Schlafrock mit den breiten blauen und roten Streifen am Tisch Platz genommen hatte. Und nun war die Reihe an Madame, sich in ihrer lieblichen Aufmachung zu uns zu gesellen: im herbstrosigen Hausmantel mit den duftigen Schattierungen, der sie noch größer erscheinen ließ. Madame, das sah man auf den ersten Blick, war nicht gut aufgestanden. Es war für sie eine Stunde der Wahrheit. In dem Sinne, daß sie noch nicht die Zeit und auch nicht die Kraft gehabt hatte, die universelle Freundlichkeit, ihre Fürsorge für alle und alles einzuschalten und auch nicht das Lächeln aus einer Doppelreihe von Pferdezähnen. Der Gerechtigkeitssinn, der ihr so teuer war, hatte noch nicht zurückzukehren Gelegenheit gehabt. So daß das Gesicht, das sie uns im schönen Licht darbot, nur verdrießlich war. Wie dasjenige zahlreicher anderer Leute. In ihr war in diesem Moment nichts Vornehmes und Distinguiertes mehr. Eines hingegen fiel auf: der Ausdruck von Überdruß, von Widerwillen, den ihr, wie wir gesehen haben, alles Körperhafte erweckte, war noch ausgeprägter als sonst. Ihr entströmte eine Art Kälte, in der mühelos der unangenehme Eindruck zu erkennen war, den unsere Anwesenheit, unsere elende Leiblichkeit in ihr verursachte, und der sie in gewollter Distanz von uns zurückhielt. Doch in der nächsten Sekunde verfehlte sie nicht, uns mit heiserer Stimme, die noch von den letzten Nebeln des Schlafes verschleiert war, heroisch einen guten Tag zu wünschen. Der Bankier, ihr Gemahl, täuschte sich nicht. Als er die Miene seiner Frau sah und wie ich den Klang der wiedererstehenden Stimme wahrnahm, blinzelte er mir verstohlen einen Blick der guten Tage zu. Madame war sich übrigens der Situation bewußt. Man merkte es schon an der Art und Weise, wie sie einige Sekunden lang den Kopf gesenkt hielt. Das Licht auf der Terrasse war wundervoll, es legte sich sanft auf Gesichter und Dinge. In diesem Moment tauchten die andern Komparsen der Morgenkomödie auf: Fräulein B., die Tochter, gefolgt von meinem Schüler. In der Beleuchtung war ihre Ankunft eine Augenweide. Fräulein B., zu dieser Zeit noch ganz jung, wie ein Faß, doch mit lebhaftem Blick. Eine einzige Leidenschaft: Klavier. Sie wollte eine große Solistin werden. Mit ihren eckigen Schultern und der Beleibtheit ließ sie an einen dicken Turm denken. Ein Gesicht mit offenem Ausdruck, ein schrecklich hartes Willenskinn (Erbe des Bankiers), ein winziges Näslein, jenes von Madame, und ein nicht weniger kleiner Mund mit dünnen, flinken, spöttischen Lippen. Die kraftvolle junge Person war auch von äußerst regsamem Geist. Obschon sie nicht wenig Dummheiten sagte, spürte man, daß sie bemerkenswert intelligent war. Mir gegenüber konnte sie von seltener Frechheit und richtiggehend bösartig sein. Die übliche Haltung bestand für sie darin, der ganzen Familie eine lässige Aufmerksamkeit zur Schau zu tragen, da sie in ihre Welt getaucht war, die einzig richtige in ihren Augen, die Musik: ihre Arbeit, die Vorbereitung der Solistenlaufbahn. Ihre Klavierlehrerin war eine noch ziemlich schöne Frau, die manchmal ins Große Haus zum Mittagessen kam, wo man sie, stets mit größter Leutseligkeit, halbwegs als Ungeheuer betrachtete – jedenfalls als ein merkwürdiges Wesen, dessen Einfluß auf ein junges Mädchen im Alter von Fräulein B. gelegentlich nicht sehr glücklich sein mochte; während sich Monsieurs Blick auf sie legte, auf die roten Haare, die angriffigen Brüste, die offenen Arme, und dabei einen O-la-la-Ausdruck annahm, an dem mich der alte Spitzbube beteiligen wollte –, halbwegs als Angestellte, der man die Ehre machte, sie an einem außerordentlichen Freudentag des Großen Hauses zu Tisch zu laden. Fräulein B. endlich legte mir gegenüber eine eisige Gleichgültigkeit an den Tag. Gewährte mir von Zeit zu Zeit, wenn jemand mit mir sprach, einen Blick, wie man eine Kaffeekanne betrachtet. Bestenfalls war ich eben der Hauslehrer ihres Bruders. Und dann, doch nur bei seltenen Gelegenheiten, erhellte sich ihr Gesicht plötzlich zu einem Ausdruck fröhlicher, zärtlicher Freundlichkeit. Man hätte sie immer in diesem Licht sehen mögen, und man vergaß das vorspringende Kinn, den Turm und die Tonne. Plötzlich ging von ihr eine Wärme aus, die Augen glänzten voll Hingabe, und dann hatte sie ein richtiges Lächeln, bei dem sie winzige Mäusezähnchen zeigte. Welch kontrastreiche Person! Was für ein kleines Ungeheuer! Das zur Zeit des Frühstücks, wenn der Schlaf noch nicht ganz weg war, denkbar garstig war. So daß sie manchmal von ihrem Vater oder Madame zurechtgewiesen wurde. In meiner Gegenwart. Was ihr nicht besonders behagte. Der Kleine, der in Begleitung seiner Schwester ankam, sie unter der Tür schubste oder mit den Fäusten puffte, nicht etwa bösartig, da sie ihm wahrscheinlich Liebenswürdigkeiten gesagt hatte, sah aus wie ein schlaftrunkener Säugling. Was alle zum Lachen oder wenigstens Lächeln brachte. Mir ging es ganz anders. Niemals machte er mehr den Eindruck eines unförmigen, bedauernswerten und – wie soll ich sagen? – brüderlichen Wesens, als wenn er auf der Terrasse erschien, im strahlenden, aber unerbittlichen Morgenlicht. Niemals schien er mir mehr Zuckerknopf zu sein, um Tatos

Ausdruck zu übernehmen. Gedrungener, dicker, von krankhafter Beleibtheit. Niemals schien mir sein unförmiger Kopf kleiner, wunderlicher. Niemals zeigte sich sein Haar strähniger; die Ohren abstehender; die Nase hervorstechender als diejenige des Bankier-Vaters, doch dick und schwammig; die Bäckchen rosiger, doch von ungesundem Rosa, mit Pickeln übersät. Niemals war der Blick beunruhigender, verschwommen wie bei Drogensüchtigen; verlorener das Lächeln, das eine Serie schlechtgestellter Zähne freigab. Die Blutwallung im Gesicht endlich, hervorgehoben noch durch das schreiende Grün eines unglaublichen Morgenrocks, fadenscheinig und zerlumpt, dessen offene Ärmel die Vorderarme ferkelrosig entblößten; und an deren Enden sich fleischige Händchen rührten mit gespreizten Fingern wie bei Säuglingen. Eine Sekunde lang schien er den ungewollt kritischen Blick der Familie auf sich zu spüren. Vor dem ich ihn gerne beschützt hätte. So sehr fühlte ich mich – durch Arbeit, gemeinsame Stunden, tägliche Anstrengungen – solidarisch mit ihm, mit seinem innersten Wesen, ungeachtet des Mißwuchses. Und solidarisch gegen den Clan, wenn nötig, oder genauer gegen das Unbehagen des Clans, das nicht erst durch die Ankunft des Kleinen hervorgerufen wurde, sondern schon durch sein Dasein auf der Welt, seine Existenz, die für das Haus etwas wie ein Skandal war. Unbehagen, und schlimmer, tückischer noch, eine gedämpfte, heimliche Scham, daß sie – man denke: Leute wie sie – einen derartigen Sprößling hatten, und gleichzeitig Beschämung wegen der Scham. Der Clan schien manchmal wie verheert. So daß wir uns alle am Tisch auf die eine oder andere Weise mit dem Kleinen verbunden fühlten, mit etwas Versehrtem in ihm, das uns alle in verschiedenem Maße anging. Doch kommen wir zurück zu den Patschhändchen des kleinen Mannes, die man in aller Muße betrachten konnte, derweil er mit einem besonderen Amt betraut war:

das Toastbrot zu rösten. Mittels eines kleinen Elektroapparates: eines Toasters, seltsam wacklig und dadurch mit dem hantierenden Jüngling fast wie verwandt. Und damit beginnt die eigentliche Frühstückszeremonie, wie sie in mir auf immer aufgezeichnet bleibt als Symbol für eine ganze Zeitepoche und für mein Leben im ehrenwerten Haus. Hier also: während der Kleine die Brotscheiben im Apparat beidseitig röstete, entnahm Monsieur einem kleinen Möbel ein ziemlich unhandliches Ding, grün (wie der Morgenrock des Kleinen): nichts anderes als eine Bibel. Eine gute alte Familienbibel, wenn ich so sagen darf. Die er, nachdem er den Teller zur Seite geschoben hatte, langsam und feierlich vor sich hinstellte, wie sich die ganze Zeremonie langsam und feierlich abspielen sollte. Noch war das Buch geschlossen, nur zwei Bändel baumelten als Lesezeichen mutwillig heraus, des Ernsts der Lage offenbar nicht völlig bewußt. Worauf Monsieur, stets mit bischöflicher Feierlichkeit, das Etui öffnete, das er zuvor einer Tasche seines Schlafrocks entnommen hatte, ihm eine Brille entnahm, sie aufsetzte und dabei jeder Bewegung Dauer verlieh wie ein Regierungschef, der sich zu einer Erklärung vor dem Parlament anschickt. Endlich öffnete er das Buch auf der durch das Lesezeichen angegebenen Seite. Jeder wußte nun, was kommen würde, so wie es jeden Morgen geschah, den Gott dem erwählten Hause aufgehen ließ: der Bankier-Vater mit dem Haarnetz und der aufgesetzten Brille, die noch mehr die berühmte Krümmung der Nase hervortreten ließ – die nun nicht mehr an eine harmlose Märchenhexe erinnerte, sondern an einen gewaltigen Richter –, würde uns an der Schwelle des Tages zu unserer Erbauung einige Verse aus der Heiligen Schrift lesen, die wir nach unserem Gutdünken erwägen mochten. Dann sollte ein kurzes Gebet, von ihm oder Madame gesprochen, Gott Dank sagen für alles, was Er uns gegeben hatte, und was Er uns noch geben würde. Doch was ich hier sage, ist nur ein blasser und theoretischer Abklatsch im Vergleich zu dem, was täglich mit geringen und doch eindrucksvollen Variationen das Morgenzeremoniell ausmachte. Wobei sich Monsieur, bevor er die Lektüre der ausgewählten Verse begann, räusperte, um die Stimme zu lösen, und dann einen plötzlich streng und kalt gewordenen Blick – eher militärisch als evangelisch – zur Seite richtete, um sich Rechenschaft über den Stand des Brotröstens zu geben, mit dem sich der Kleine befaßte, offengestanden etwas wohl umständlich. Item, die Brotscheiben waren im Toaster. Man sah, wie das Metall aufglühte. Alles okay. Doch nicht immer. Manchmal, wenn der Kleine noch schläfrig und in Gedanken weg war, vergaß er den Apparat einzuschalten, so daß am Ende des Gebets kein geröstetes Brot da war. Worauf trotz der höchst salbungsvollen Atmosphäre eine richtige Standpauke folgte ... Doch kommen wir wieder zum günstigen Moment, da das Metall glühte und alles gut funktionierte. Begann nun der Bankier zu lesen? Nein. Unsere Blicke richteten sich vorerst noch auf den leergebliebenen Platz, der dem älteren Bruder gehörte. Von dem wir bisher noch nicht sprechen wollten. Und mit Grund. Denn erst am Frühstück trat er richtig auf und entfaltete, wenn man so sagen darf, seine Persönlichkeit. In seinen Möglichkeiten und Grenzen. Eine Sekunde also blieb der Blick des Bankier-Vaters verwirrt auf dem leeren Platz haften: sollte man den Sohn abwarten oder nicht? Meist wartete man nicht. Die verwirrte Frage, die niemand klar zu formulieren wagte, lautete nämlich: ist er letzte Nacht heimgekommen oder nicht? Das war in gewichtigerer Art das, was auch mich angehen konnte. Und doch völlig anders. Niemals hätte ich mir erlauben dürfen, zu spät zur Frühstückszeremonie zu kommen, sie zu verpassen oder zu stören. Welch Vorbild für den Kleinen! Item, meistens fing man an. Jeder senkte den

Kopf, je nachdem wie ihm zumute war, gesammelt oder verlegen. Wie schön war doch in diesem Augenblick das Licht auf dem Laub, wie altehrwürdig und jung zugleich, allgegenwärtig, unberührt von Menschentat und Menschenwort! Im Wäldchen hörte man eine Amsel flöten. Und wenn man dachte, daß nicht weit weg, jenseits des Wäldchens, für andere Leute Krieg war ... Endlich las Monsieur mit seiner näselnden, gemessenen Stimme, die sich überzeugt gab – welche Mischung von Verstellung und Arglosigkeit! Doch er war kaum am Ende des ersten Satzes angelangt – eine Stelle aus den Briefen des Apostels Paulus –, als Madame dem Kleinen heimlich winkte: der abscheuliche Toaster spukte. Begann zu rauchen. Unverzüglich hob der Kleine mit seiner ungeschickten Patschhand (welche Angst hatte er, sich die Finger zu verbrennen) den Metalldeckel ab und schickte sich an, eine Brotscheibe zu kehren, doch mit lärmigem Ungeschick. So daß er alle Blicke auf sich zog. Und der Bankier den Kopf hob, sichtlich ungehalten, und trotz der besonderen Umstände abwartete, bis das Manöver beendet war. Um mit der Lektüre fortzufahren. Schlimm war nur – er hatte nicht zehn Worte weiter gelesen –, daß nun die zweite Brotscheibe zu rauchen begann ... Die Operation mußte wiederholt, der Kleine abgekanzelt werden usw. Doch bevor wir den weiteren Verlauf der Zusammenkunft schildern, sei uns gestattet, eine Variante des Lesungsbeginns zu erwähnen. Ich will sagen, daß Monsieur manchmal, bei geöffnetem Buch, die Brille in der Hand, an Madame mit der holdseligen Stimme eines Familienvorstandes, der sich seiner Pflicht und Schuldigkeit bewußt ist, die ernsthafte Frage richtete: «Was lesen wir heute morgen? Eine Stelle aus dem Korintherbrief oder einen Jakobus-Text?» Darauf folgte ein gedankenträchtiges Schweigen, das die von Madame als Schiedsrichterin formulierte Antwort abschloß: «Die Korinther, Liebster», sagte sie mit versteinertem Gesicht, «die sind von einer so erhabenen Größe.» Worauf Monsieur, der die besagte Textstelle nicht sofort fand, in den Bändeln stöberte und dabei im Morgenfrieden das vertraute Geräusch des Umblätterns hören ließ. Unendliche Zeit, in der man ein neues Mal zu sehen Gelegenheit hatte, wie Alfons auf dem Velo durch die Allee fuhr, den Rechen geschultert, den Panamahut auf dem Kopf, und wie er uns von ferne, diesmal ohne den Kopf zu drehen, so etwas wie einen Gruß zunickte. Und jetzt waren wir daran, uns den Korintherbrief anzuhören, als man, o Unglück – nach dem dreistufigen Zwischenspiel mit der Frage an Madame, dem Geräusch des Umblätterns und Alfonsens Erscheinen harrte alles kommender Dinge –, die beiden schon geschwärzten Brotscheiben fröhlich rauchen, ja sogar aufflammen sah. Der Bankier hob von neuem den Kopf, nicht nur ärgerlich, sondern diesmal richtiggehend wütend, und wollte eben den Kleinen zusammendonnern, als Klara die Tür etwas aufstieß und mitteilte, daß Monsieur bereits zu dieser frühen Stunde am Telephon verlangt werde. Und Monsieur ging brummend weg. Bei der Rückkehr nahm er dann den Kleinen mit etwas sanfterer, aber ebenso ärgerlicher Stimme ins Gebet. Im Sinne von: «Wenn du nicht fähig bist, eine so einfache Aufgabe wie diejenige des Brotröstens zu erledigen, was willst du Ärmster später im Leben draußen anfangen? Ich sage es dir noch einmal: es ist nun nachgerade Zeit, höchste Zeit.» Im lichten Morgen herrschte rund um den Tisch eine Stimmung zwischen Lachen und Beklemmung. Und während sich die Ausfälle steigerten (der Kleine schaute nun gut zum Brot), neigte Madame ihr Haupt mit dem Ausdruck einer äußerst distinguierten Mater Dolorosa; während Fräulein B. für ihr Teil an den Nägeln kaute, als sie sehen mußte, wie die Lesung, die sie aus nur ihr bekannten Gründen gern viel kürzer gehabt hätte, nun länger wurde. Jenseits des Rasenhügels hörte man die Bahn vorbeifahren. Der Kleine, als unfreiwilliger Held des Abenteuers, der nun weitere Schäden zu vermeiden suchte, schien nicht sonderlich betrübt zu sein. Knallrot war er, weniger aus Verwirrung oder aus Scham, den richtigen Augenblick verpaßt zu haben, als darum, weil er sich plötzlich im Blickpunkt der Versammlung sah; und er hielt den Kopf ebenfalls gesenkt, aber mit einem völlig anderen Ausdruck als Madame: ich will sagen ducknackig, heimtückisch, wie wenn er verstohlen – in unschuldsvoller Art – über einen fröhlichen Streich erfreut wäre. Man hätte gesagt, daß ihn die väterliche Strafpredigt und die Aufbauschung des Zwischenfalls heimlich belustigten – doch alles, was Monsieur in komischer Verzerrung prophezeite, war leider wahr: deshalb auch die hellseherische Wut und Betrübnis, die ich nur allzugut verstand. Doch schon durch seine gelassene, wiedererstarkte Miene stellte der Kleine alle Dinge wieder an ihren Platz. Und zog sie gleichzeitig ins Lächerliche. Was dem Bankier im Ärger über seinen Ärger und Madame in ihrer Verlegenheit plötzlich bewußt wurde. Und Fräulein B. verdroß, die wohl bemerkte, daß ich mich nicht für dumm verkaufen ließ und mich in einer gewissen Weise – auch wenn ich es nicht oder nur durch meine Zurückhaltung zeigte – trotz der guten Gründe des Vaters der boshaften Reaktion des Kleinen anschloß, der in dieser Lage schicksalshaft und mehr denn je zu meinem Schützling wurde. Eine Reaktion, die Fräulein B. vielleicht im innersten Herzen guthieß, doch nicht zeigte, da sie sich sonst mit mir, dem Hauslehrer, gegen ihre Eltern verbündet hätte. Gegen die Einigkeit der Sippe, verkörpert durch die väterliche Autorität. Noch anders gesagt, und da lag der Hase im Pfeffer, wenn ich heimlich für ihren Bruder Partei ergriff, behinderte ich ihren berechtigten Protest gegen den anmaßenden Familienvater und ihr Solidaritätsgefühl dem Kleinen gegenüber. Wie vieldeutig war ihr Schweigen!

Doch dies ist nicht alles. Nach der Lesung kam der Moment, der unvermeidliche Moment des Gebets, das den Höhepunkt der Frühstückssitzungen bildete. In jeder Beziehung.

Das Gebet

Es war jedesmal bis aufs Tüpfelchen dasselbe Prozedere, langsam, unerbittlich. War Schweigen über das letzte Wort des Korintherbriefs gefallen, so ließ Monsieur etwas Zeit verstreichen, die der Meditation zugedacht war, gewesen wäre. Gelegenheit für uns, die Botschaft in ihrem einzigartigen Gehalt aufzunehmen. Und dann nahm unser Mentor, immer auf dieselbe Weise, die Brille ab, steckte sie ins Etui und legte dieses neben dem Teller auf den Tisch. Worauf er die Lesezeichen ordnete und bedeutungsvoll das Buch der Bücher schloß, um es in die Höhe zu halten wie ein Priester das heilige Sakrament, und im Schränklein zu versorgen, dessen Türen wie diejenigen eines Nachttischchens mit einem harten Knall zuschlugen. Nun wußten wir, was uns erwartete. Der Kleine benützte den Augenblick, um die Brotscheiben auszuwechseln. Doch schon hob Monsieur wieder seinen Kopf und musterte uns mit ernsthaft forschender Miene. Wie um abzuwägen, ob wir es wert wären, die entscheidende Phase zu beginnen, ob unsere Seele rein genug sei. Doch im Moment, da er das Wort ergreifen wollte, um entweder dem Herrn zu danken – alle, der Kleine inbegriffen, hatten bereits das Kinn auf der Brust – oder um Madame zu fragen, ob nicht vielleicht sie das tägliche Gebet sprechen wolle, hörte man die Glastür zum Salon geräuschvoll aufgehen. Und der ältere Bruder, der Kronprinz, hielt seinen Einzug, von dem man als wenigstes sagen konnte, daß er nicht unbemerkt blieb. Doch hier muß ich innehalten, um zwei Worte anzubringen, die dem Leser verständlich machen, weshalb die Ankunft des Jünglings dem Morgenzeremoniell etwas Würze gab. Vorerst etwas über den jungen Mann vor uns, der von eindrucksvoller Gestalt war. Breite Schultern, schmale Hüften, Kopf eines Filmstars, wie man früher gesagt hätte. Braunblonde Haare. Gewellt. Auch er kräftige Kinnladen (vom Vater). Nacken eines Jungstiers. Ein Zähneblecken anstelle des Lächelns im gebräunten Gesicht und eine hämische Spöttermiene gaben ihm Allüren eines Strolches aus gutem Hause. Auch er ein Haarnetz. Ja, ja ... Den Morgenrock hatte er mit einem kurzen Strick geschnürt. Wie ein Boxer, der in den Ring tritt. Das Gesicht mit Salbe überschmiert. Seine Verspätung, die man, wie gesagt, bei niemand anderem geduldet hätte, wurde ohne Bemerkung und ohne vorwurfsvolles Schweigen aufgenommen. Jeder dachte bei sich selbst: «Weiß Gott, wie spät der wieder heimgekommen ist.» Froh, daß er sich wenigstens zum sakramentalen Gebet herbeiließ. Wenn es begann – und ich konnte, da ich den Kopf nicht gesenkt hielt, alles beobachten –, fiel die scheinbar respektvolle Miene des Neuankömmlings auf, und in dieser versteckt der höhnische Ausdruck des Flegels, der sich einem Familienritual fügte, das ihm drollig vorkam, wie er mit der Mimik andeutete. Doch nur innerhalb der Familie. Selbstredend hätte er außerhalb der Familie trotz seiner Großtuerei nie einen Spott geduldet. Da er, trotz seines explosiven Benehmens den Kodex von Familie und Kaste im Blut hatte. Er war der Bummelant der Sippe, gut, doch als solcher bekannt und bewundert. Worauf er stolz war, denn seine Streiche, oder eher der «Stil» seiner Streiche, konnten den «Familiengeist» nur verstärken. Er hatte in einem gewissen Sinne mit einer Tradition, Jus-Studium und Bank, gebrochen und alles an den Nagel gehängt, um – als Pferdenarr – die militärische Laufbahn zu ergreifen. Was für alles entschädigte. Kurz, er war «im Vollwichs», um den Ausdruck der Familie zu übernehmen, Verteidiger des Systems: Bank, Armee, Kirche. Deren Triade damit intakt blieb. Und durch seine Dreistigkeit und sein betont ungehobeltes Benehmen brachte der Reitersmann etwas vom Duft der weiten Welt in den Familienkreis. Abenteuer, wenn auch gezügelt durch goldene Tressen! Im Hinblick auf seine Zukunft als «brillanter Kavallerieoffizier» und auf seine Launen ließ man ihm alles durch. Sein Spott, die tollen Streiche, die gewollte oder gespielte Derbheit. Die sich manchmal, was gesagt werden muß, der Flegelei näherte. Doch der Ordnung zuliebe wurde alles in den Augen der Familie wie verklärt. Und dazu war er – wer hätte es nicht erraten? – Hahn im Korb bei den Damen. Woran er sich damals gütlich tat. Ich erinnere mich an jene Winternacht, in der ich mich nach einem mit Freunden in der Stadt verbrachten Abend gegen drei Uhr früh auf dem Bahnhof fand. Wozu? Um auf den ersten Zug zu warten. Der jedoch nicht vor fünf abfuhr. Ich stand mir also die Beine in den Bauch, als plötzlich ein Wagen vor mir anhält. Die Scheibe senkt sich, ein fideles Gesicht erscheint. Der ältere Bruder natürlich: «Heimzu?» Gewiß. Kaum war ich im Wagen, als er mir mit schallendem Gelächter seine Heldentaten zu erzählen begann: er kannte eine tolle Mieze, Animierdame in einer Bar; einige Krakeeler, die um sie herumstrichen, hatten mit ihm angebunden; er hatte einem die Jacke ausgeklopft. Und nun folgte, immer wieder mit Lachsalven unterstrichen, eine Serie von Schwadronagen, an denen zweifellos etwas Wahres war. Er war stolz auf seine Kraft und seine Erfolge. Aber in seinen Prahlereien und den nervösen Wortschwällen war etwas, ich weiß nicht was, Gespanntes, heimlich Überlegtes. Wie wenn er nicht völlig in der von ihm gespielten Komödie aufginge: ein Mechanismus bremste, was bei einem andern zur Schaustellung geworden wäre. Einst hatte ich Gelegenheit, ihn mit

Pferden zu sehen. Es war ein völlig verwandelter Mensch: aufmerksam, mit zärtlicher Sorge und nachdenklicher Miene. Geduldig auch. Von einer Geduld, die im Kontrast stand zum gewohnten Ungestüm und der fast hysterischen Aufgeregtheit. Und bei einer andern Gelegenheit hatte ich beobachtet, wie er vom Fenstersims einen verletzten Vogel behutsam aufgenommen hatte. In seinem Zimmer, in dem wir zusammen über den Kleinen sprachen. Um den er sich mehr Sorgen machte, als man sich vorstellte. Und von dem er ungezwungener und entschlossener sprach als seine Eltern. Er konnte sich nicht oder nur schlecht ausdrücken. Schrie plötzlich oder fluchte. Aber das, was er sagen wollte, war oft richtig. Ein Instinkt ließ ihn bei den Leuten schnell die Schwächen sehen. Und erkennen, daß bei seinem kleinen Bruder das Übel ernst war. Die Zukunft dunkel. Wie ein Loch. So war also der Gefährte, zu dem ich in jener Nacht in den Wagen stieg. Als er mit der Erzählung seiner Streiche zu Ende war, hielt er mir plötzlich die Hand unter die Nase und fragte: «Riecht nach Arsch, nicht?» Und mit einem breiten Lachen: «Eine gottverdammte Ladung habe ich der Dreckfotze eingepfeffert.» So konnte ich es mir nicht verkneifen, ihn beim Morgengebet anzublicken, wie er den guten Apostel spielte und wie die andern Familienglieder den Kopf senkte, weniger aus Frömmigkeit als aus einem Reflex. Die Vaterstimme leierte weiter und warnte, daß Gott uns jederzeit nehmen könnte, was Er uns gegeben usw. Alfons fuhr zum drittenmal durch die Allee. Mit dem Panamahut, doch ohne Rechen. Was mußte er sich denken, wenn er uns auf der Terrasse versammelt sah, in hohle Worte und Schweigen versunken? Ich dachte, daß er in der Schattenzone mit den Schultern zucken würde. Er zuckte nicht. Und noch war das Amen nicht in den heiteren Morgen gestiegen, noch hatte man nicht eine vom Kleinen geröstete Brotscheibe aus dem Körbchen entnommen, als der ältere Bruder leicht die Hüften drehte und mit strahlendem Gesicht wie als Schlußpunkt einen schallenden Furz entweichen ließ. Man könnte auf Anhieb meinen, daß in einem dermaßen «hochnäsigen Milieu» – der Ausdruck stammt von Mütterchen – ein Zwischenfall dieser Art Bestürzung hervorgerufen hätte. Gar nicht. Der Kronprinz – der ältere Bruder – stand so hoch im Kurs, daß Monsieur anstelle einer ernsten Reaktion sich damit begnügte, mir sein Gesicht zuzukehren, das ebenso von Heiterkeit geprägt war wie dasjenige seines Sohnes, doch etwas gedämpft von der Sorge, in mir einen ungünstigen Eindruck über den wundervollen Lumpenkerl von Sohn zu verhindern, und um sich zu entschuldigen für das, was von außen und von einem Nichtmitglied des Clubs gesehen, eine Ungehörigkeit scheinen mochte. Da eine solche von der Vorsehung geleitete Familie wie von selbst jede Möglichkeit einer ungehörigen Handlung ausschloß. Madame ließ ein dezentes Lächeln erstarren. Zweifach erstarren: einmal um ihren Abscheu gegenüber allem Körperlichen – diesmal war sie tatsächlich bedient – zu beherrschen, zum andern, um eine empörte Bemerkung zu unterdrücken, die sich in meiner Gegenwart nicht schickte. Die Gruppensolidarität kam vor der Kritik an einem der Mitglieder! Bei Fräulein B. zeigte sich derselbe Reflex, den ihre Jugend jedoch nicht ebensogut verheimlichen ließ, so daß sie, rot wie eine Pfingstrose, jedoch mit einem Lächeln, das zum voraus alles entschuldigte, ausrief: «Bist du aber ein Ekel!» Außer dem Urheber der Großtat war der Kleine der einzige, der mit Lachen herausplatzte ob des Akts, der in seinen Augen frech und provozierend war. Um so mehr, als er nicht mehr die Drohung und Verantwortung des Brotröstens auf sich lasten fühlte. Er besiegelte eine Handlung, die, hätte er sie selbst begangen, die Blitze der Familie auf sich gelenkt und zu seinem sofortigen Ausschluß geführt hätte. Stets kommt es darauf an, ob einer stark oder schwach ist ... Ein letzter Punkt: man hätte auch glauben können, daß der ältere Bruder, der künftige Offizier, wenn man ihn jeweils am Familientisch sitzen sah, ungezwungen, stämmig, strotzend vor Kraft und Gesundheit, sich wie ein Wilder auf das Frühstück stürzen würde, um die nächtlichen Verheerungen wieder gutzumachen. Mitnichten. Man war erstaunt zu sehen, daß er sich mit zwei, drei winzigen Toasts begnügte. Auch bei der Nahrung wurde die Lebensfreude dem wiedergefundenen Kodex der Wohlanständigkeit hintangestellt. Da Gott schon freigebig viele Güter und sogar Reichtum spendete, war es weder anständig noch zweckmäßig, sie zu mißbrauchen. Einen ungezügelten Appetit zu zeigen. Der ein großer Sieg des Fleisches über den Geist gewesen wäre! Doch bevor ich von diesem Kapitel mehr berichte, will ich erwähnen, daß sich nach Ende der Frühstückszeremonie – im August pflegten bereits die Wespen die Konfitüre zu belagern – jedermann zurückzog, um seinen Beschäftigungen nachzugehen: der Herr Bankier zu seinen Devisengeschäften unter dem Blick des Allmächtigen, Madame in ihre flauschige Liegestatt im Schlafzimmer zur Erledigung der wirtschaftlichen Angelegenheiten, Fräulein B. ans Klavier, das sich, wie man bald durch das Fenster hörte, in Tonleitern und Akkorden entfesselte. Und während der ältere Bruder ein wohltuendes Bad nahm, stiegen der Kleine und ich langsam zum Mansardenzimmer hinauf. Der Kleine ging meist voraus. Dabei mußte ich, ob gewollt oder nicht, jeweils feststellen, daß die Kopfform von unten gesehen noch seltsamer war, nicht im Einklang zum Körperganzen, das abgesehen von jeder Karikatur plötzlich den schrecklichen Eindruck von Unschuld und Verhängnis gab. Von Verhängnis in der Unschuld.

Doch in Sachen Ernährung habe ich von einem andern Höhepunkt im Tagesablauf des Großen Hauses zu berichten. Ich will sagen, daß wir im Sommer bei schönem Wetter auch am Mittag und Abend die Mahlzeiten auf der Terrasse einnahmen. Nach der gleichen Tischordnung, wie am Morgen. Die Küche war übrigens ausgezeichnet. Dank Suzy. Doch für jeden von uns – unabhängig von seinem Hunger – war es ausgeschlossen, über mehr als zwei – winzige – gefüllte Tomaten hinauszugehen. Und man durfte, um sich dem Vorbild des Bankiers zu fügen, vorerst nur eine nehmen. Man konnte sagen: die erste Tomate war nötige Nahrung, mit der zweiten näherte man sich der Schwelgerei, und eine dritte wäre unmäßig gewesen, ein Anfang von Völlerei und Subversion. An Tagen mit einer heiteren Brise, wenn Monsieur, seiner Sorgen ledig, eine Art patriarchalischer Leutseligkeit wiedergefunden hatte, nahm er nicht nur selber eine zweite Tomate, sondern bot, o Wunder, auch mir eine an: «Aber bitte, nehmen Sie doch noch *eine*», sagte er mit einem wohlwollenden Blick, in dem ein Anflug von Verworfenheit aufglimmte. Und wer das Angebot annahm und sich mit einer zweiten Tomate bediente, kam sich in dieser Umgebung vor wie ein Vielfraß. Man wird mir sagen: gut, aber was geschah unter solchen Umständen mit dem Kleinen und seiner Gefräßigkeit? Es geschah, daß er bei Tisch eine Tomate aß wie die andern, eine zweite, und jedesmal abblitzte, wenn er eine dritte verlangte. «Man muß lernen, seine Instinkte zu beherrschen.» Worauf beigefügt wurde – Reiche sind stets freigebig mit guten Ratschlägen: «Denke an all die Leute auf der Welt, die Hunger leiden.» Der Kleine protestierte nur der Form halber, da er die Partie zum voraus verloren wußte. Dann tat er, als ob er sich fügte. Ich sage deutlich: tat als ob. Mit um so größerer

Leichtigkeit, als er – wie ich wußte (und er wußte, daß ich wußte) – gegen drei Uhr, wenn jedermann wieder bei seinen Obliegenheiten war, wenn Suzy ihre Zimmerstunde hatte und die Küche mit dem wogenden Laub am Fenster verlassen war, König sein würde. Herr und Meister, den Schrank zu öffnen und sich eine, zwei, drei, zehn und mehr Brotschnitten zu genehmigen: mit Butter, Gänseleber, Konfitüre bestrichen. Um wieder alles in den Senkel zu bringen. Mich ermunterte er zum Mitmachen, und gerne bediente ich mich mit einer überzähligen Schnitte – denn auch ich hatte einen Wolfshunger –, wobei er mir lächelnd sagte: «Machen Sie sich nichts draus; wenn Papa nicht genug gegessen hat, geniert er sich auch nicht, sich aus dem Restaurant *Chez Ernest* gegen drei Uhr ein Entrecote bringen zu lassen.» (Zu jener Zeit wurden warme Gerichte noch bis drei Uhr serviert!) Und wir verschlangen im Mansardenzimmer lachend unsere Butterbrote. Da ich aber nicht ansehen konnte, wie der Kleine vom Familienprotokoll zum Hungern verurteilt wurde, beschloß ich, bei den Eltern einen Vorstoß zu unternehmen. Man hörte mir aufmerksam zu. Bald hätte man meinen, wie man sagte, «interessanten» Vorschlag gutgeheißen, den Kleinen bei Tisch sich satt essen zu lassen. Doch trotz allem änderte sich nichts am Ablauf der Mahlzeiten.
Doch ich komme zum symbolischen Moment. Eines Tages beim Kaffee, nicht mehr auf der Terrasse, sondern vor dem Haus im Schatten der großen Bäume – Heuduft, Grillengezirp, stiller Weiher –, was sehe ich plötzlich während unseres Gesprächs zehn Meter vor uns an den Stufen, die von der Terrasse in den Garten führen, wenn nicht den Wolfshund, den großen Wolfshund des Hauses, Rex, der sich vorsichtig anschleicht, mit einer Armsündermiene schon vor dem Sündenfall. Anlaß zu dieser Annäherung: auf dem von Klara noch nicht abgeräumten Tisch thronte ein Stück Braten, dem

man aus den erwähnten Gründen nicht viel Ehre angetan hatte. Während Monsieur sich in seinem Fauteuil räkelte und die Tagesereignisse kommentierte – Kämpfe an den verschiedenen Fronten: die Deutschen in Rußland –, während Madame die Zeitung las und der Kleine zerstreut an den Nägeln kaute und wichtigtuerisch seinen Kaffee trank, den kleinen Finger erhoben wie eine alte Hofdame, sah ich von meinem Platz aus, wie der räuberische Rex sich noch kleiner machte und noch schuldbewußter aussah und sich, den Schwanz zwischen die Beine geklemmt, heimlich die Stufen hinaufdrückte, die Terrasse erreichte und endlich hinter dem blumengekrönten Mäuerchen verschwand. Die Familie, bei der Siesta, ahnte nichts. Und ich, wohlverstanden, hütete mich, etwas zu sagen. Ich war zu neugierig, zu sehen, was nun passieren würde. Der Hund erschien wieder oben auf der Treppe, immer noch listig wie ein Indianer, tappte Stufe um Stufe hinab, den langersehnten Braten behutsam in der Schnauze. Um offenbar ein Versteck zu gewinnen, wo er ihn in aller Ruhe verzehren konnte, als der Bankier-Vater, gewarnt von einem inneren Drang, dem Reflex des Raubvogels oder (was er tatsächlich war) des Jägers den Kopf zur Terrasse drehte und, als er die Räuberei sah, derart laut zu brüllen begann, daß wir alle aufschreckten – «Rrrrex!» –, und daß der Hund vor Schreck den Braten aus dem Maul fallen ließ. Was darauf das Tier gemacht hat, weiß ich nicht mehr genau. Nur daß der entthronte Braten nun wie im Exil auf dem Kies lag. Doch Monsieurs Gebrüll hatte Klara alarmiert, und sie beeilte sich, das gestürzte Bratenstück aufzulesen und es, überdeckt mit Staub, in die Küche zu bringen. Der Kleine hielt sich den Bauch vor Lachen. Und bedauerte wie ich, daß Rex mit seinem Raubzug nicht mehr Erfolg gehabt hatte. Übel war nur, daß wir am selben Abend oder tags darauf das Bratenstück im Triumph auf den Tisch zurückkommen sahen, gewaschen und vom

Staube befreit. Man wird glauben, ich übertreibe. Mitnichten. Der Kleine, lebte er noch, könnte es bezeugen.

Die Lesestunde

Und noch dies: am Abend hatte der Kleine, ich entsinne mich, oft Mühe, wachzubleiben. Kaum waren wir mit dem Nachtessen fertig, so befiel ihn eine bleierne Schläfrigkeit, die die Eltern fast ein wenig ärgerte. Sein Kopf schien zu verschwimmen. Die Pupillen erweiterten sich. Und seine Augen fielen unaufhörlich zu. «Ich bin k.o.», sagte er mit einem wirren Lächeln, «ich muß ins Bett.» War er gegangen, so besprachen wir mit Monsieur und Madame seinen Fall und die Zukunftsperspektiven, die alles anderes als heiter waren. Oder dann kam es zum Intermezzo, das ich besonders fürchtete, wenn ich nicht rechtzeitig das Geschick gehabt und Rückzug geblasen hatte. Ich will sagen, daß der Bankier, wenn er ein erstes Mal gegähnt hatte, das schicksalsschwangere Wort aussprach: «Wie wäre es, wenn wir etwas vorlesen würden?» Was bedeutete, daß Monsieur, Madame und ich unverzüglich in die an den Salon anstoßende Veranda umziehen mußten, auf der ein seltsamer Erd- und Modergeruch herrschte, mit etwas eklig Fadem wie im Zimmer eines Kranken. Die Stehlampe mit dem Lampenschirm wurde angezündet. Monsieur machte es sich in einem Lederfauteuil bequem, vor sich eine Patience. Madame, «aufbauend» wie stets, hatte eine rötliche Überbluse angezogen und sich von Klara einen großen Korb Erbsen bringen lassen, die sie nun mit Philosophenmiene auszuhülsen begann, nicht ohne daß sie zuvor zur Vorsicht Gummihandschuhe übergestülpt hätte, die an Chirurgen denken ließen. So herrschte ein demokratisches und handwerkliches Klima. Meine Rolle war es, den Patience spielenden Monsieur und die mit Hausfrauenarbeit beschäftigte Madame dadurch zu unterhalten, daß ich laut vorlas. Eine belehrende Lektüre, wie sich versteht. Von tödlicher Langeweile wie die unendlichen Regentage. Ein Abschnitt Geschichte, meist über die Burgunderfürsten oder den Hof Ludwigs XI., für den Monsieur höchste Bewunderung fühlte. Von einem gelehrten Huhn der Akademie geschrieben, in einem seichten Französisch, das einförmig dahinplätscherte. Man hörte das Ticken der Uhr. Mir schien der Abend nie enden zu wollen. Und wir alle – wie in einem Boot auf der Veranda mit dem dumpfigen Licht, das sich im Schatten der großen Bäume verlor, mit den großen Fenstern, an die immer wieder Nachtfalter anprallten, im Schweigen der nächtlichen Landschaft, wo im Krieg abends verdunkelt werden mußte – schienen in einer geheimen Strömung zu treiben, die uns in ich weiß nicht welche unsichtbaren Grüfte führte. Überdies hatte ich beim Vorlesen – eben weil ich laut las – ein seltsames Gefühl der Verdoppelung meiner selbst. Offenbar las ich mit gleichförmiger, gleichgültiger Stimme, denn nach einiger Zeit konnte ich, wenn ich den Blick über die Seite hob, zu meiner Freude feststellen, daß der Bankier zeitweise einnickte und schließlich seine Patience ganz aufgab, um mit zurückgelehntem Kopf fest zu schlafen. Ohne daß Madame, die immer noch ihre Erbsen aushülste, es bemerken wollte. So nutzte ich denn die Gelegenheit und suchte den Abend und mein Pensum zu verkürzen: ich will sagen, daß ich zwar in einschläferndem Ton weiterlas, aber hie und da ein Dutzend Seiten übersprang, ein Kniff, der mich rasch zum Kapitelschluß brachte. Wo ich dann plötzlich schwieg und das Schweigen bewußt andauern ließ. So daß Monsieur, wie unterschwellig gestört durch den Abbruch der Geräuschkulisse, aus seinem Schlaf zurückkam, doch ohne sich – wobei ich das Spiel mitmachte – etwas anmerken zu lassen. Wie ein

Automat, in dem das Uhrwerk wieder läuft: «Wundervoll, fesselnd», sagte er, «die Kapitel fliegen nur so vorbei.» Worauf Madame mit ihrer Kratzstimme fragte, ob wir etwas möchten: Pfefferminz oder Lindenblütentee? Sie nahmen stets. Ich lehnte ab. Und wenn Madame aufstand, um neuen Tee zu holen, nutzte ich den Augenblick, um nach einem Abschied voller Entschuldigungen auf mein Zimmer zu gehen. Von wo aus man im Sommer bei geöffnetem Fenster ganz deutlich die Grillen zirpen und den Wind in den Bäumen rauschen hörte.

Maria von Luxemburg

Doch ich komme zur Hauptsache. Zum gewissen Etwas, das beim Kleinen in allen Wechselfällen seinen unaufhaltsamen Lauf nahm. Arbeit, Besuche beim Arzt, Besprechungen mit den Eltern, nichts konnte helfen. Er wurde immer dicker. Und seine Zerstreutheit immer größer. Nach einer verhältnismäßig ruhigen Zeit begannen mehr Anfälle und Diebereien. Raubzüge in Konditoreien, in Krawattenläden. Und weiß Gott noch was, trotz aller Wachsamkeit. Doch um eine völlig andere Frage anzuschneiden: punkto Frauen nichts, wie es schien. Er war in dieser Beziehung begreiflicherweise sehr schüchtern. Und doch erfüllt – ich hätte bald gesagt: geschwellt – mit Sehnsucht. Die sich machtvoll kundtat, bei einer Gelegenheit jedenfalls. Das war so: Einst kam die Tochter eines mit Monsieur befreundeten Bankiers aus dem Herzogtum Luxemburg auf zwei Wochen ins Große Haus in die Ferien. Es war ein scheinbar zartes Ding, in Wirklichkeit aber recht solid – was man jedoch nicht auf Anhieb bemerkte –, bleich, mit langem Blondhaar und grauen Augen, sanft und bedächtig in allem. Sie trug die Röcke immer etwas länger, als die Mode vorschrieb. Der in lange Röcke eingehüllte Körper hatte etwas ich weiß nicht was Diskretes, Kraftvolles und Inbrünstiges auch, aber wie verschleiert in einem Nebel. Etwas Inniges und gleichzeitig Bäurisches. Maria von Luxemburg – so jedenfalls nannte ich sie – sprach mit einem leichten Lächeln, das ihrem Gesicht einen anmutig schmollenden Ausdruck verlieh. Maria von Luxemburg erinnerte mich an ein Buschwindröschen. Jetzt weiß ich es wieder: es war Herbst, als sie im Landhaus weilte. Sie umklammerte in der Hand stets ein Tüchlein. War sie nervös? Vielleicht. Ihr längliches, etwas schiefes Näschen errötete leicht. Was sie zur Verzweiflung brachte und sie gleichzeitig über sich selbst auf anmutige Art spotten ließ. Der Kleine war besonders empfänglich für ihre Anmut. Er stand vor ihr wie ein junges Nilpferd, eingeschüchtert, wie gebannt, und wußte nicht, wie er sich ebenfalls anmutsvoll gebärden konnte. Womit er die ganze Familie lächeln ließ. Stets wenn er konnte, brachte er dem Mädchen einen Blumenstrauß aus dem Garten. Und er, der doch oft so nachlässig gekleidet war, erschien nun zu den Mahlzeiten in «pikfeiner Kluft», was von neuem alles zum Lachen brachte. In diesen Tagen strahlte er ständig. «Wie ein Maikäfer», hätte Mütterchen gesagt. Maria von Luxemburg verhielt sich dem jungen Mann gegenüber geradezu vorbildlich: sie quittierte die verlegenen Sympathiebezeugungen ohne zuviel und zuwenig Aufmerksamkeit. Wie sie es anfing? Ich weiß nicht. Jedenfalls machte sie es richtig. Mit Zartgefühl, Zurückhaltung und Güte. Wo es wohl jetzt ist, das Kind, das nunmehr Großmutter sein könnte? Von dem mir unter anderm in Erinnerung bleibt, daß sie stets unifarbene Kleider trug: grün, blau oder granatrot. Was ihr ein ernsthaftes Gehabe verlieh und sie noch anmutiger machte. Am Morgen, beim Frühstück, war sie stets die erste. Man traf sie brav an ihrem Platz, manchmal lesend. Und man hätte gesagt, daß sich an jenen Tagen der Herbst für sie besonders herausputzte. Der junge Mann und ich richteten es ein, daß wir zusammen hinuntergingen. Selbdritt scherzte man auf der Terrasse, bis die Eltern kamen. Und beim Intermezzo mit dem Toastbrot glaubte ich ein- oder zweimal einen Ausdruck von Spott in Marias Augen zu erhaschen, die sich plötzlich auf mich richteten, als ob sie nur mir ihr wortloses Erstaunen bezeugen könnten. Und noch mehr. Denn sie biß sich in diesem Moment auf die Lippen, und dieses Zeichen bedeutete mehr als alles, was ich über die Frühstückszeremonie berichten konnte. Wonach Maria ihrerseits ihr Zimmer aufräumte, lernte, las und ihren Eltern schrieb. Am Abend waren der Kleine und ich jedesmal freudig überrascht vom einfarbigen, schlichten Kleid des jungen Mädchens: aus schwarzem Samt mit einem weißen Spitzenkräglein, wobei die blonden Locken in lieblichster Weise auf die Spitzen hinunterflossen. Mit ihr ging eine duftig-zarte Welt einher, etwas altväterlich; und aus ihr entströmte eine Hoffnung auf ich weiß nicht was, die für uns die Mahlzeit zu einem Fest machte. Es sagte fast nichts, das junge Mädchen im Samtkleid, doch von ihr ging ein verhaltenes Glücksgefühl aus. Manchmal gab der Kleine, der für diesen Eindruck empfänglich war und ihn nicht wiedergeben konnte, zum Zeichen der Bewunderung eine Reihe von Blödeleien oder eine ausgemachte Grobheit zum besten. Worauf ihn alle auszischten. Er wurde rot wie Paprika. Lachte lauter als die andern. Maria, der nichts entging, senkte lächelnd den Kopf. Wenn sie ihn wieder hob, dann riefen mich die graugrünen Augen erneut schweigend zum Zeugen an, aus eigenem Antrieb, und wie ich hoffte, nicht zufällig; und dies schien weder der Kleine noch sonst irgendwer der Familie zu bemerken. Und dann blickten die Augen wieder anderswohin. Wie kurz sie mir vorkamen, die beiden Wochen im Herbst!

Manchmal ging die Familie den ganzen Tag fort, zusammen mit dem Kleinen und Maria. Dann blieb ich jeweils allein im Großen Haus. Mit Fräulein B., die nicht von ihrem Klavier wegwollte, und den Dienstboten. Ich benützte die Unterbrechung, um für meine Examen zu arbeiten. Gegen zehn Uhr morgens machte ich eine Pause und ging im verlassenen Haus die Treppe hinab. Im Salon setzte ich mich zur Bücherwand bei der Fensternische. Das Zimmer schien größer als gewöhnlich, etwas geheim wie alle Dinge, die sich selbst überlassen sind. Es war ein meist feuchtes Zimmer mit einem Geruch von Holz, abgenutzten Teppichen und ich weiß nicht was Muffigem und zugleich Gepflegtem. Ich saß einfach da und schaute, wie der Regen auf den Rasen und die gilbenden Bäume fiel; manchmal hörte ich eines der alten Möbel knakken, die, seit Generationen vererbt, der Familie so teuer waren. Im Haus hörte man sonst nichts als das stete Geräusch des Regens auf dem Kies und Fräulein B.s ewiges Klavier im ersten Stock. Und von Zeit zu Zeit knallte eine Tür zu, das war Klara, die mir, war die Herrschaft weg, die abscheulichste Stinklaune zeigte und sauer und herablassend war. Als ob sie mir zu verstehen geben wollte, daß ich nicht zum Haus gehörte. Und daß sie mich nur gezwungenermaßen und widerwillig «bediente». Ich betrachtete die Bücher der Bibliothek, fein gebunden – einige sogar ziemlich selten – doch ohne Reiz, und, wie man spürte, auch nie von jemand benutzt. Welche Kälte, wie sie auf den eleganten, doch toten Gestellen in Reih und Glied dastanden! Was mich übrigens jetzt nicht kümmerte. Alles war erfüllt, wenn ich so sagen darf, von Marias Abwesenheit. Und unendlich waren jene Vormittage, an denen ich das ganze Leben vor mir zu haben schien, stolz über eine Zukunft, die ihren Namen noch nicht kannte. Wie wenn ich zu etwas Einzigartigem berufen wäre. Und dann schellte das Telephon. Es war für Fräulein B., die

das Spiel einstellte, wie ein Wirbelwind die Treppe hinabfegte und dann stundenlang an der Strippe hing, um mit einer Freundin zu schwatzen. Von meinem Mansardenzimmer aus, in das ich längst zurückgekehrt war, und in dem das Feuer knisterte, hörte ich sie nach dem Geklatsche die Treppe hinaufgehen. Mittags waren wir selbander beim Essen, nur sie und ich im großen Eßzimmer, in denen gewöhnlich die Empfänge stattfanden, in deren Verlauf der Kleine nicht verfehlte, sich durch einige Possen bemerkbar zu machen – «Papa, willst du, wenn du jetzt nach Lyon zur Jagd gehst, auch deine Mätresse besuchen?» – und durch andere Liebenswürdigkeiten bei den feudalen Soupers, an denen ich teilnehmen mußte: «Was möchtest du gern, mein Liebling: ein Brötchen mit Lachs oder mit Krevetten?» – «Mit Scheiße, Mama.»
Wenn alles weg war, saßen Fräulein B. und ich beim Essen einander gegenüber. Ohne daß wir was zu sagen wußten. Sie gab kühle Artigkeiten von sich, als ob sie schon ihre künftige Rolle als Hausherrin einzuüben hätte. Ich antwortete mehr schlecht als recht. Vor allem, weil ich sah, wie sich die alte Klara ärgerte, daß sie uns zwei, Fräulein B. und mich, mit derselben Sorgfalt bedienen mußte, wie wenn die ganze Familie versammelt war. Doch man hätte wenigstens glauben können, daß man an diesen seltsamen Gastmählern, die nicht von den Eltern überwacht wurden, richtig zugreifen konnte. Um so mehr als ich schon mehrmals bemerkt hatte, daß Fräulein B. über einen gesunden Appetit verfügte. Doch das Gegenteil war der Fall. Und zwar aus zwei Gründen: erstens, weil die Kleine, wenn man die massige Gestalt so bezeichnen kann, mit hoffnungsloser Verzweiflung abmagern wollte, und zweitens, weil sie mir gegenüber die einzige Vertreterin des Familienkodex war, der die «Unmäßigkeit bei Tisch» als unanständig verbot. Vielleicht widerwillig, so schien mir wenigstens, amtierte sie als Hüterin der Familiengesetze. So

daß ich mir meinerseits nicht den Anschein geben durfte, mich in Abwesenheit der Eltern vollstopfen zu wollen, und darum nicht mehr Braten als üblich zu essen wagte. Wenn es hoch kam, nahm ich zwei dünne Scheiben. Während die anmächelige Schüssel auf dem für uns allzu großen Tisch thronte, der dadurch die Stille im Haus noch zu verstärken schien. Durch die Glastür sah ich die Terrasse und den Pingpong-Tisch, an dem ich manchmal mit Maria und dem Kleinen Tischtennis spielte. Und weiter weg: den Weiher, das kleine Gehölz und ganz in der Ferne der nassen Landschaft, winzig klein – von hier aus gesehen –, die Gittermasten einer Hochspannungsleitung. Unnötig zu sagen, daß das Essen unter diesen unfreundlichen Bedingungen nicht lange dauerte. Und daß jeder von uns beiden nach dem Kaffee schleunigst zu seinen Beschäftigungen zurückkehrte. Bis zum Moment, da man die Familie vollzählig heimkehren hörte. Von der ich von meinem Zimmer aus die Stimmen unterschied, und vor allem das gebieterische Geschrei des Hausherrn, der in der Garage etwas suchte und nicht fand. Beim Nachtessen sollte Klara nicht mehr ihre ärgerliche Miene haben. Und besonders würde Maria dasein. Und mit ihrem schweigenden Blick und dem Lächeln alles umfassen.
Zu jener Zeit kam es auch vor, daß der Kleine einen großen Sieg errang: wenn er von den Eltern tatsächlich die Erlaubnis erhielt, Maria «zum Tee» in die Stadt auszuführen. Die Eltern hatten mich darauf aufmerksam gemacht und mich um meine Meinung gebeten. Was war schon zu sagen! Man mußte dem Kleinen Vertrauen schenken und ihn behandeln wie jeden andern jungen Mann. Ist es nötig zu betonen, daß mein Schüler stolz war wie ein Pfau? Am abgemachten Tag erschien er pünktlich in einem prachtvollen himmelblauen Kleid, das ihn runder und röter denn je aussehen ließ. Beim Gehen verabschiedete er sich umständlich mit einer überheb-

lichen Miene, die zu sagen schien: «Für einmal bin ich der Glückliche, der das Täubchen verfrachtet.» Im letzten Moment – es war im Vestibül – richtete Maria einen Blick auf mich, aus dem ich fast ein geheimes Einvernehmen herauszulesen wagte, und schenkte mir ein Lächeln, das dafür – doch täuschte ich mich nicht? – wie eine stumme Bestätigung war. Und sie gingen. Doch um bei Maria zu bleiben: nach den zwei Wochen im Großen Haus wurde sie von einem andern Freund ihres Vaters eingeladen, der eine noch größere Liegenschaft am Seeufer besaß. «Ich will sie wiedersehen», erklärte mir der Kleine, der natürlich nicht wußte, daß ich mir im stillen dasselbe gesagt hatte. Ich ermunterte ihn. Was für mich ein Mittel wie ein anderes war, um mit dem jungen Mädchen in Kontakt zu bleiben. Bis zu jenem Tag – sie war wieder einmal zum Mittagessen ins Große Haus gekommen –, als wir vereinbarten, uns am folgenden Sonntagnachmittag zu treffen. Sie sollte mit der Bahn in die Stadt fahren. Ich würde sie am Bahnhof abholen. Und so spazierten wir im grauen Herbstlicht durch das Land mit dem duftenden Laub und den rauchenden Heckenfeuern. Wir kamen in die Nähe des Großen Hauses. Von dem wir ausgiebig sprachen. Wie von den Bewohnern, von jedem einzelnen, wobei wir besonders unsere Gedanken über den Kleinen austauschten, den das Mädchen, wie ich ohne Erstaunen bemerkte, mit allen seinen Schwierigkeiten und Gefahren richtig einschätzte. Sie sprach mit zögernden und gleichzeitig treffsicheren Worten, voll Mitgefühl, und lächelte leicht, doch ohne Spott, wenn von seinen Eigenheiten und manchen seiner Sprüche die Rede war. In diesen Momenten war etwas Zärtliches in ihr. Wie im Einklang mit dem Herbsttag. In ähnlichem Sinn sprach auch ich anschließend vom Kleinen. Daß die spaßige Art etwas Ernstes verbarg. Fast Tragisches. Was konnte er tun gegen die Kräfte, die in ihm und gegen ihn am Werk waren? Und auf dem Spaziergang spann sich seltsamerweise, und doch wieder nicht so seltsam, über den Kleinen, meinen Schüler, ein Band der Sympathie zwischen uns. Er war der Mittelpunkt unseres Gesprächs, das Medium sozusagen, für unsere Gedanken und für unser Schweigen nach dem Gedankenaustausch. Oder, wenn man so will, das Opfer, durch dessen Martyrium sich zwischen uns eine engere Verbindung ergab. Kurz, ohne es zu wissen, brachte er uns einander näher und schenkte uns einen Tag uneingestandenen Glücks. Außer dem Kleinen kamen auch, wie gesagt, die andern Familienglieder zur Sprache. Und mein Leben mit ihnen, von dem ich, um Maria etwas zum Lachen zu bringen, einige der drolligsten Szenen erzählte: das Frühstück, an dem sie einigemal teilgenommen hatte, die Streiche des älteren Bruders, Klaras schlechte Laune, das Knauserige an den Mahlzeiten. Und auch Dinge, die sie weder gekannt noch geahnt hatte. Zum Beispiel, daß im vorigen Jahr zur Zeit der Maiglöckchen das ganze Haus mobilisiert wurde, und wozu? Madame hatte beschlossen, daß die Maiglöckchen aus dem Gehölz verkauft werden sollten, für eine Kollekte zugunsten der kleinen Kongolesen, die von der Kirchgemeinde veranstaltet wurde; und da sie befürchtete – «Nun halten Sie sich mal fest», sagte ich Maria –, daß jemand einen schlechten Scherz machen und die Maiglöckchen, *ihre* Maiglöckchen klauen könnte, schickte sie in der Nacht einen nach dem andern von uns – den Kleinen, Fräulein B., Klara, Alfons, Madame selbst und mich; nicht aber den Bankier-Vater und ebensowenig den älteren Bruder, bei dem sie abgeblitzt war – auf die Wache oder besser gesagt auf eine Runde ins kleine Gehölz, mit der abgeblendeten Taschenlampe in der Hand. Um jedem Dieb zuvorzukommen! Und jeder weckte, sobald sein Wachdienst vorbei war – ungefähr nach einer Stunde –, den nächsten. Für die kleinen Negerlein! Maria konnte es kaum glauben. Dies und viele andere Dinge ... Auf unserm Spaziergang über Land lachte und lachte sie über die Geschichten aus dem Großen Haus, deren Ablauf manchmal unterbrochen wurde durch ein außerordentliches Ereignis, wie die Nachricht vom Fall von Paris an einem strahlenden Frühlingstag, die wie eine Bombe einschlug. Eine ganze Zeitspanne ... Aber es gäbe zu viel zu erzählen. Ich komme zurück zu meiner mündlichen Chronik, mit der ich Maria amüsierte, und von da zu den Turnstunden – nicht schwedische Gymnastik, sondern gewöhnliches Turnen –, die zu geben ich mehr oder weniger gezwungen wurde. Um gegen die Trägheit des Kleinen und seine Fettsucht anzukämpfen, waren Monsieur und ich übereingekommen, daß er vor dem Frühstück und dem Gebet eine Turnstunde zu absolvieren habe. Nun kam es allerdings häufig vor, daß ich in Versuchung geriet, den Abend in der Stadt zu beenden, aus der ich, wie der ältere Bruder, erst spät zurückkehrte. Erst in der Morgendämmerung. Bei Sonnenaufgang. Um so energischer machte ich mich an die Turnstunde, da ich selber gegen den Schlaf anzukämpfen hatte. Zu diesem Zweck holte ich im Schopf Alfonsens lange Leiter. Um sie an die Mauer anzulehnen, damit der Kleine aus dem Fenster klettern und dann, wie ich es von ihm verlangte, an den Leitersprossen hinunterhangeln und die Beine in der Luft schlenkern konnte. Eine Übung, von der ich mir in meiner Unkenntnis eine größere «Weckwirkung» versprach als von jeder andern, und die mir außerdem für die Überwindung der Angst geeignet schien. Und während ich mich mit der Vorbereitung der Pantomime befaßte, gingen plötzlich die Fensterläden am Balkon auf, Monsieur erschien im Schlafrock mit den roten und blauen Streifen, doch noch ohne Haarnetz, das angegraute Haar noch zerzaust, und fragte mit heiserer und leicht spöttischer Stimme: «Soso, Herr H., schon aufgestanden?» – «Aber ja», antwortete ich, «um diese Zeit gefällt's mir am besten.» Worauf er das Fenster schloß und wie Kasperle den Kopf in die Kulissen zurückzog. Und nachdem ich den jungen Mann mit kraftvoll-entschlossener Stimme gerufen hatte, sah ich nun das schlaftrunkene Babygesicht mit einem sauersüßen Grinsen am Fenster auftauchen. Offenbar wußte er nicht, wo er war. Und als er dann die Leiter sah ... So begann unser Tagewerk. Maria lachte immer noch, wie über die andern «Heldentaten» des Kleinen, die ich ihr erzählte. Über seine Diebereien unter anderm, die die ganze Familie in Bestürzung versetzten, da sie trotz ihrer Wendung ins Komische oft wie eine Beleidigung für die Ehrenhaftigkeit des Clans und darüber hinaus für die sakrosankte Ehrlichkeitstradition der Bank erschien. Da war einmal das Verschwinden der Bücher am Boulevard des Philosophes. Doch was war das schon im Vergleich zu den berühmten Bridgeabenden im Großen Haus, an denen sich die Gäste, falls sie unglücklicherweise ihr Portefeuille in der Garderobe im Mantel vergessen hatten, heimlich um einige blaue Scheine erleichtert sahen? Der Kleine. Und so gab es post festum Verhöre, Sitzungen des Familienrates, vertrauliche Warnungen oder zur Strafe nur Wasser und Brot, was den Heißhunger des Unglücklichen nur noch verschlimmerte. Gefolgt von der Komödie des reuigen Sünders. Bis zur nächsten Freveltat. Die zum Beispiel darin bestand, daß der Kleine auf dem Weg in die Stadt die Münzen aus den Kästen der Zeitungshändler klaute. Ungeachtet der Ermahnungen, die man ihm mit viel Mühe beizubringen versuchte: daß schließlich die Verkäufer, die ohnehin nicht verwöhnt seien, den Schaden selber zu tragen hätten. Und wenn er nicht der Sohn seines Vaters wäre, so usw. Doch man hatte gut reden. Der Kleine gab alles zu, mit entwaffnender Ehrlichkeit und sogar mit gutem Willen. Um dann im gegebenen Moment von neuem zu beginnen. So an dem Tag, da er zu der «wackeren» Frau V. gegangen war, der Bäuerin auf dem Nachbarhof des Großen Hauses, die er von Kindsbeinen an kannte und gut mochte. Und der er mit treuherziger Miene einen Besuch abstattete, wobei er sehr gut den braven Burschen zu spielen und die alte Bäuerin mit scheinheiliger Aufmerksamkeit einzuwickeln verstand. Liebe Frau V. hier, liebe Frau V. da. Bis zum Moment, als man bemerkte, daß die zehn Franken in der Küchenschublade verschwunden waren. Die liebe Frau V. fiel aus allen Wolken. Ein andermal war aus dem Hof ein fürchterliches Geheul in die stillen Nachmittage gestiegen, und alles ging drunter und drüber. Grund? Der Kleine hatte den Kettenhund unter der Treppe eingeklemmt, ihm die Fahrradpumpe in den Hintern gesteckt und fröhlich zu pumpen begonnen... Sollte man ihn strafen? Weshalb? Wie? Das schönste war, daß Madame in ihrer Verzweiflung nichts Besseres gefunden hatte, um aus ihm einen neuen Menschen zu machen, als ihm «Verantwortung zu übertragen» und ihn von der Kirchgemeinde als Helfer für die Sonntagsschule anstellen zu lassen. Wo ihn übrigens die Kinder gern hatten. Doch er führte trotzdem heimlich und nebenbei seine Raubzüge weiter. Ich wunderte mich nur, daß er sich nicht noch in der Kirche als Opferstockmarder betätigte! Wie ich von all den Dingen erzählte und mit Maria über Feld ging, lauschte sie, den Blick zur Erde gesenkt, nachdenklich und manchmal besorgt, als ob sie das Schicksal des Kleinen, Spaß beiseite, ernsthaft beschäftigte. Manchmal hob sie den Blick, der immer fragend blieb. Und rund um uns der Herbst, mit neuem Wein, Nüssen und dem Geknalle der Jäger, das sich gegen die Waldhügel an der Grenze verzog, hinter dem wilde Kämpfe mit den französischen Maquisarden tobten. Wir waren zu Fuß in die Stadt zurückmarschiert, gegen Nachmittag, auf einem großen Umweg, und beide schwiegen. Und als wir im Bahnhof zum Bahnsteig kamen, auf dem Maria den Zug nehmen sollte, wen sehen wir da auf einmal? Den Kleinen, der zum Nachtessen bei Bekannten eingeladen und mit Erlaubnis der Eltern in die Stadt gekommen war. Ich sehe noch sein schmunzelndes Mondgesicht, das bei unserm Anblick jäh errötete, während er uns umständlich begrüßte, doch wie jemand, der begriffen hat. Im ganzen wurden kaum drei Worte gewechselt. Darauf drückte er uns etwas zappelig die Hand, wobei er das Mädchen und mich mit gekränkter Ironie anschaute. In jenem Moment hatte ich den Eindruck, etwas Übles getan, das Vertrauen getäuscht zu haben. Dolchstoß in den Rücken. Der liebliche Spaziergang mit Maria bekam nun etwas Mörderisches. Fühlte es das Mädchen auch? Ich wußte es nicht – der Zug fuhr ab –, und ich sollte es nie wissen. Der Kleine machte tags darauf nicht die geringste Anspielung auf das Zusammentreffen, auch später nicht. Und niemals mehr sprach er von Maria von Luxemburg, und soviel ich weiß, suchte er sie auch nie mehr zu treffen. Ich übrigens auch nicht. Doch dies aus Gründen, die nur mich angehen und hier nicht von Belang sind.

Noch einmal Tennis

So kam der Zeitpunkt, da der Krieg sich ausweitete; ich hatte einen Teil meiner Examen bestanden, im Leben des Kleinen häuften sich die Schwierigkeiten, und im Großen Haus begann eine neue Phase. Fiebriger. Hindernisreicher. Ärztliche Behandlungen, sorgsame Pflege, Zeichen des Vertrauens, freundschaftliche Unterhaltungen – alle Anstrengungen für den Kleinen versagten. Nach und nach verschlechterten sich trotz der gegenseitigen Artigkeiten die Beziehungen zwischen ihm und mir, zwischen mir und der Familie. Und die ganze Zeit über nahm der Kleine unaufhörlich zu. Sein Kopf glich immer mehr einer Melone. Einer Melone mit Blutwallungen. Er hatte nach Ansicht des Arztes – der Ärzte – Hormonstörungen mit ich weiß nicht welchen Komplikationen. Auch die Freßsucht verstärkte sich. So daß die Raubzüge häufiger und vielfältiger wurden. Man mußte ständig ein Auge auf ihn haben. Nun hatte ich, was für mich besonders demütigend war, ihn zu begleiten, wenn er in die Stadt ging. Kurz, den Polizisten zu spielen. Die unendlichen Wartezeiten an einer Straßenecke – es war, als ob ich Schmiere stände – nutzte ich, um einen Text auswendig zu lernen und Notizen für die Abschlußexamen zusammenzustellen. Ich mußte den Kleinen beim Lernen straffer im Zaume halten, wobei der Grad seiner Konzentrationsfähigkeit – ohnehin schon sehr schwach – noch abnahm, und zwar umgekehrt proportional zu seiner Freundlichkeit. Die manchmal etwas überschwenglich und offensichtlich eine List war. Und zu andern Zeiten tiefgreifende Störungen überdeckte, unberechenbare Launen: Zorn und Ekel, oder dann etwas wie lastende Schwermut. «Er sollte mit Mädchen gehen», meinte der ältere Bruder mit einer Schroffheit, an die er selber nicht glaubte. Was mich beklemmte, waren weniger die Launen des Kleinen an sich, sondern die Gefühle der Ohnmacht angesichts der zunehmenden Verschlimmerung seines Zustands. Er schlief schlecht. Und mehr noch. Ich meine, daß sein Schlaf, der bisher immer ruhig gewesen war, zu dieser Zeit von Somnambulismus-Krisen gestört wurde. Der Kleine wandelte im Schlaf durch das Haus. Einmal mußte man ihn zurückhalten, als er sich gar auf das Dach hinauswagen wollte. In einer andern Nacht, ich erinnere mich, wurde alles aufgeschreckt durch ein Angstgeschrei, ein lautes Geheul. Der Kleine hatte seine Zimmertür aufgerissen, da er, wie er sagte, von einer zottigen schwarzen Riesenspinne verfolgt wurde. Er brauchte mehrere Sekunden, bis er sich wieder auffing, mich erkannte, und, indem er fiebrig mit der Hand über das Gesicht fuhr, eine Entschuldigung stammelte. Worauf er erzählte, wie er verfolgt worden sei. Mit scherzhaften Worten (seine weltmännische Seite). Und mit offenbar wiedergefundener Gutmütigkeit ging er wieder zu Bett. Doch kurze Zeit später gab es seinetwegen einen noch ernsteren Alarm. An einem Sonntagabend, an dem ich früher heimgekehrt war als sonst, fand ich die Familie völlig verbiestert. Der Kleine hatte anscheinend versucht, sich mit Vaters Jagdflinte totzuschießen. In seinem Zimmer. Der Schuß war losgegangen, hatte ihn aber nicht getroffen. Richtiger Selbstmordversuch oder Theater? fragte sich Monsieur. Denn im Großen Haus war ein ungewöhnlich wichtiger Diebstahl entdeckt worden. Vielleicht handelte es sich nur um einen spektakulären und naiven Versuch des Kleinen – wenn auch genau seiner Art entsprechend–, die Aufmerksamkeit abzulenken. Was für ein Drama schloß sich übrigens dem Zwischenfall an! Einschließung des Jungen; endlose Diskussionen; regelrechte Verhöre, von den Eltern selbst geführt; Geständnisse seinerseits, schriftlich, mündlich, gefolgt von Widerrufen, widersprüchlichen Dementis, feierlichen Eiden – auf das Haupt seiner Mutter –, daß er am Diebstahl unschuldig sei. Wenn Geld verschwunden war, so konnte er, trotz früherer ähnlicher Fälle, diesmal ganz sicher nichts dafür. Er konnte es beschwören. Und all das, damit man dann eine Woche später herausfand, und zwar mit allen Beweisen (ich entsinne mich nicht mehr der Details), daß eben doch er es gewesen war ... Und daß er, wie er eingestand, den Selbstmordversuch nur vorgetäuscht hatte. Doch lassen wir das. Von jener bewegten Zeitepoche im Großen Haus bleibt mir nur noch die Erinnerung an eine Reihe von Ärgernissen, von Meinungsverschiedenheiten zwischen den Eltern und mir über die pädagogischen «Richtlinien» zu Nutz und Frommen des Kleinen, von unerquicklichen Mahlzeiten und von unsinnigen Tennispartien, an denen ich zu meinem Leidwesen teilnehmen mußte. Wobei wir – immer und immer wieder – unauffällig die Kleider der Damen und Herren überwachen mußten, damit nicht die Fingerfertigkeit des Kleinen in der Garderobe beim Lawn-Court die Banknoten davonschwirren ließ. Tennispartien, an denen ich nicht umhin konnte, an Mamsell Eliane und die Nachmittage bei Smiths zu denken. Ich fühlte mich ebenso lächerlich und ebenso beklemmt, wenn auch aus andern Gründen. Und auch hier zeigte sich im Zeichen des Raketts der Charakter jedes einzelnen Familiengliedes völlig ungeschminkt.

Das Ende eines Aufenthalts

Wie ging mein Aufenthalt im Großen Haus zu Ende? Eigentlich hätte ich Mühe, es zu sagen. Es liegt so manches Jahr zurück. Man mußte sich in einem Geist «gegenseitiger Höflichkeit» getrennt haben, und mit einem Unbehagen über das ungewisse Schicksal des Kleinen. Und so löste sich aus meinem Leben das Große Haus mit dem Rasen am See, dem Weiher im kleinen Gehölz, den altehrwürdigen Bäumen, den langen Regentagen, mit dem Ritual der Morgenessen und der Leseabende, mit den vielen Gesichtern, darunter demjenigen Marias von Luxemburg. Und nach und nach auch das Bild des Kleinen, den ich indessen ganz deutlich – mit welcher Deutlichkeit! – am Stundenbeginn auf der Türschwelle ankommen sehe, mit den Heften unter dem Arm, das Gesicht von den ersten Sonnenstrahlen gerötet, dem Flachshaar und dem zutraulich-verwirrten Lächeln. Und jener Beleibtheit, die etwas verbarg, was ihm zum Unheil gereichte, und das jeder zu bestimmen versucht hatte, mit ebensowenig Erfolg wie er selbst. Mehrmals begegnete ich ihm, er war derselbe

wie stets. Derselbe? Man fragte gegenseitig nach dem Befinden mit einer Art umständlicher Aufmerksamkeit, mit einer Prise Humor auch, in den sich Verlegenheit mischte. Wie zwei alte Verschwörer. Wobei sich der Kleine «wie ein Mann aufführen» wollte, wie man ihn ständig ermahnt hatte. Und sich dabei eine kindliche Mühe gab und alles einsetzte. Auch die prachtvollen Manschettenknöpfe. Kurz, er strebte nach einer neuen Daseinsform, von der die Seinen hofften, daß sie die Auswüchse dämpfen würde. Worauf wir uns, wie es so geht im Leben, schließlich völlig aus den Augen verloren. Jahrelang. Bis zum Tag, da ich nach meiner Rückkehr aus Italien von seinen Eltern einen Brief bekam, der die verhängnisvolle Nachricht enthielt: nach einer Reihe mühseliger Erfahrungen habe der Kleine, so hieß es, seinen Weg gefunden. Den Weg ... in die Bank! Eine Zeitlang schien er das innere Gleichgewicht zu finden. Arbeitete zur Zufriedenheit aller an dem anspruchslosen Posten, den man – selbstverständlich dank Papas Hilfe – für ihn gefunden hatte. Bis er, unter Umständen, die selbst den Eltern unklar blieben, plötzlich seinem Leben ein Ende setzte. Wie? Die Nachricht blieb in diesem Punkte diskret und unklar. Doch ich glaube in der Folge von Schlafmitteln sprechen gehört zu haben. Worauf mir Monsieur und Madame dankten für «alles, was ich seinerzeit für ihren Sohn getan hatte». In Wirklichkeit gar nichts. Sie waren aus dem Großen Haus ausgezogen. Fräulein B. war nicht Pianistin geworden, sondern Geschäftsfrau und leitete in Paris eine bedeutende Schallplattenfirma. Der ältere Bruder, der brillante Reitersmann und Instruktionsoffizier, hatte sich verheiratet, war Vater von drei prächtigen Kindern und fühlte sich in der Ehe wohl.
Doch hier noch das letzte Begebnis im Zusammenhang mit dem Kleinen. Ich stand vor einer Quartierpost – viele Jahre später –, da sehe ich einen uralten Mann auf mich zukommen,

und er redet mich an. Es war Monsieur, der Ex-Bankier in Person, der sich glücklich bezeichnete, mich zu treffen und mir versicherte, daß Madame und er das größte Vergnügen hätten, mich eines Tages zum Mittagessen empfangen zu dürfen. Wie konnte ich ablehnen? Und übrigens hatte ich dazu gar nicht die Absicht. Es war, als ob ich bei dem Paar – im Alptraum des schwindenden Lebens – meine Jugendzeit wiederfinden würde. Und so ging ich denn an einem jener Herbsttage, die die Stadt ätherisch leicht und köstlich erscheinen lassen wie eine Weintraube, zu meinen «Freunden» aus dem ehemaligen Großen Haus. Am Rande einer herrschaftlichen Wohnsiedlung. Nicht in einem Genossenschaftsblock, wie man sich denken mag. Sondern in der geräumigen Attikawohnung eines supermodernen Hochhauses mit Blick auf Berge und See. Ruhig. Eine Hausangestellte, gekleidet im alten Stil, schwarz mit weißem Schürzchen, hieß mich eintreten. Völlig verschieden von der alten Klara. Nicht dürr, sondern frisch und schön und anmutig. Sie ließ mich ziemlich lange allein im großen Zimmer, das als Salon diente, und in dem ich ohne weiteres die Möbelstücke von früher wiedererkannte: diejenigen aus dem Salon des Großen Hauses, in dem ich mich manchmal an Regentagen in Abwesenheit der Familie aufgehalten hatte. Das heißt dieselben Bücherwände, dieselben Fauteuils wie einst in der Nische bei der Veranda, von der aus man Alfons mit seiner Arbeitsbluse vorbeifahren sah, den Kragen hochgeschlagen unter dem Regen. Derselbe niedrige Tisch mit der Glasplatte ... Ich war bei meinen Erinnerungen, als Monsieur erschien. Und, obschon gebückt und weißhaarig, mit festem Schritt auf mich zukam. Noch in seinem hohen Alter fühlte man die frühere Straffheit. Noch immer gemahnte er an den stattlichen Mann, der er in seiner Jugend gewesen sein mußte, und dem nun sein älterer Sohn glich. Derselbe Stahlblick unter den Brauen und zeitweise, gewiß, eine Erinnerung an das listige Fünkchen. Doch alles nun wie verhüllt in ihm. Überdeckt wie von einem Schleier. Worauf Madame Einzug hielt. Allerdings kam sie nur noch mühsam vorwärts. Sie stützte sich nicht nur auf einen, sondern gleich auf zwei Stöcke. Immer noch von hoher Gestalt. Doch der Rumpf, wie es schien, gelähmt. Ein Schlag, wenn ich gut verstanden habe. Denn die Erklärungen waren verwirrt. Arme Pharaonin. Auch sie in ihrer Distinguiertheit wie in Gaze verschleiert. Ihre Präsenz war zarter, fast verwischt. Vor der alten Herrschaft hatte ich das Gefühl, daß vom Menschen mit der Zeit nur noch der Atem übrigbleibt. Der mit der Geburt beginnt. Und bald kamen wir auf das «Thema» zu sprechen: den Kleinen. Dessen Lebensende – wollten es die Eltern so? – im Gespräch stets im ungewissen blieb. Nicht ein Wort von den Schwierigkeiten, die das endgültige Ende angekündigt oder gar gefördert haben mußten. Dagegen betonte man die Gelöstheit seines Gesichts, als man ihn fand. War die Riesenspinne besiegt? Ganz langsam, während wir vom Kleinen sprachen und das Septemberlicht des schönen Tages durch die Fenster hereinströmte, stand Monsieur, der Ex-Bankier, auf; er begab sich zum Büchergestell und brachte ein winziges Paket, eingewickelt in Seidenpapier. Ein Photo des Kleinen. Das er «extra für mich» hatte anfertigen lassen, wie er fast verlegen gestand. Und das er mir tatsächlich gab. Im Gedenken an usw. Und während er weiter mit mir sprach, betrachtete ich das pausbäckige Gesicht des Kleinen auf dem Bild, so unschuldsvoll, wunderbar unschuldsvoll, wie ein Säugling, der vor dem Photographen ernst aussehen möchte. Man hätte gesagt, daß jeder von uns dreien in diesem Augenblick zu seinen Ursprüngen zurückging. Worauf das Mädchen, das anmutig war, unendlich viel anmutiger als Klara, die Doppeltür öffnete und nicht ohne Förmlichkeit ankündigte, daß wir uns zu Tisch begeben könnten. Nebenbei gesagt berührte mich die erlesene Güte der Weine wie eine besondere Aufmerksamkeit. Und zu meiner Überraschung stellte ich fest, daß Monsieur, der vor, ach, schon so langer Frist an den Mahlzeiten auf der Terrasse, wenig gesagt, so gemäßigt war – ein Glas, oder höchstens anderthalb, zu der gefüllten Tomate –, nun die Gläser nicht mehr zählte! Weder für sich noch für mich. Indessen sprach Madame, die ihrerseits nur Wasser trank, mit einer verschleierten, fast erloschenen Stimme. Eine Zeitlupen-Mahlzeit, doch nicht mehr kärglich, sondern wie ein üppiges Pfropfreis aus früheren Zeiten. Und während ihrer Dauer fühlte ich mich auf rätselhafte Weise verdoppelt und im Vergleich zu meinen Gesprächspartnern für flüchtige, lächerlich kurze Augenblicke verjüngt. Einen Moment lang war der duftigleichte Himmel wie Anno dazumal voll Verheißung. Eine Mahlzeit, von deren Gesprächen mir nur ein Ausspruch bleibt, so erstaunlich, daß ich ihn nicht vorenthalten darf. Als wir über Segen und Unsegen der heutigen Zeit sprachen – zum Unsegen gehörten: Hunger, Elend, Krieg, Konflikte aller Art, Rassenhaß, Jugendprobleme in einer Welt des Umbruchs –, schwieg Monsieur bis zum Dessert, an dem er jenen Leitsatz fand, den er übrigens nur leise sprach, als schämte er sich darüber ein wenig, wobei ich mich fragte, ob ich nicht träume, ob meine Ohren richtig hörten oder ob mein Geist gestört sei: «Ich will Ihnen etwas gestehen», sagte er langsam, fast zitternd, hob den Kopf und schaute gradaus, «etwas, wozu ich eigentlich schlecht plaziert bin, aufgrund meines Lebens und meines Berufs, den Sie kennen: ich glaube ... das Übel ... sehen Sie ... das ganze Übel kommt vom Geld ...»

Als der Zeitpunkt zum Abschied da war, wollte mich Madame nicht einfach so gehen lassen. Sie hatte sich mühsam auf ihre Stöcke aufgerichtet, und, gestützt von Monsieur, schleppte sie sich nicht weniger mühsam auf die große Balkon-Terrasse mit den Rosensträuchern, die sie selber hegte, und riß drei Rosen ab. Drei rote Rosen – ich sage alles, wie es war –, die sie mir gab. Ich drückte beiden die Hand, ihr und ihm, wie durch einen Dunst. Und ging. Mit meinem Photo und mit meinen Rosen.

TAUBEN IM ABEND- UND MORGENDÄMMER

Der Erste Geiger

Zu der Zeit, als Mütterchen noch gehen konnte, nahm sie mich zum erstenmal in meinem Leben an ein Konzert mit, während Vater vorübergehend nach Griechenland zurückgekehrt war. Zwei Männer boten uns an jener denkwürdigen Aufführung Anlaß zu einem Gespräch im dunklen Saal, in den sie mich geführt hatte, mit den barocken Säulen und Balkonen, mit Purpurnischen und Karyatiden, in meiner Erinnerung weit und geräumig wie eine Luxus-Galeere, mit Wogen aus abgenutztem Samt, mit etwas ich weiß nicht was Verstaubtem auch und Provinziellem, eingehüllt in einen wallenden Mief wie Pfeffer. Genug. Denn es geht hier, um auf unsere Persönlichkeiten zurückzukommen, um den Ersten Geiger einerseits und zum andern um den Dirigenten höchstselbst, den Mütterchen trotz seiner damaligen Berühmtheit nicht leiden mochte. «Das ist kein Musiker», sagte sie verdrießlich, «sondern ein Mathematiker.» Und fügte abschließend bei: «Er ist kalt und überheblich. Ich hasse ihn.» Ein Ausdruck, den Mütterchen selten brauchte, und der mir darum um so mehr auffiel. Heute noch kann ich den Namen des von allen verehrten Meisters – der inzwischen verstorben ist – nicht hören ohne, trotz der selbstverständlichen Anerkennung seines Talents, eine merkwürdige Verlegenheit gemischt mit Abneigung zu spüren. Kurz, ein Widerstreben, das später durch nichts zum Verschwinden gebracht wurde. Beim Konzertmeister hingegen war es ganz anders. Bei ihm vergaß man Talent und Können. Alles ging auf einer andern

Ebene vor sich. Der Mensch war hier wichtiger als der Künstler. Alles an ihm war in unsern Augen nur Ruhm und Glanz. Schon die Bezeichnung «Erster Geiger», deren Sinn ich nie recht zu begreifen vermochte, obschon sie mir Mütterchen mehrmals und wahrscheinlich mit aller notwendigen Klarheit zu explizieren versuchte. Doch wenn mir die eigentliche Rolle des Ersten Geigers entging, so bemerkte ich doch den bedeutenden Platz, den er auf der Bühne einnahm: am nächsten beim Dirigenten und beim Publikum, das heißt bei uns. Wozu beizufügen ist, daß der Erste Geiger in einer Haltung auf seinem Stuhl saß, die eindeutig seine im Vergleich zu den andern Geigern überragende Rolle als Konzertmeister kundtat. Was besonders auffiel, wenn das Orchester, nachdem der Maestro mit nervösen Taktstockschlägen auf das Pult die Ruhe hergestellt hatte, ein Stück begann, *das* Stück. Aus dieser Stille, die wie eine große Seifenblase den Saal und uns selbst umfaßte, sehe ich die beiden Männer auftauchen – auferstehen, gegensätzlich und sich ergänzend, aus dem fernen Erlebnis, das mir so gegenwärtig ist, und mehr als gegenwärtig: es wirkt in mir, mit dem Ersten Geiger also, der bolzgerade dasitzt, den Kopf zurückgeworfen, wie man ihn später wieder sehen sollte, wenn er einige Meter vor dem Musikkorps den Boulevard hinuntermarschierte und das Profil des müden Löwen zur Schau stellte, doch jetzt noch jugendlich, schneidig, con brio. Während der Stille war der Löwe, der junge Löwe, aufmerksam. Bescheiden, ja, und seinem Stolz zum Trotz aufmerksam. Gewiß war es dies, ich gestehe es, was ich in diesen Sekunden bemerkenswert fand. Nichts mehr von Pose: eine unmerkliche – doch von mir bemerkte – Bangigkeit, die ihm nur noch mehr Ansehen gab. Ich hielt meinen Atem an. Was Mütterchen nutzte, um mir in einem anderen Atemzug, in der schicksalsschwangeren Zehntelssekunde vor dem Auftakt zu sagen: «Schau gut auf seine Finger, wenn er spielt.» Und ich schaute wirklich angestrengt hin. Doch einstweilen nahm etwas anderes am Ersten Geiger meine Aufmerksamkeit in Anspruch. Ich will sagen, er führte von seinem Sitz aus, wie wir gesehen haben, die in Zweierreihen besammelte Kohorte der Geiger an, die aussah – und sobald das Orchester zu spielen begann, wurde der Eindruck mächtiger – wie die Figuren eines Karussells, das sich im Kreise dreht oder wie das Gewoge der Töchter des Meergottes Nereus, der Nereiden: anders gesagt: die Meereswellen mit den Schaumkronen! Doch kommen wir zurück zum schicksalsträchtigen Moment just vor Beginn des Stücks. In die allumfassende Seifenblase. In der ich eine merkwürdige Feststellung machte. Und zwar war es dies: wie eine schmale Borte dem Profil des Ersten Geigers entlang, doch demütiger als dieser oder, um alles zu sagen, richtig demutsvoll und kaum sichtbar von unserm Platz, wodurch die Demut noch unterstrichen wurde, versteckte sich das Profil des Zweiten Geigers. Und ich kann hier kaum erklären, wie sehr mich dessen im Vergleich zum Ersten Geiger unvorteilhafte Position ungerecht dünkte, da er im Halbkreis des Orchesters völlig in den Schatten gedrängt war. Ich glaube damals dem Mütterchen einige Fragen gestellt zu haben, die jenen Mann mit dem kaum sichtbaren Profil hinter dem Löwenprofil des Ersten Geigers betrafen. Doch ich erinnere mich nicht mehr, was sie und ob sie überhaupt geantwortet hat. Ich erinnere mich nur, daß sie zerstreut war oder beschäftigt mit andern Dingen, was meine Fragen nur noch mehr erregte und zu einer einzigen verschmolz: Wer war jener Herr? Warum sagte man von ihm, er sei der «Zweite Geiger»? Spielte er weniger gut als der Erste Geiger? Wahrhaftig weniger gut? Und war sein Beitrag im Ensemble weniger wichtig? In einem Ensemble ist doch jeder wichtig. Ich war, nicht ohne eine gewisse Verwirrung, die der Einsamkeit zuzuschreiben war, in der ich – trotz Mütterchens Nähe – die Dinge empfand, erregt, verärgert, empört auch, daß es zwischen zwei Geigern eine derartige Diskriminierung geben konnte. Dem Publikum gegenüber eine derart unterschiedliche Behandlung zwischen dem Ersten Geiger mit dem zurückgeworfenen Kopf, der eindrucksvollen Mähne und dem unter den Stuhl abgewinkelten linken Bein einerseits und dem bleichen Gesicht andererseits, das sich ebenfalls zum Maestro hob, doch ohne den erwartungsvollen Stolz, zwar nicht gerade wie ein geschlagener Hund wie der arme H., wenn er bei den Philosophen allein von dannen zog, doch sagen wir traurig, enttäuscht vielleicht, wie übergangen. Jedenfalls stellte ich es mir so vor. Wie ein Doppelgänger des Ersten Geigers, der sich seiner Aufgabe gewissenhaft, aber ruhmlos entledigte. Ohne bemerkt zu werden. Ohne den Eigencharakter zeigen zu dürfen, wie dies in wenigen Augenblicken der Erste Geiger tun würde. Warum? Von ganzem Herzen stellte ich diese Fragen, die ohne Antwort blieben. Und so richtete ich denn von jetzt an meine Teilnahme auf den Zweiten Geiger mit einem schmerzlichen und fast aggressiven Eifer. Schmerzlich wegen der Ungerechtigkeit. Und aggressiv, weil ich wußte – zweifellos als einziger im Saal –, das zu fühlen, was ich fühlte und eine Wahrheit (mit vielen Fragen) besaß, die nicht diejenige der andern (die von der «Zweiten Geige» sprachen) war, und von der die andern ganz gewiß keine Ahnung hatten. Doch ein kurzes Wort auch schließlich über den Dirigenten. Noch mehr eine Hauptfigur, wie sich von selbst versteht, als der Erste Geiger; auf ihn schien die Aufmerksamkeit des ganzen Saales konzentriert zu sein, wenn er dastand, die beiden Arme erhoben in der letzten lautlosen Stille, von hinten mit dem Schwalbenschwanz wie ein an ein Scheunentor genagelter Vogel oder ein aufgespießtes seltenes Insekt. Doch kaum hatte das Stück begonnen, in rasendem Tempo, was war für mich in dieser

Fülle entfesselter Töne am wichtigsten als winziger Fixpunkt im Strom, das Ensemble zwischen Musik und Stille stützend? Ein schriller metallischer Ton: das Triangel. Worüber Mütterchen einst den mysteriösen Ausspruch machte: «Ohne dieses kleine Instrument könnte das Orchester nicht fortbestehen.» Offensichtlich war das Triangel mit seinem sporadischen Klingeln der Schlüssel zum Ganzen. Es wirkte anders als alle andern Klänge und gab diesen erst die richtige Dichte und Bindung. Gewiß, man konnte nicht von ihm und seinem Kling-kling allein leben. Doch man konnte auch nicht ohne es leben. Es gab dem Gebrause der Musik erst die richtige Würze. Vielleicht fühlte ich mich darum in einem geheimen, stillen Einvernehmen mit dem Genossen Triangel.
Doch eines Tages änderte sich mit dem Ersten Geiger plötzlich alles, was wir von seinem Leben kannten, und auch das Gefühl, das wir ihm entgegenbrachten. Ein Ausspruch Mütterchens gab einmal mehr den Ton an. Ich entsinne mich nicht mehr genau der Worte, die sie brauchte. Ich habe nur den Hinweis behalten. Den ich hier in die Sprache der Fakten übertragen kann, wenn dies sinnvoll ist. Kurz, die den Ersten Geiger betreffende Änderung bestand vorerst darin, daß er von einem Tag auf den andern seinen glorreichen Platz im Orchester und gleichzeitig auch sein Amt als Lehrer an einer höheren Staatsschule aufgeben mußte. Aus einem jener Gründe, die in den Augen eines Kindes völlig klar, aber für Eltern, jedenfalls diejenigen von früher, unerfindlich sind, und die Mütterchen ihrerseits in einer jener indirekten Anspielungen formulierte, für die sie das Geheimnis hatte und die tatsächlich anregender wirken als die Reden frisch von der Leber weg. Sie sagte – oder gab vielmehr zu verstehen –, daß sich jener Herr Konzertmeister etwas allzusehr für einige seiner hübschen Schülerinnen interessiert habe und dies unglücklicherweise in den Schullokalitäten, so daß schließlich

und endlich der Firlefanz ausgekommen sei. Man mag es glauben oder nicht, aber der Ausdruck «Firlefanz» ist für mich untrennbar verbunden mit der Geschichte des Ersten Geigers, des Ex-Geigers. Der in meinen Augen nicht nur nichts von seinem Ruhm verloren hatte wie für die andern Leute am Boulevard des Philosophes, sondern zur exotischen Macht des Löwen noch die Aureole des Opfers bekam. Denn nebenbei gesagt habe ich heute allen Anlaß zu denken, daß sein Ausschluß unter dem erwähnten Vorwand tatsächlich wegen seiner «fortschrittlichen» Ideen erfolgt war, die er vor niemand verbarg. Es ging um politische und soziale Fragen. Man hatte einen Vorwand gesucht und ihn gefunden. Doch Mütterchen hatte stets Mühe, solche Dinge auseinanderzuhalten. Wenn sie nach seinem «Fehltritt» von ihm sprach, schüttelte sie den Kopf. Und in dieser Bewegung lag Bestürzung und auch Sympathie. So folgten wir denn mit einem von verschiedenen Gefühlen beladenen Blick dem Ex-Konzertmeister, wenn er den Boulevard je nach Stunde hinauf- oder hinabging, mit einer, wie soll ich sagen, stolzen und beim Älterwerden leutseligen Miene, doch empfänglich auch für den freundlichen Gruß, der ihm, man fühlte es, ein Beweis der Solidarität im Mißgeschick war gegen jene, die gewagt hatten usw. Mit dem noch stets zurückgeworfenen Kopf und den Händen auf dem Rücken sah er aus wie ein Bilderbuch-Beethoven, wie ein Mann, der aller Sorgen ledig ist. Doch gleichzeitig war unter dem äußern Gehabe etwas, das mir vor allem geblieben ist, etwas Verbrauchtes, das böse Zungen als schäbig bezeichnet hätten. Unter dem anscheinend entspannten Gebaren etwas Unordentliches, das sich aber ebenfalls fortschrittlich geben wollte: längere Haare zum Beispiel als früher, mit einer Mischung von Nachlässigkeit, Überdruß und Provokation. Immer noch Löwe, doch ein ermatteter Löwe. Ein Löwe, der spürte, daß trotz schneidiger

Allüren nicht alles nach Wunsch lief. Die Erkenntnis, daß man gegen seinen Willen, oder kraft eines inneren Willens den Weg ins Verhängnis eingeschlagen hat. Den man eigentlich nicht wollte. Unter dem trutzigen Vorsatz, dem Schicksal die Stirne zu bieten, regt sich ein inneres Beben. Niederlage und Mißerfolg zeigen unheilvoll den Zipfel des zottigen Ohrs. Angst. Doch man fängt sich auf, gewiß. Und mit verzweifelter Gelöstheit winkt man allen Leuten zu, deren freundschaftlichen Gruß man erwidert. Das jedenfalls war es, was ich ahnte, wenn ich ihn bei den Philosophen vorbeigehen sah. Was Mütterchen nach einer Pause und einem Kopfschütteln unvermeidlicherweise sagen ließ: «Armer Mann.» Was in diesem Fall auf grausam-sanfte Art stimmte. Etwas anderes konnte man nicht sagen. Doch nichts offenbarte uns zu dieser Zeit die heimliche Niederlage des Ex-Konzertmeisters besser und brachte ihn uns auch menschlich näher, als jene Sonntagvormittage, an denen man ihn an der Spitze einer Musikgesellschaft marschieren sah – denn außer der «Musikschule für Alle», die er gegründet hatte, leitete er jetzt ein Musikkorps, das bald nach allgemeiner Meinung *sein* Musikkorps war –, in einer Uniform, fast hätte ich Livree gesagt, von himmelblauer Farbe, und mit einer Mütze, die schlecht auf seine lange Mähne paßte. Er schritt mit hocherhobenem Kopf einher, entschlossener denn je, doch sah ein wenig aus, man entschuldige den Vergleich, wie ein Feldherr aus Pappkarton. Was für uns das erstemal ein Schock war. Ein Schock? Inwiefern? Weshalb? Gar nicht so schwer zu sagen. Ich habe dazu nur an den morgendlichen Aufmarsch der Musikanten und an ihren Chef zu denken, jenen verkleideten Mann, der auf den ersten Blick kaum zu erkennen war mit seinem Tschako, dem zackigen Schritt und einem starren Lächeln, verlegen wie nur etwas, auf dem Gesicht, das nur allzusehr den Unterschied zwischen einst und jetzt verriet. Zweifellos

lebte der Ex-Konzertmeister nun eher in der Nähe seiner Ideen. Und zugleich weiter weg von der Musik (einer bestimmten Musik). Und vielleicht nicht ganz wie gewünscht. Auch wenn die Geschichte im Sinne unserer Hoffnungen verläuft, betrügt sie uns doch immer. Die Dinge sind anders als die Ideen, die wir uns von ihnen machen. Indessen bleibt es dabei, daß der ehemalige Erste Geiger mit seiner Montur aussah wie ein in einen andern Topf verpflanztes Gewächs. Und als wenigstes konnte man sagen, daß er sich in der neuen Situation nicht sehr wohlfühlte, doch sich mutig im Gedudel der Blechmusik zu behaupten suchte wie ein kranker Clown. Das war das Schauspiel an jenen Sonntagen bei den Philosophen. Wenn man das ein Schauspiel nennen darf.
Doch um das Schicksalsporträt jenes Mannes zu vervollständigen: mit der Zeit bekam die von ihm gegründete Musikschule für Alle immer mehr Abteilungen. Theater, Literatur, Ballett usw. Welch einen Nachmittag erlebte ich, als ich zu Schülerdarbietungen eingeladen war! Der Saal lag im ersten Stock eines finsteren Gebäudes hinter dem Bahnhof. Gelbliches, wächsernes Licht. Nackte Mauern. Kalt (man war im Krieg). Zu Beginn der Vorstellung sang ein rothaariger Junge mit blaßrosiger Haut und lebhaftem Auftreten ein Matrosenlied. Dann rezitierte er einen kurzen Text, ein abgehacktes, heftiges Gedicht: von Elend und Verzweiflung, vom Aufstand der Massen, von Blut, von Schüssen in der Stadt. Ein dicker, leichenblasser Pianist mit breitrandiger Hornbrille begleitete ihn. Vor einem erstarrten Publikum, das offensichtlich nicht wußte, woran es war. Kurz, verlorene Liebesmüh. Ein Schlag ins Wasser. Oder in Schweineschmalz. Denn hier in der Schweiz versandet alles … in Schweineschmalz. Vor einem Hintergrund aus Sackleinwand standen beidseitig der Bühne Grünpflanzen, die wahrscheinlich gemietet waren und ihrer Allerweltsrolle überdrüssig

schienen. Eine ehemalige Schauspielerin, die ich noch kannte, besammelte, über ihre schmierigroten Wulstlippen lächelnd, eine Schar Kinder, die sie in einem Zwischenspiel einzeln wie Kugeln über die Bühne purzeln ließ, um die Elternversammlung zum Lachen zu bringen. Die nichts anderes verlangte und tatsächlich lachte. Während der ganzen Vorstellung – es mußte an einem Samstag oder Sonntag sein – lächelte der ehemalige Erste Geiger und Dirigent der neuen Musikgesellschaft in der Hitze des überfüllten Saales matter und zuvorkommender denn je und stand mit seiner ergrauten Löwenmähne am Eingang. Er grüßte nach links und nach rechts in der verhaltenen und distanzierten Art des Mannes, der einst ein bewunderter Star gewesen war. Und nun anspruchslos gewordener Löwe unter Anspruchslosen. Der in der Pause unzählige Hände drückte. Ein wenig schwitzend an den Nasenflügeln. Sich bemühend, die Teufelchen, die um ihn herumtobten, mit philosophischer Nachsicht zu betrachten wie Pestalozzi oder wenigstens wie dessen überliefertes Bild. Doch an den glasigen Augen merkte man, daß sein ganzes Gesicht grau geworden war. Kleine Mädchen verkauften rings um ihn Bonbons und Lutschstengel. Von seinem dunklen Abendanzug ist zu sagen – «der Arme!» –, daß er recht und schlecht durchhielt. Die gestreiften Hosen fielen ihm über die Gamaschen, es waren Hosen mit «Phantasiestreifen», wie man damals sagte. Der Gehrock erzählte von den ruhmreichen Matineen mit dem Orchester im dunklen Säulensaal, vom begabten und unsympathischen Dirigenten, vom kühlen Snob-Publikum. Während der ehemalige Erste Geiger von der Estrade neben der Bühne aus den Tumult mit müder und wohlwollender Miene auf dem schönen Faltengesicht überblickte und manchmal das Wort an die Versammlung richtete, um langatmig und verschwommen immer wieder die Ziele und Methoden der neuen Institution zu erklären:

der Musikschule für Alle, die zu leiten er die Ehre hatte. Der Zukunft geöffnet. Doch im Augenblick, da er die Zukunft beschwor, schwoll vor den Fenstern der Lärm eines Zuges, verbunden mit einem Beben, das über den Saal hinaus das ganze Gebäude erfaßte und des Schulgründers und Pioniers Anrufung und Zukunft erstickte. Man wurde bis in die Eingeweide durchbohrt vom Zugslärm, man hätte fast gesagt vom Zug selbst. Wie es im Lauf des Nachmittags noch mehrmals kommen sollte, namentlich als das Orchester der «Knirpse», das der Dirigent aufgezogen hatte und selber dirigierte – an ihm war es nun, den Taktstock zu heben, wie einst der aufgespießte schwarze Vogel; unter seinem gebieterischen Blick reckte sich ein winzig kleiner Primgeiger –, als er also im zweiten Teil des Programms das Stück in Angriff nahm, das die Vorstellung schließen und den überzeugendsten Eindruck von den Möglichkeiten der neuen Schule und ihrer Methode der Musikerziehung vermitteln sollte. Doch das Scheppern eines neuen Zuges, der dem durchdringenden Lärm nach ein Güterzug sein mußte, machte die Musik fast zur Pantomime. Ich will sagen: der Maestro und die Kleinen regten sich im Leeren oder besser gesagt in einem Raum, der völlig vom Beben des Hauses und vom Poltern, Ächzen und Klirren der Wagen und Schienen erfüllt war. Als ob eine heimtückische Hexenhand die Fäden der Musik, der Zukunft und des Schicksals der kleinen Musikschüler zerschnitten hätte, um diese, stumm, einsam und blind, von der übrigen Welt und jeder Bedeutung zu trennen, so daß sie sich nur noch mechanisch bewegten wie Marionetten, die ohne Ich-Bewußtsein sind (sonst wären sie keine). Kurz, das lächerliche und vertraute Spiegelbild unserer Ohnmacht unter dem Anschein des gewohnten Lebens.

Doch da wir stromaufwärts zur Quelle gehen – wohlverstanden, ohne sie je zu erreichen –, noch diese Hinweise im Zusammenhang mit Mütterchen und der Zeit, die sie durch ihre Präsenz prägte. Fünf Uhr abends zum Beispiel, in einem Alter, das zu bestimmen ich nicht fähig wäre. Das ich nicht zu bestimmen habe. Es ist in sich selbst, ein selbständiges Teilchen außerhalb der Zeit. Ich war ziemlich ernsthaft krank gewesen. Fieber. Ich bin im Bett. Im Zimmer mit dem «Mädchen im Bade». Das eine Zeitlang, vor dem Tod der Großeltern, den Eltern als Schlafzimmer gedient hatte. Das Bett, in dem ich jetzt bin, war einst das ihre. Stromaufwärts zur Quelle … Und ich habe immer noch Fieber. Doch das Schlimmste, scheint es, ist vorüber. Ich muß aber noch – Anordnung des Arztes – eine gute Woche im Bett bleiben. Der Arzt: jener, den wir bei den Philosophen gut mochten, weil er noch einer jener Hausärzte alten Stils war: Mensch, nicht Technokrat. Immer im Einsatz. Er ließ sich nicht mit Worten abspeisen und war stets zur Stelle, wenn man ihn brauchte. Mütterchens Worte über ihn: «Er ist zwar keine Leuchte, aber ein gewissenhafter Arzt.» Ich für mein Teil, und obwohl er mir ein wenig Angst machte, hatte ihn gern. Ich sagte, und brachte damit alle zum Lachen, seine Haare seien wie Krautstiele. Ich will sagen: von der Farbe gekochter Krautstiele. Und was mich außerdem besonders überraschte, wenn er seinen Kopf mit den Krautstielhaaren auf meine Brust legte – doch in dieser Nähe verblaßte die Richtigkeit des Vergleichs plötzlich –, das war die Kleinheit der Ohren, ihre Stellung hoch bei den Schläfen und auch die winzigen, geschwollenen Läppchen. Von meinem Zimmer aus, das doch am Ende der Wohnung lag, hörte ich ihn läuten. In meinem Bett hörte ich den Klang seiner Stimme an der Tür, gefolgt von einem Schweigen im Korridor, aus dem ich erriet, daß der Doktor nun Mantel und Hut ablegte. Endlich erschien er im Zimmer, und als erstes bemerkte ich das überquellende Ziertaschentuch – wunderliche Eitelkeit bei einem Mann, der die Bescheidenheit selbst war. Und dann legten sich seine aufmerksamen grauen Augen auf mich. Ein fester, durchdringender Blick. Fast kalt, wie um besser zu sehen. Fragend auch. Mütterchen stand hinter ihm. Brav und abwartend. Ließ den Praktiker machen. Aber verfolgte alles. Und sobald es nötig war oder ihr nötig schien, stellte sie eine Frage. Kurz, sie war für den Arzt da wie für jedermann. Immer bereit. Ist es im Grunde nicht das, was zählt? Doch zurück in das Zimmer und zu meinem Bett. Der Arzt mit den hochstehenden Ohren, den ich dreiunddreißig sagen hörte, ist wieder weg. Nun kommt die Zeit für die Arznei. Und auch für den Tee. Ich kann nicht sagen, in welchem Maß mich, nicht der Tee selbst, aber die Tassen, beeindruckten, die wir bei den Philosophen hatten, und besonders jene, aus der ich trank, wenn ich krank war. Es ist irr. Doch die Tassen, die meine Schwester und ich gewöhnlich benutzten, waren Kindertassen, ich erinnere mich, ziemlich derb und drall. Gelb, goldgelb, solid, kann man sagen, und auf ihnen strahlte ein prachtvoller schwarzer Hahn mit rotem Kamm. Wir tranken meist Schokolade daraus. Manchmal, aber sehr selten, Milchkaffee. Niemals Tee. Der für die großen Leute reserviert war. Und namentlich für Vater und Mutter. Die Tassen, die sie benutzten, waren in jeder Beziehung verschieden von den unsern: ich meine fein, elegant, zerbrechlich. Ich hätte bald beigefügt: leicht verwundbar. An den gewölbten Flanken vollendeten Girlanden aus duftig-blassen Rosen die Zartheit des Ganzen. Neben unsern rundlichen, derben, fast bäurischen Kindertassen schienen sie die Eleganz selbst zu sein. An ihnen spürte man etwas Erwachsenes und Höheres. Nun, was geschah in Sachen Tassen, wenn ich krank war? War der Arzt fort, dann brachte mir Mütterchen den Tee, für einmal nicht im Gefäß mit dem schwarzen Hahn, als ob es sich um Schokolade oder Milchkaffee gehandelt hätte, sondern in einer jener duftigen Tassen, von denen ich gesprochen habe, die für uns wie das Sonntagsgeschirr waren. Und in einem gewissen Sinn eine Erhöhung bedeuteten: es war, als ob ich, sobald sie auf dem Tablett erschien, selber in die Kategorie der Erwachsenen mit ihren geheimnisvollen und bedrohlichen Riten eingestuft würde. Und überdies liebte ich einfach die ballerinenhafte Leichtigkeit jener Tasse, die so gut paßte zum Aroma – bald hätte ich gesagt: zum Geist – des Tees. Lebe wohl, schwarzer Gockel auf gelbem Porzellan, gerade gut genug für gewöhnliche Tage. Doch ich muß schnell beifügen: der Abschied von der alltäglichen Tasse zugunsten der andern geschah nur deshalb leichten Herzens, weil er außergewöhnlich war, das heißt vorübergehend. In Wirklichkeit hingen wir an unsern Bauerntassen. Und kehrten zu ihnen zurück. Mit einer Besonderheit: für ein vollendetes Fest hätte Mütterchen zugleich auch die entsprechende Untertasse bringen müssen. Doch merkwürdigerweise präsentierte man mir die vornehme und erwachsene Tasse stets auf einer gewöhnlichen kleinen Untertasse. So daß ich bei Ankunft des Tabletts einen doppelten Eindruck hatte: Aufstieg in die erwähnte Welt und ungelöste Verbindung zu derjenigen unserer guten Alltagstassen! Mit diesen Gefühlen schluckte ich die Arznei und trank dann den Tee, der sie hinunterspülen sollte. Selbstverständlich gab es an jenen Tagen keine Konfitürenschnitten. Doch was geschah, wenn ich Arznei und Getränk eingenommen hatte? War das Tablett abgeräumt, so begann Mütterchen mein Bett wieder in Ordnung zu bringen, das warm und wegen des Fiebers mehr als warm war, und arg verwühlt wie jedes Bett von

Kranken am Tagesende. Worauf sie mich mir selbst überließ und in die Küche ging, um zusammen mit Tato, und zu jener Zeit auch mit Großmutter, das Abendessen zu kochen. War sie weg, so begann für mich ein seltsames Tauchabenteuer. Von dem ich nicht berichten könnte ohne ein Detail zu erwähnen: bevor Mütterchen nämlich in die Küche ging, setzte sie der über dem Bett, dem Kopfende des Bettes, aufgehängten Lampe vorsichtig eine Art Haube auf, um das Licht zu dämpfen. Die, wie durch einen Trauerflor etwas Begräbnisartiges und Phantastisches bekam. Verschleierte Barke, welcher unbestreitbar ein Hauch des Todes entströmte. Ich fühlte es mit Macht. Und meine Angst wurde beklemmend. Ich hatte das Gefühl, in einen trüben Bereich zu versinken, einen Raum ohne Halt, in dem die Dinge um mich nach und nach die vertrauten Eigenschaften verloren. Sie hatten keine Körperlichkeit mehr, wie es schien, und dieser Verlust der Wirklichkeit wurde beunruhigend. Als ob er sich in mich einschliche, mich ansteckte und mich meinerseits die Körperlichkeit verlieren ließe. Kurz, ich versank in eine zersetzende Lösung. Größer, bedrohlicher auch schienen mir die roten Rosen auf den Tapeten, so wohlgemut meist, doch nun wie starre Augen. Die Frische der Leintücher nach Mütterchens Handanlegen war verschwunden, ich schien mit dem Bett, mit dem ganzen Zimmer – das Fieber erregte mich trotz Arznei und Tee – in den Strom zu fallen, dem man nicht mehr entkommt. Die Möbel selbst, der Schrank, die großen Vorhänge über der Kommode, deren leichter Staubgeruch zusammen mit dem Gefühl ihrer derben Machart die Kehle reizte, ertranken nun ihrerseits im Halbschatten der Haube. Aus dem Boulevard kam kein Lärm mehr herauf. Und die Gesellschaft – Tato, Mütterchen, Jemine-Schwester – fand sich wie ans Ende der Welt verbannt. Man hätte geglaubt, der Raum um mich und in mir gewänne mehr und mehr an Dichte. Ich war nun gefangen in etwas Klebrigem, wie der Sirup, den ich vom Löffel schlucken mußte; etwas Ekelhaftes entströmte unter den Leintüchern auch meinem eigenen Körper, der vom Fieber wie elektrisiert war, gebeizt in eigenen abscheulichen Ausdünstungen. Alles, was in uns aufgelöst und auflösbar ist. Und es ist der Tod, der in jener ekligfeuchten Wärme lauert, in der man sich nur zu gut erkennt. Ohne vom Kopfweh zu sprechen, das alles zu Blei verwandelt. So begann ich zu sinken, zu tauchen im Zeichen der Haube und des verhüllten Lichts, als aus der Tiefe der durch diesen Niedergang aufgerissenen Kluft plötzlich das vertraute und beruhigende Geräusch ertönte, das beim Umdrehen eines Schlüssels im Schloß entsteht – jenes meines Vaters, der aus dem Büro heimkam –, und das mich mit einem Schlag dem Todesschleim entriß, in dem ich zu versinken drohte. Und eine neue Furcht entstand, doch klar und erkennbar: in welcher Laune war Vater? Doch davon habe ich bereits gesprochen. Unnütz, darauf zurückzukommen.

Im Museum

Und den Tiefen des Stroms entstiegen noch, verbunden mit Mütterchens Präsenz, die Wintersonntage, an denen sie, bevor die Lähmung sie ganz gepackt hatte, gegen zwei Uhr den Mantel und den Hut mit den Veilchen nahm: welche Langsamkeit beim Anordnen der Veilchen, nicht so sehr aus Koketterie als darum, weil Mütterchen ob all den gewohnten Bewegungen immer den Anschein machte, als denke sie an etwas anderes und dadurch unbewußt das Zeitgefühl in uns verlangsamte. So verlängerte ihre Nähe die Dauer der Dinge, die nach und nach Ewigkeitscharakter bekamen. Nein, Mütterchen hatte nie etwas beendet, was sie tat, und man wurde auch nicht mit Zusehen fertig usw. All das so gegen zwei Uhr, weil wir ins Museum gehen wollten. Wie sehr sich diese traditionellen Besuche in mir einprägten, die, ich beeile mich es zu sagen, auf Anhieb nichts Besonderes hatten, dies konnte ich mehr als zwanzig Jahre später unter bestimmten Umständen ermessen. Ich fand mich aus beruflichen Gründen – Teilzeitbeschäftigung: Bereinigung von Sitzungsprotokollen – in den Räumlichkeiten einer der unzähligen internationalen Amtsstellen, durch deren Fenster man auf einen Schulhof sah. Das Zimmer, in dem ich arbeitete, und zwar meist allein, war hoch und geräumig. Und traurig im Herbst. Wenn ich im nüchtern-modernen Büro die Nase über meinen Papierkram hob, sah ich den grauen Schulhof, verlassen zu dieser Zeit; das Brünnlein, dessen Geplätscher mir am Vormittag als einziges Gesellschaft leistete; die Eisengitter drum herum, die an ein Gefangenenlager erinnerten. In den Schulzimmern brannte Licht, und da die Fenster zu dieser Jahreszeit geschlossen waren, drang nur mitunter ein dumpfes Dröhnen nach draußen. Die kümmerlichen Bäume im Hof hatten keine Blätter mehr oder nur noch einzelne, die serbelnd den Kopf hängen ließen. Im Schweigen des Hauses ertönte plötzlich ein fürchterliches Ächzen und Heulen, das mir, bis ich die Ursache kannte, Angst und Schrecken einjagte. Wie wenn ein Tier erwürgt würde, wie das Keuchen eines Unholds. In Wirklichkeit war es mein Büronachbar, ein riesenhafter Beamter, schrecklich und gutmütig zugleich, der im anstoßenden Abtritt auf dem Thron, wenn ich so sagen darf, ein menschliches Rühren verspürte und unter unendlichen Wehen einen Kaktus pflanzte. Worauf im reglosen Nebelgrau des Novembers alles wieder jäh in noch tieferes Schweigen fiel. Plötzlich jedoch gellte die Pausenglocke, einige Sekunden später begann ein Höllenradau, wenn die Kinder wie ein Wildbach in den Schulhof tosten. An dem ich hinter der

Fensterscheibe Wirbel und Wogen verfolgte und einzelne Spritzer, die sich knufften und prügelten, vereinten und entzweiten, die tanzten, zu Boden purzelten und aufstanden, pfiffen und brüllten, während mitten im Gebrause ein einsames Menschlein stand, abgesondert von allen und allem, verängstigt und fremd: mein Double, mein Ebenbild, das ich im Grunde nie zu sein aufgehört habe. All das in einer Viertelstunde ungefähr, die ein Jahrhundert und länger dauerte. Und nach neuem Schellen fand die versiegende Strömung wieder in das zurück, was man Ordnung nennt. Und war der Schritt des letzten Bürschchens, das letzte Geschrei im Treppenhaus verstummt, so wurde es derart still im Zauber des Novembers, daß ich es nicht mehr aushielt und aufstand, um am Fenster eine Zigarette anzuzünden. Wie trübselig der Nebel (gegen Abend übten Trommler und Pfeifer im Untergeschoß), wie beängstigend! In der Wirrnis dieser Angst, und darauf möchte ich hinauskommen, was fand ich da anderes als eben gerade unsere sonntäglichen Museumsbesuche mit Mütterchen. Und dies aus dem einfachen Grunde, weil man durch das hohe Fenster meines Arbeitszimmers einen Teil des Museumsgebäudes sehen konnte. Genannt das Große Museum. In dem wir jedesmal, ein Ritual hat seine Zwänge, denselben Rundgang machten, mit denselben Haltepausen vor denselben Bildern, die von seiten meiner Begleiterin dieselben Bemerkungen auslösten, stets gleich und doch stets neu. Und dies, während wir auf dem Weg zu den Sälen die Aufgangstreppe hinaufgingen, dominiert von Hodlers Gestalten: Soldaten, Bergler, Bauern, die in uns durch ihre derbe Schlichtheit Hochachtung weckten. Doch waren wir oben an der Treppe mit den Gemälden angelangt, so hielten wir inne, damit Mütterchen ein wenig verschnaufen und die Hüfte ruhen lassen konnte, die sie dermaßen schmerzte, bevor wir die Folge von Sälen mit den alten Meistern durchschritten, die mich offengestanden weniger wegen der Gemälde beeindruckte als wegen der spiegelglatten Parkettböden, die unter unsern Füßen knarrten und wie Brezel knirschten, wegen der herrschenden Stille und der seltenen Besucher, die linkisch und schüchtern umherirrten und hie und da vor einem Bild zu halten schienen, als ob sie ihren Irrgang zu rechtfertigen und fast zu entschuldigen suchten, wegen der Wärter endlich, die reglos dastanden, mit den Händen auf dem Rücken, und von denen ich stets den Eindruck hatte, daß sie mich anschauten und mich irgendeines Diebstahls verdächtigten, zu dem ich keine, aber auch gar keine Lust hatte (ich hatte schon den Wahn, eines Fehltritts bezichtigt zu werden, den ich nicht begangen hätte, wobei «logischerweise» alles für meine Schuld spräche: die perfekte Anschuldigung). So durchquerten wir schnell die Säle, denen Mütterchen ebenfalls nicht viel Aufmerksamkeit zu schenken schien, um zu jenem zu kommen, den sie, wobei ich diesem Beispiel zwangsläufig folgte, allen andern vorzog: ich meine jene Ecke, in der einige Gemälde von Jean-Baptiste Corot hingen. Vom «guten» Corot. Was Mütterchen an diesen Bildern besonders bezauberte, und was mich für den Zauber der Malerei empfänglich machte – und durch die Malerei für manche Seiten des Lebens: Schönheit der entstehenden Dinge, Reife und Wehmut des Alterns –, das war das, was sie, ich erinnere mich, «die Leichtigkeit bei Corot» nannte: «Schau dir einmal diese Blätter an, diese Himmel. Sogar die Mauern. Wie das alles leicht ist ...» Und übersetzt hieß das: «Wie aus alldem Glückseligkeit strahlt.» Mit etwas Sehnsucht, die untrennbar zu jeder Herzensfülle gehört. Und schon spann Mütterchen, die sich in Sachen Kunst nicht viel zugute hielt, ihre Gedanken weiter: «Schau», sagte sie weiter, «er hat keine einzelnen Blätter gemalt, und doch fühlt man das Blattwerk leben!» Wichtiger als die Dinge, die man sieht, sind die Gefühle, die sie in uns wecken. Dies spürte man unter anderem an den kommentierten Bildern. Und trotz ihrer Schmerzen blieb sie lange stehen vor dem «Moulin de la Galette» oder der Kirche «Trinità dei Monti», einer Landschaft mit See oder Stadt, wobei sie manchmal den Kopf wiegte, als ob sie mit sich selbst spräche. Man kann sich kaum vorstellen, wie bedeutsam die sachte Neigung des Kopfes war im Verlauf der sonntäglichen Besuche im «alten Museum», wie man es auch nannte. In jener Kopfbewegung war tatsächlich etwas wie eine Art, zu den Dingen Distanz zu halten, um sie um so besser empfangen und aufnehmen zu können. Eine Art, von der ich weiß, daß sie in mich übergegangen ist. Fleisch geworden ist.

Profil eines Landmanns

Etwas anderes an unserer Mutter: eine gewisse bewunderungsvolle – und naive – Hochachtung vor der Realität. Die allem, was sie sagte, großen Nachdruck gab. So bei den gelegentlichen Erzählungen eines Jugenderlebnisses. Weniger die Geschichte an sich, sondern die Art, sie beim Erzählen wiederzuerleben und den Hörer daran teilnehmen zu lassen. Geschichten, die wohlverstanden periodisch wiederkehrten, ohne indessen an Eindringlichkeit zu verlieren: Aufenthalte in Dresden, Bergwanderungen in den Dolomiten usw. Doch vor allem, wenn sie in die Jugendzeit zurückblickte, die uns unwahrscheinlich fern schien, die schlichte und doch so geheimnisträchtige Schilderung, die stets mit gleichen Worten wiederholt wurde, was ihr etwas wie ein unversehrbares Leben verlieh. Es war, so berichtete Mütterchen, in der Verlobungszeit. Als sie in Begleitung jenes Mannes, der mein Vater werden sollte, einen langen Spaziergang über Land zum Jurafuß gemacht hatte. Besagter Spaziergang hatte einen ganzen Tag gedauert. Und dann, gegen Abend, die späte Heimkehr; man spürte, wie allein der Gedanke daran beim Erzählen unmerklich die Stimme, die sonst fest und gemächlich war, zittern – fast sich überschlagen – ließ. Auf dem Heimweg also waren sie über Feld gegangen. Und auf einmal hatten sie von der – damals staubigen – Straße aus im dunkelblauen Himmel über einem Hügel den Mond gesehen, der rund und voll aufging. Und was war sonst noch auf dem Hügel? Wer hätte es gedacht? Ein Mann, die Silhouette eines Landmanns, der noch zu so später Stunde pflügte. «Ich kann nicht sagen, was für uns diese Erscheinung bedeutete.» Kein Hauch, kein Geräusch, ausgenommen das Zirpen der Grillen im Grase. «Dein Vater und ich schwiegen.» Es machte jedesmal einen seltsamen Eindruck, sie die beiden Worte aussprechen zu hören: «Dein Vater und ich.» Ein wenig, wie wenn im Lauf dieses Abends, der für sie denkwürdig war und ehrwürdig durch die Art der Aufzählung, in Wirklichkeit meine Existenz begonnen hätte. Wie wenn ich schon in ihrem schweigenden Staunen angesichts der Szene mit dem einsamen Landmann unter dem Mond dabeigewesen wäre. Mütterchens Stimme verriet beim Erzählen durch ihr eigenartiges Zittern die Sanftheit des keimenden Lebens.

Die Deklamationsstunden

Und da wir schon soweit sind, halten wir kurz inne. Um zu erwähnen, daß Mütterchen ihre ganz besondere Art des Sprechens hatte. Ich habe es vorhin gesagt: fest und gemächlich. Gemessen. Vor allem spürte man, daß sie gerne redete. Daß jedes Wort, das sie sprach, überlegt, aber weder berechnend noch anmaßend, mit dem Sinn im Einklang stand. Und daß sie beim Sprechen das Erzählte erlebte und den Zuhörer miterleben ließ. Dieses Behagen, diese Lust am Erzählen ärgerte manchmal den Vater, der als guter Südländer, wenn er schon einmal das Schweigen brach, vor Beredsamkeit ungestüm übersprudelte und sich nicht um Redekunst kümmerte. Ganz anders Mütterchen. Vater vergewaltigte die Sprache, Mütterchen vermählte sich mit ihr. Übrigens hatte sie ihre Freude an «gewählter Rede» nie verhehlt, was jedoch nichts zu tun hatte mit Kulturgeplapper und Gesellschaftsgeschnatter oder mit der Maulfertigkeit der Advokaten. Vielmehr eine Redegabe, wie sie die Leute der Touraine oder anderer Provinzen Frankreichs haben sollen. Dank der alles, ergreift man das Wort, klar wird, seinen Platz findet, plötzlich auflebt und strahlt. Heißt sprechen nicht jedesmal die Welt neu machen? Und den Menschen? Mütterchen wäre gern zum Theater. Und hatte aber nur «Deklamationsstunden» genommen. Von denen wir binnen kurzem ein paar Worte sagen werden. Ihr Theatertraum war im Keime abgestoppt worden durch eine schneidende Bemerkung der Großmutter, die entsetzt war beim Gedanken, daß ihre Tochter überhaupt an so etwas sinnen konnte. Und die stichelte: «Wüßte ich, daß du eine Sarah Bernhardt wirst, dann ließe ich dich zum Theater gehen.» Waren das noch Familien! In Ermangelung eines Bessern besuchte Mütterchen in ihrer Jugend halt Deklamationsstunden. Im Konservatorium. Bei einem gewissen Professor Brunet. Von dem sie öfters zu erzählen pflegte, wenn sie mich beim Sprechen zu verbessern bemühte, um mir ebenfalls eine gute Aussprache beizubringen. Richtig ar-ti-ku-lie-ren! «Du artikulierst schlecht.» Ich glaube, ihn bei einer einzigen Gelegenheit gesehen zu haben, diesen Herrn Brunet, doch so vage und von ferne, auf eine fast irreale Weise – wenn auch eindringlich –, daß ich mich manchmal frage, ob es sich nicht um einen Traum handelt. Doch nein. Es war offenbar an einem heißen Sommertag am Boulevard des Philosophes im

Salon mit den roten Samtfauteuils, der Statuette des Vogelfängers und den Ansichten der Bucht von Neapel. Zu einer Nachmittagsstunde, da wegen der Hitze die Fensterläden geschlossen waren, die in das Zimmer ein weiches, aquariengrünes Licht einsickern ließen. Der Herr, der in einem Fauteuil in der Kaminecke saß, und den ich jetzt mehr erahne als klar erkenne, hatte ganz weiße Haare und einen ebensolchen Schnurrbart. Doch von seiner ganzen Person sind mir nur zwei Details geblieben: er trug eine Sonnenbrille, nicht schwarz, sondern, wie soll ich sagen, teefarben, mit ich weiß nicht was für einem rötlichen Reflex, der ihn etwas beunruhigend scheinen ließ. Dieser Professor Brunet hatte, wenn ich ihn im verstohlenen betrachtete, etwas von einem Zauberer. Das andere Detail betraf die Hand. Eine seiner Hände, die er auf die Fauteuillehne aufstützte und mit einer nicht unvornehmen Lässigkeit herabhängen ließ. Die Hand war – und das nun ist wichtig – mit kleinen Flecken übersät. Braun wie dürres Laub. Das Nebeneinander der Sommerstunde draußen mit dem von den Fensterläden gefilterten Grünschimmer im Innern des Hauses, Herr Brunets nicht dunkle, sondern teefarbene Brille, seine lässiggeschlenkerte Hand mit den braunen Flecken und auch der Respekt, mit dem sich Mütterchen an ihn wandte, als ob er ein Weiser gewesen wäre, wobei anzumerken ist, daß sie mir von ihm, was sein Ansehen noch vergrößerte, sagte: er sei ihrer Meinung nach nicht nur «ein bewunderungswürdiger Künstler, sondern auch ein Mann mit Herz, der zwar im Leben manche Enttäuschung erlebt hatte, aber allen gegenüber eine Güte zeigte ...» Und hier konnte Mütterchen, als hätte sie den Gipfel des Lobes erreicht, nur noch wiederholen, und zwar mit einer Ehrerbietung, die unvergeßlich bleibt: «... eine Güte ...», ja, die Zusammenstellung all dieser Elemente und Umstände, gekrönt von Herrn Brunets Güte, gab dem heute etwas komisch wirkenden Ausdruck «Deklamationsstunde» eine besondere Schattierung. Sommer, Boulevard des Philosophes, alte Spitzen und Samowar, granatroter Samt der Fauteuils, Flecken auf den Händen, Hüte mit kleinen Segeln, fast autofrei die Straßen und auch der Platz mit dem Springbrunnen und der Reiterstatue. Gegen vier Uhr sah man eine andere bemerkenswerte Persönlichkeit, die ein wenig Herrn Brunet glich und hinkte. «Das ist der Maler P.», hatte mir Mütterchen eines Tages ins Ohr geflüstert. Und beigefügt: «Ein wackerer Mann, aber ohne viel Talent.» Was ihn, soll ich es gestehen, in meinen Augen nur noch bewunderungswürdiger erscheinen ließ. Der stets schwarz gekleidete Herr litt zweifellos – wie muß einer leiden, wenn er Maler ist und kein Talent dazu hat! – und ging hinkend über den Platz mit einer Würde, die derjenigen seines Deklamationskollegen mit der teefarbenen Brille in nichts nachstand. Er stützte sich auf seinen Stock mit einer wehmütig-ernsten Miene, die ihn, ich merke es erst jetzt richtig, poetischer und gegenwärtiger scheinen ließ, als wenn er ebensoviel Talent gehabt hätte wie der berühmte Dirigent im ersten Konzert, das wir besuchten. Und dies hing auch zusammen mit den Deklamationsstunden und mit Mütterchens Sprechweise. Mit der Art, wie sie den Leuten antwortete und sie befragte. Oder ein Erlebnis, eine Geschichte erzählte. Bei der man plötzlich spürte – und das war das Reizende an der Sache –, daß sich im bestimmten Moment wie eine Sperrklinke eine Hemmung löste, da sie sich in den Kopf gesetzt hatte, das richtige Wort im richtigen Moment anzubringen. Und trotzdem sie sonst so aufmerksam war, hörte sie dann offensichtlich nicht mehr auf das, was der Gesprächspartner sagte, sondern nickte nur zustimmend, antwortete pro forma mit bejahenden Einsilbern und wartete auf die Sekunde, da sie sich, sobald der Raum frei würde, flugs einschalten und die Bemerkung der Wendung des Gesprächs entsprechend plazieren könnte – doch der Moment war seit langem vorbei! –, wobei wir wußten, welche Geschichte folgen würde: treffend erzählt und meist auch gut aufgenommen, sowohl von dem, der sie nicht kannte, als auch von uns, die mit ihr vertraut waren. Was in einem bestimmten Sinne fast ein Wunder war. Mütterchen hatte eine hartnäckige, felsenharte Geduld, die über Trauer, Leid und Schicksalsschläge hinweg schließlich alles besiegte. Und von der allein schon ihre Sprechweise Zeugnis abzulegen schien.

«Während des Krieges»

Eine Einzelheit noch: nichts ärgerte mich mehr als der Ausdruck – ein dreiköpfiger Ausdruck –, der zur Zeit der Philosophen unaufhörlich von Mütterchens Lippen kam. Im Chor wiederholt von den Komparsen der Familie oder den Gästen. Der dreiköpfige Ausdruck war dazu da, ein Ereignis, eine Geschichte, eine Anekdote in der Zeit zu situieren: «Vor dem Krieg. Während des Krieges. Nach dem Krieg.» Gemeint war jener von 14! Ein Hinweis, der um so ärgerlicher war, als er für mich nichts bedeutete und mir gleichzeitig im Vergleich zu den «großen Leuten» ein Gefühl der Minderwertigkeit gab. Ein Hinweis auf eine Zeit, da ich noch «zu klein» war, um es zu wissen, und die, hörte man die Erwachsenen davon sprechen, schrecklich und zugleich spannend war. Aus der man als Winzling ausgeschlossen, derer man unwürdig war. Kurz, es schien, als ob uns eine große Zeit verweigert würde, eine Lebensfülle, zu der nur die Erwählten, die Erwachsenen, Zugang hatten, und über die man gar nicht diskutieren konnte. Wozu auch? Ja, ausgeschlossen vom Spiel, von der Geschichte. Ich sehe noch das Eßzimmer, in dem sich jeweils der stillschweigende und den Erwachsenen nicht bewußte Ausschluß vollzog – ähnlich geht es heute unsern Kindern –, das Eßzimmer mit der Anrichte, dem großen roten Tablett mit den Griffen, dem Samowar, dem Kupfergeschirr und den mit holländischen Landschaften geschmückten Tellern. Am stämmigen Anrichtetisch stand die ebenso stämmige Großmutter und schnitt zu Beginn der Mahlzeit das Brot. Und während sie sich sorgfältig der Verrichtung befleißigte und gleichzeitig aufmerksam mit ihren klaren grauen Augen die geringsten Details am Tisch und an uns beobachtete, nahm Mütterchen das Gespräch wieder auf: «Also während des Krieges ...»

Mutter und Sohn

Item, wer läutete «vor dem Krieg» manchmal bei den Philosophen? Diesmal vor 39. Wer? Die alte Mutter des Jugendkameraden V., der bereits eine «Persönlichkeit» war, mit fahlblondem, wirbelndem Haar und einem Lachen, im Vergleich zu dem dasjenige der Götter bei Homer nur eine ausdruckslose Grimasse gewesen wäre: an seinen Lachsalven schien er fast zu ersticken. Doch nicht von ihm soll vorerst die Rede sein – es wäre noch allerhand zu sagen –, sondern von seiner Mutter, die eben an unserer Tür läutete, um sich zu erkundigen, ob wir von ihrem «Nichtsnutz von Sohn» etwas wußten, der manchmal tagelang von zuhause weg war. Und dann plötzlich wieder da war. Im Gezänk des schwierigen Lebens zu zweit, in der kleinen Wohnung unweit vom Fluß mit dem grauen Wasser. Ich habe selbst an einigen der Narreteien mitgemacht. Nächtelang. Ich weiß, wovon ich rede ... Doch die Besonderheit war die, daß V. mitten in seinen Stromereien plötzlich eine schreckliche Angst bekam beim Gedanken, daß seine Mutter seit mehreren Tagen allein sei, dann den ganzen Bettel hinschmiß und heim wollte. «Zur Mutter», knurrte er, aschfahl geworden und schlug mitten im Gespräch die Faust auf den Tisch: «Ich muß heim zur Mutter.» Und niemand auf der Welt, weder Frauen noch Freunde – er hatte, wie er glaubte, schon allzulange gezögert – hätte ihn zurückhalten können. Er griff in die Tasche wie jemand, der einer plötzlichen Eingebung folgend, nach einigen Zweiern zahlen und nichts wie heim will. Wohin ihn eine fast magnetische Kraft zieht. Für V. war diese Kraft die Mutter. Und jedesmal nach Abbruch eines Streifzuges ließ auch ich alles liegen und stehn und begleitete ihn nach Hause. Es war etwas Ungestümes und Schmerzliches in jenem Drang, der ihn zu der Gebieterin zurücktrieb, die nächtelang auf ihn wartete. Doch die Pintenkehr abzubrechen war nichts im Vergleich zum Heimweg. Wir wankten müde einher wie geschlagene Soldaten, die ihre Truppe verloren haben. Und plötzlich mußten wir halten. Es brauchte nur einen Scherz, und V. wurde wieder von Lachkrämpfen geschüttelt; er wand sich wie ein Zapfenzieher am Trottoirrand der zu dieser Stunde verlassenen Straße, in der es im Sommer schon Tag war. Man hörte eine Amsel flöten. Und wenn dann die Eruption des Gelächters jäh erloschen war, begann V. schweigend den Kopf zu schütteln wie ein mißmutiger Stier. Als ob er von neuem von Angst erfaßt wäre. So daß er einen zeitweise fast beängstigenden Eindruck machte. Er war wie von einer dunklen Macht besessen. Einmal mehr bemerkte ich an ihm die hervorspringenden Stirnwülste, die zuzeiten grünliche und fast durchsichtige Haut, die kaltgrauen Lurchaugen, die unglaublich kleinen, geilen, weißen, nervösen Händchen. Und während wir die Straße hinaufgingen – schließlich hatte man sich doch wieder in Bewegung gesetzt –, schüttelte V. unaufhörlich den Kopf und stieß dumpfe Seufzer aus, die aus den Tiefen einer trüben Kindheit zu kommen schienen, manchmal auf komische Weise von einem Räuspern unterbrochen. So war der gute Bursche. Seine Stimmung schlug jäh ins Gegenteil um. Worauf wir uns im Morgendämmer weiterschleppten und den ersten Schatten begegneten, die zu Fuß oder per Rad an die Arbeit gingen. Doch wir waren noch nicht beim Platz mit dem Springbrunnen und der Reiterstatue angekommen, als er wieder schwach zu werden schien. Er drehte sich um sich selbst und hielt sich an einer Stange. Betrunken? Ein wenig. Vor allem aber fürchtete er, der Mutter wieder unter die Augen zu treten. «Was glaubst du, wird sie sagen?», jammerte er. Und aus grauen Äuglein blickte er mich scheel an, argwöhnisch fragend. Mit Mißtrauen und Furcht. Allein durch den Blick und das halb lächelnde, halb zornige Gesicht, das von tiefster Schwermut zu einer faunischen Grimasse wechselte, schien V. anzuklagen, daß man ihn gegen seinen Willen in das nächtliche Lotterleben, das Labyrinth voll Alkohol und Mädchen, mitgerissen und ihn damit vom rechten Wege abgebracht hatte, der nur durch die ruhige Bleibe bei Mutter führen konnte. Der er in solchen Momenten der Verwirrung alle Macht zuzueignen schien. Und die in solchen Momenten die Züge einer Tugendgöttin erhielt, gebieterisch, kalt und grausam, die aber dazu insofern das Recht hatte, als er wußte – und er wußte es nur zu gut –, daß es zu «seinem Wohl» war, so daß er ihr eigentlich dankbar dafür war ... auch wenn er sie gleichzeitig haßte: «Ich wage nicht allein heimzugehen», wimmerte er, wie ein verängstigtes, trotziges Kind. Was in Wirklichkeit heißen wollte: «Komm mit mir, du Dreckskerl. Hast du mich schon in die Patsche gebracht, so hilf mir auch wieder draus heraus, steh mir bei.» Ihm war bewußt, was ihn «zu Hause erwartete». Und mit solchen Gefühlen nahmen wir die Schlußetappe des Heimwegs in Angriff. Der Himmel war schon hell, auf den Bäumen schmetterten die Vögel aus voller Kehle, als wir in die verhängnisträchtige Gasse einschwenkten. In der für V. der Engel und der Drache, vereinigt in der Person der Mutter, zu wohnen schienen. So daß er, kaum hatten wir einige Schritte auf das Haus zu gemacht, wieder von einer Art Nervenkrise erfaßt wurde und in sich zusammensackte. Grüner denn je. Als ob es ihm schlecht würde. Doch es wurde ihm nicht schlecht, denn unter der Schwäche, der anscheinenden Zerbrechlichkeit, war er von einer Vitalität, die man, im lobenden Sinne, als ungeheuer bezeichnen müßte. In jeder Beziehung! Außerdem war in den übertriebenen Reaktionen ein Teil Theater, was er genau wußte, doch dessen Wirkung in meinen Komplizenaugen von selbst gedämpft wurde. Also erfand ich eben in solchen Lagen irgendeinen Scherz, denn dies war das einzige Mittel, ihn aufzurütteln und aus seinem Angstschlund zu befreien. Meistens gelang mir das leicht, denn V. war sehr feinfühlig für die Sprache: ihren Aufbau, ihren Klang, ihre innere und äußere Bewegung, wenn ich so sagen darf, ihre Ausstrahlung, ihre Leuchtkraft, wie auch die geheimen Einflüsse. Zum Beispiel brach er in ein Delirium der Heiterkeit aus, wenn er nur schon das Wort «*soissons*» hörte, das eine Bohnenart bezeichnet. Oder wenn man ihm sagte, ein «*carlin*» (zu deutsch: ein Mops) werde ihn in die weißen Waden beißen. Und wenn man beifügte, man werde zusammen eine Strafexpedition, «*une expédition punitive*» bei den Dirnen unternehmen, dann kam er dem Ersticken nahe, wegen des Wortes «*punitive*»! Er konnte sich kaum mehr erholen. Sprach ich mit ihm, so wußte ich also, welche Register ich zu ziehen hatte. Um ihn aus seinen Zuständen herauszuholen. Ihn dazu zu bringen, schnurstracks nach Hause zu gehen. Um in der Höhle den Mutter-Drachen zu bekämpfen. Den Engel-Mutter-Drachen.

Auf diesen nächtlichen Heimwegen war allerdings manches unvorhergesehen. Ich will sagen, es kam bei meinem Gefährten vor, daß er, von einem Hauch unterschwelliger Revolte berührt, machtvoll aufschnellte, mitten auf dem Trottoir, wo er tief einatmete, wie um Sauerstoff aufzutanken, während seine Mähne von elektrischen Schauern durchzittert und das Gesicht fahler denn je wurde, und er sich mir zukehrte mit einer gebieterischen Wildheit und einer Stentorstimme – man mußte ihn russisch singen gehört haben: man hätte gesagt, ein echtes Kind der Wolga –, um die donnernden Worte des Aufruhrs zu brüllen, die, ehrlich um so komischer wirkten, als er nie über Gesten und Worte hinauskam; und tatsächlich war er durchtrieben, wenn es um seine eigenen Interessen ging, bei der Arbeit zum Beispiel, wo er sich wunderbar schonen und in die hierarchische Ordnung einfügen konnte. Doch in diesem Fall begehrte er nur gegen die Mutter auf: «Die Sau, die ...», sagte er. Und mit der Hartnäckigkeit des Säufers: «Also sei es denn ... fertig, ich gehe nicht heim.» Und nach einem gnomenhaften Hohnlachen rief er: «Verdammt nochmal, wir gehen zu den Mädchen zurück», in der emphatischen Betonung des Gebildeten, die in der verlassenen Gasse übermäßig widerhallte. Worauf er sich auf den Trottoirrand setzte, von dem man ihn nur mit größter Mühe wegbrachte. In solchen Fällen blieben mir nur zwei Lösungen: entweder einen neuen Witz finden, der ihn seinen neuen Unheilsentschluß vergessen ließ, oder seinem Antrieb nachgeben. Oder wenigstens dergleichen tun. Denn das Argument, daß man keine Kopeke mehr habe, schlug bei ihm nicht ein. «Wenn's weiter nichts ist», antwortete er, «dann gehe ich stante pede zum Gerichtspräsidenten T. Ich habe seinem Sohn Stunden gegeben. Er schuldet mir noch Geld.» Und ich wußte, daß weder die ungewohnte Stunde noch der besondere Fall ihn zurückhalten konnten. Man mußte nur zusehen, daß ein solcher Plan nicht in ihm aufkeimen konnte. Ihn durch Geplauder ablenken. Doch ich komme zurück zu unserer Rast am Anfang der Gasse und meinen Anstrengungen, den Mann wieder auf die Beine zu bringen, ihm dabei mit einigen Blödeleien die Moral zu heben und ihn in einem Zug bis vor die Haustür zu bringen. Wonach, wie ich wußte, eine neue Auseinandersetzung beginnen würde, wahrscheinlich weniger beschwerlich, doch gefolgt von einem Aufstieg durch die Treppen (zwei Etagen), der zu einem richtigen Kalvarienberg wurde. In dem Sinne, daß jeder Tritt meinem Gefährten so vorkam, und er jedesmal endgültig aufgeben wollte. Kein Schritt mehr vorwärts. Kapitulieren. Wobei er sich in endlosen Kommentaren verbreitete, entweder über unsern Irrweg oder – und dies drohte wesentlich ernster und länger zu werden – über seine letzten Entdeckungen in Linguistik, vergleichender Grammatik oder Mythologie, mit tausendfach wiederholten und schwerverständlichen Beweisführungen, die in seinem nebelhaften Exposé stets von neuem in Frage gestellt wurden mit Hinweisen auf die indoeuropäische Sprachfamilie sowie Götter- und Völkernamen: Aurora, die Ligurer, Sikaner und Sikuler (alles Wörter, die bei ihm vorübergehend einen Lachkrampf auslösten); und auch die Lichtgöttin Mater matuta mit ihren Beziehungen zu ich weiß nicht welchem Wer- oder Weswolf, von dem man ohne weiteres zu den Völkerzügen in Illyrien überspringen konnte. «Los jetzt», sagte ich zu ihm und stieß ihn in den Rücken, um den Vortrag abzubrechen, je schneller desto besser. «Meinst du?» antwortete er leise und richtete wieder seine stumpfen Äuglein auf mich, voll von verworrenen Wünschen, Hirngespinsten und unverständlichen Schwärmereien. Und dann fuhr er fort, als ob ihn nichts von den großen Gedanken abbringen könnte: «Immerhin ist darauf hinzuweisen, daß bereits der Ursprung des Namens Ödipus usw.» Und schon war er wieder im schönsten Slalom durch Etymologien und philologische, religiöse und volkskundliche Betrachtungen, wobei die Bestattungssitten und die numismatischen Hinweise nicht außer acht gelassen wurden. Und dies mit dem Ungestüm eines feurigen Hengsts, das ihn auch bei Tag und bei Nacht auf die Strolchenzüge trieb. Ich tat, als wäre ich wütend, wobei allerdings beide wußten, daß es nicht ernst gemeint war. «Himmeldonner», schrie ich, «willst du nun endlich?» Schließlich erreichten wir die letzten Stufen, die uns vom Allerheiligsten des Hausdrachens trennten, als die Tür im zweiten Stock einen Spalt aufging und eine uns nur allzugut bekannte Erscheinung vorausahnen ließ. Kaum eine Sekunde später tauchte tatsächlich im dunklen Rahmen das Gesicht einer eher kleingewachsenen Frau auf. Bleich, fast gelblich, und, wie man spürte, bedrückt von den Nachtwachen, den Sorgen, der Ungewißheit, der Angst und auch von einem Dämon der Herrschsucht: eine Mutter, die seit dem bereits weit zurückliegenden Tod ihres Mannes allein für die Erziehung des einzigen Sohnes gesorgt und sich nicht wieder verheiratet hatte, was sie bei Gelegenheit mit kindlichem Nachdruck in Erinnerung rief: «Und dabei war ich recht hübsch ...» In der Folge wurde sie eingeschüchtert, bestürzt von der außerordentlichen Begabung des Jungen wie von seinen überreizten, stürmischen, verstiegenen Launen. Sie lebte, wie man sagt, nur für ihr Kind, wartete Tag für Tag, bis er aus der Schule heimkam, später aus dem Gymnasium und schließlich auch aus dem Kolleg. Sie wachte bei ihm nächtelang, während er über Bücher und Papier gebeugt war, die sie schief ansah, als ob in ihnen etwas vom Geist des Bösen wäre – stets im Qualm, den der Herr Kopfarbeiter mit seinen unzähligen gierigen Pfeifenzügen im Zimmer verbreitete – und ihm gegen Morgen Tee einschenkte und ihm zuhörte, wenn er laut aus einer Seminararbeit oder Abhandlung in einer wissenschaftlichen Zeitschrift las, wovon sie selbstverständlich nichts begriff. Doch hellhörig lauschte sie auf etwas anderes: aus der Stimme, ihren Schattierungen suchte sie die Stimmung ihres Sohns zu erfassen, und darüber hinaus stellte sie sich Fragen zu seiner Zukunft: Was sollte er bei Gott nach all den Mühen und Plackereien schließlich wohl werden? Professor? Sie versuchte auch seine Absichten zu erkennen: würde er nicht wieder auf einmal den Rappel bekommen und zu einer jener Strolchereien ausreißen, die sie so aufregten, da sie nur allzusehr erriet, und zwar mit eifersüchtigem Haß, daß Frauen mit im Spiele waren. «Wann hörst du endlich auf mit diesen Schlampen?» sagte sie wütend, aber auch mit bübischem Blick. Denn wie alle anspruchslos lebenden puritanischen Frauen konnte sie plötzlich saftige Ausdrücke brauchen, ob denen ein Affe errötet wäre, wobei in der Entrüstung heimliches Ergötzen durchschimmerte. So hörte ich sie einmal nach einem unserer denkwürdigen Rückmärsche sagen: «Wo hast du dich wieder ausgeschleimt?» Um jedoch wieder zu den arbeitsamen Abenden zurückzukommen, die sie treuhänderisch überwachte: oft kam es vor, daß er mit bald lauter, bald zärtlicher Stimme bettelte: «Mama, beste Mama, hol uns doch ein wenig Wein.» Worauf sie mit unerschütterlicher Standhaftigkeit und dem Lächeln des Engels, der die Tücken des Gottseibeiuns durchschaut, einfach damit antwortete, daß sie ihm eine neue Tasse Tee brachte, die der Sohn mit Redeschwällen, Gelächter und mehr oder weniger zärtlichen Flüchen begrüßte – Rabenmutter, Ungeheuer von Frau –, und auch mit kindlich flehenden Umarmungen, um trotz allem noch einen Tropfen des ersehnten Trunks zu erhalten. All dies unter dem reglosen Blick des Vaters – zu Lebzeiten Zöllner im Gebirge – aus der eingerahmten Photographie über dem Kanapee, in der man bereits mühelos das Gesicht des Sohnes erkennen konnte. Und seinen Wuschelkopf. Zur Zeit der Rückkehr empfing uns aber eine andere Frau und Mutter: mit dem Besen in der

Hand, und einer Art violettem Turban, der ich weiß nicht was Bischöfliches hatte. Mit eisigen Blitzen in den Augen wie eine unerschütterliche, unbeugsame, rächende Anhängerin der Zeugen Jehovas oder der Engel des Ewigen, oder weiß ich was (denn mit Sekten bin ich nicht sehr vertraut), zu denen sie anscheinend mit Stolz gehörte. Unaufhörlich rief sie auf Sünder unserer Art, und besonders auf mich – den Nachtschwärmer, Liederjan, Wüstling –, die Rache Armagedons herab, der wie erwartet und erhofft, am bestimmten Tag mit den himmlischen Heerscharen anrücken, alles Unrecht aus der Welt fegen und den Sieg der Gerechten herbeibringen würde. Zu denen selbstverständlich auch sie gehörte. Ob auch ihr verabscheuter und bewunderter Sohn, das konnte sie nicht sagen, da sie geteilter Meinung war. An jenem Morgen wartete sie auf ihren Sohn und sah ihn mehr tot als lebendig die letzten Treppenstufen hinauftaumeln. Folgte das Vorspiel, bei dem sich Mutter und Sohn reglos und schweigend anstarrten wie zwei Katzen, die sich lange belauern, bevor sie aufeinander losstürzen. Schließlich brach sie das Schweigen mit einem Redeschwung, der bei einer frommen und hartnäckigen Streiterin für Jehova und den Anbruch des Reiches der Gerechtigkeit völlig unerwartet war, und zischte verbissen: «Da bist du endlich, Saukerl!» Worauf der Sohn, der in den Tiefen seines von Ermattung zerschlagenen Körpers seine Streitlust wiederfand, mit giftig herausfordernder Stimme rief. «Ja, da bin ich, alte Nachteule ...!» Und waren wir nach diesem Eröffnungsgeplänkel unter der – nur symbolischen – Drohung des Besens in die Wohnung eingetreten, dann erwartete uns auf dem Weg durch den langen dunklen Gang ein ebenso komischer Schwall von Vorwürfen, Bitten und Schmähungen gegen uns, unseren Lebenswandel, sowie Standpredigten über das, was uns bei einem solchen Lebenswandel bevorstand. Das Ganze gespickt mit Donnerworten des Jeremias. Während V., der an solche Wolkenbrüche gewöhnt war, aufbrüllte, sich vor Lachen ausschüttete und buchstäblich auf seine Mutter stürzte, nicht um sie übel zuzurichten, wie man auf Anhieb geglaubt hätte – «Wissen Sie, wie närrisch der ist!» sagte sie –, sondern um sie an den Schultern zu packen und in einen Freudentanz mitzureißen: endlich war er wieder bei seiner Mutter, endlich hatte er sie wiedergefunden, während die alte Dame mit der Bischofshaube, aufgerüttelt aus jahrzehntelangen Sorgen, Entbehrungen und Ängsten, sich vergeblich zu wehren versuchte, mit brüsken Bewegungen, «Laß mich in Ruh»-Rufen und lautem Geschrei: «Rühr mich nicht an, Elender!» Doch ihr Blick ließ gleichzeitig durchschimmern, daß der Zorn zerfloß, die Angst sich auflöste. So stürmten wir selbdritt wie ein Aprilwetter in die Küche, in die zu dieser Zeit schon lustig die Sonne schien. V. sackte auf einen Stuhl wie ein Hampelmann und schloß die Augen vor Müdigkeit, aber auch, wie ich wußte, aus List – er blinzelte unter den Wimpern hervor – und flehte mit süßer Stimme, trotz der Verwünschungen, die der Form wegen immer noch auf uns hagelten: «Liebstes Mütterchen, hast du uns nicht etwas zu essen?» Worauf Frau V., wütend – oder halbwegs wütend – über diese Ablenkung von ihren prophetischen Bußpredigten, bei allen Heiligen beschwor, daß sie uns nichts kochen würde; wenn wir etwas wollten, dann sollten wir es dort holen, wo wir herkämen, und zu einer solchen Zeit habe sie ohnehin nichts da, und auch wenn sie etwas hätte usw. Und während sie solche Liebenswürdigkeiten knurrte, sah man, wie sie den Besen in die Ecke stellte, langsam mit offensichtlich gespielter Empörung den Küchenschrank öffnete, und all dies stets mit der Bischofshaube auf dem Kopf. So daß V. und ich kaum eine Viertelstunde später an einem gedeckten Tisch saßen, während in der Bratpfanne Schinken und Eier brutzelten oder Cervelats, wie sie mein

Gefährte nächtlicher Streifzüge so sehr liebte. Wobei er stets mit einer Art Unverschämtheit beifügte: «Mama, du vergissest doch die Zwiebeln nicht, gell?» Doch was ich nicht vergessen konnte, das war die Betonung, mit der er das Wort *Mama* aussprach: wie ein kleines Kind, das sich mit schleppender Stimme in die beiden Silben einkuschelt, und auch mit einer Nuance zärtlicher Entrüstung. Wie wenn der Mann mit der wilden Mähne auf sich selbst böse wäre, daß er so an seiner Mutter hing, während er anderseits gleichzeitig ihre Herrschaft bedingungslos annahm. Doch nichts brachte uns mehr zum Lachen als Frau V.s Gebärde, wenn sie im Licht der Morgensonne in der kleinen Küche Schinken mit Ei oder Cervelats aufgetragen hatte: sie schloß flugs den Schrank, was andeuten sollte, daß sie uns zwar Nahrung, aber nicht auch noch Wein geben wollte. Zu einer solchen Zeit! Doch wieder begann eine Pantomime des Sohnes, so daß schließlich die siegreich-besiegte Frau wie stets widerstrebend den Schrank wieder öffnete und, wie der Sohn sagte, mit «Doppelstutzer-Blicken» auf uns, die verhaßte Flasche brachte, wobei die Langsamkeit ein Gemisch von Gefühlen anzeigte, die sich im Herzen der gebieterisch-schwachen Jüngerin Jehovas widerstritten. Als ob die ärgerliche Langsamkeit ihr ganzes Leben umfaßte … Und während der Spießgeselle, entzückt nur schon beim Anblick der Flasche, in ein kindliches und halb gespieltes Freudengeheul ausbrach, ließ die alte Dame auf ihrem bleichen Gesicht, das einst schön gewesen sein mußte, ein rätselhaftes Lächeln aufglänzen, wie Frühsonne den Nebel über dem See durchbricht. «Eßt, solange es heiß ist», sagte sie. Und zu ihrem Sohn: «Hör endlich auf, auf deinem Stuhl herumzuzucken wie ein Aal.» Zu mir schließlich: «Haben Sie genug Zwiebeln?» Und diese einfache Frage war für mich wie ein heiliger Born, ein wenig derjenige des Verzeihens.

Dies also war die Frau, die bei den Philosophen läutete, um

zu fragen, ob wir nicht zufälligerweise ihren Lumpenkerl von Sohn gesehen hätten, der wieder einmal den Rappel habe. Und die sich Sorgen machte. O Gott, wie sollte das alles enden? Doch was ich noch sehe und rückblickend bewundere, das ist die Art, wie Mütterchen jeweils die Besucherin anhörte. Die Art, wie sie von ihrem Lehnstuhl beim Fenster aus mit ihr in Verbindung blieb. Den Kopf geneigt, wie es ihre Gewohnheit war. Mit einer Miene, die zeitweise beizupflichten und manchmal, mit leichtem Kopfschütteln, nicht beizupflichten schien. Doch alles schonend. Ich hätte bald gesagt: musikalisch. Ohne die Distanz zu betonen, aber auch ohne Familiarität. Nur schon an der Haltung der beiden Damen, die sich an einem dunklen Winternachmittag im Eßzimmer gegenübersaßen, konnte ich den Gang des Gesprächs erraten: wie Frau V. über ihren Sohn wetterte, damit man ihr widersprach (wehe, wenn man ihr nicht widersprochen hätte!), wie sie ihrem Ärger über mich Ausdruck gab, überzeugt, daß ich als böser Geist ihren Sprößling zum üblen Tun verleitete. Doch Mütterchen neigte dazu, dasselbe von ihrem Sohn in bezug auf mich zu denken. Als gute Diplomatin wich sie in diesem Punkt jedoch aus. Und das Gespräch ging zwischen ihnen weiter wie eine Strickarbeit, Masche um Masche, mit vertraulichen Mitteilungen, Eingeständnissen, gesagten und ungesagten Dingen, bis zum Moment, da Frau V., wenn auch nicht völlig getröstet, so doch beruhigt, endlich die Wohnung verließ. Ohne im geringsten zu ahnen, daß ich ihr nachschaute, wie sie langsam den Boulevard des Philosophes hinunterging. Genau wie in meiner Kindheit die beiden Jungfern V. und T., die Hausbesitzerinnen, die frühmorgens zur Messe wankten. Worauf, wie ich wußte, ein bis zwei Stunden später V. in der Rue Saint-Ours ankommen und unter meinem Fenster den vereinbarten Pfiff ertönen lassen würde, um zu sehen, ob ich zu weiterem närrischem Tun geneigt sei.

DIE LAMPE

Nebensächliches und Wesentliches

Ich habe gesagt, daß die Rue Saint-Ours und Mütterchen eine gewisse Ähnlichkeit hatten. So ist es. Beide waren unerschütterlich ruhig. Beide auch wie im Herzen der Zeit und doch außerhalb. Und dadurch registrierten sie alles, was geschah, und nicht nur was geschah, sondern auch, was vorbei war; und sie ahnten die Zukunft voraus. Beide beobachteten still das Geheimste im Alltäglichen, das vielleicht an Dingen, Ereignissen und Menschen das Wesentlichste war. Zum Beispiel sah nur die kleine Rue Saint-Ours, die niemand eines Blickes würdigt, morgens Mamsell Eliane weggehen, die Türe öffnen und behutsam auf das Trottoir hinaustreten. Den Kopf, wie wir wissen, voll von Plänen. Die Gasse hatte auch, eigentlich dank mir, den Anmarsch des armen H. erlebt, dessen Trommel zu Beginn einsamer Sommernachmittage mit einzelnen Schlägen die Irrgänge bezeichnete. All das sind flüchtige Dinge, die für immer verloren scheinen und uns doch innerlich bereichern. Nebensächliche und doch wesentliche Dinge. Das Gurren der Tauben am Abend und Morgen, die Schreie der Möwen, die im Winter vor dem offenen Fenster kreisten, von dem aus ihnen die blonde Dame Brot zuwarf. Wie oft habe ich als Knabe noch vom Fenster aus über die stille Straße zur blonden Dame mit den beeindruckenden Brüsten hinübergeäugt, die in ihrer Wohnung «im leichten Tenue» hin und her ging, wie ich mit gelindem Tadel sagen hörte. Oder lässig auf dem Bett lag, ohne zu ahnen, wie sie

Neugier und herrliche Ängste erregte. Ihr Raum schien mir erfüllt wie von braunem Gold. Manchmal kam die Dame vom Wischen oder Abstauben schnell ans Fenster, stützte die Ellbogen auf und sah hinaus. Sah was? Einfach das Gäßchen im Licht: schläfrig, menschenleer, die Trottoirs völlig teilnahmslos, die Hausfassaden ohne Geschichte, wie man sagt, und die doch Geschichten sonder Zahl bewahrten. Von denen diejenige der Mamsell Eliane nur ein Faden im Gewebe war. Und schon zu jener Zeit fühlte ich, verworren und trotzdem eindrücklich wie heute, daß nicht das wesentlich war, was die Dame anblickte, sondern der Blick selbst, der wie versehentlich über die kleine Gasse schweifte. Wo nichts geschah, wo nie etwas geschah. Doch darin liegt für mich Wesentliches. Solche Momente am Nachmittag, von niemand beachtet – fern der großen Geschichte mit ihren Greueln, die niemand im Gedächtnis behalten will –, und wo sich doch das Leben weiterspinnt. So daß dreißig, was sage ich, vierzig Jahre danach diese scheinbar unbedeutenden Momente, und nicht die lärmigen, sich in uns herauskristallisieren, während viele sogenannt wichtige Dinge keine Spur hinterlassen. Nicht den Schatten einer Spur. Das eigentliche Leben gründet im Herzen der reglosen Zeit, geschützt vor den Blicken und der allgemeinen Aufmerksamkeit.

So ist es mit dem ursprünglichsten Bild Mütterchens im Lehnstuhl am Eßzimmerfenster. Im Winter, diesmal. Und «während des Krieges»! Dem zweiten. In der Wohnung eisige Kälte. Doch sie ist da, in ihre Decken eingemummt, halb gelähmt, die Hände in fingerlosen Handschuhen, und liest oder strickt. Jedenfalls innerlich gesammelt. Wie ein Weiser. Es ist bald drei Uhr. Tato hat sich im Zimmer nebenan hingelegt. Tato sagt, sie komme nie dazu, sich auszuruhen oder zu schlafen, aber das ist nicht wahr. Sie ruht sich nicht nur aus und schläft, sondern manchmal ist sie ganz hübsch am Schnarchen. Jemine-Schwester ist im Büro. Und ich, man möge mich entschuldigen, bin am Stundengeben im Zimmer an der Rue Saint-Ours, im Reich, im ehemaligen Reich der Großmutter, in dem die dunkelgetönten Vorhänge, die altmodische Hängelampe, der Spiegelschrank und das große dunkle Bett ein altehrwürdiges Geheimnis zu wahren schienen. Ein Mysterium unter dem vertrauten Äußeren. Das Mysterium, auf dieser Welt zu sein. Ja, während jeder seinen Verrichtungen nachgeht, ist sie da, unsere Mutter und verleiht allein durch ihr Dasein den Dingen Dauer. Und schafft eine ständige Verbindung zwischen Lebenden und Toten. Doch das noch: einige Zeit ist vorbei. Meine Schwester hat sich verheiratet. Mütterchen wohnt nun bei ihr. Mit Tato. In einer Stadt im Hochjura. Hier steigt von ihr ein anderes Bild auf. Und doch stets dasselbe. Wieder drei Uhr, Nachmittag. In der Küche. Die Sonne scheint. Juli. In der Straße niemand. Nicht ein einziges Auto. Es ist während der Ferien, der «Uhrmacherferien», wie man sagt. Durch das Fenster sieht man Tannen und Weiden. Darüber, weiß und leicht, eine Wolke. Im Rollstuhl, der ihr nun gehört (es ist nach der Operation), sitzt Mütterchen vornübergebeugt. Was sie wohl so geflissentlich tut, wie alles, was sie unternimmt? Sie ist dabei, die Zwiebeln für den Salat zu hacken. Doch wie ich sie so durch die halboffene Tür sah, merkte ich gut, daß etwas in ihr war, was über diese Beschäftigung hinausging. Wie ein Meditieren, ein ständiges Wiederkäuen, über ihr Leben, über das Leben. Doch ganz anders als seinerzeit beim Vater. Er entfesselte sich in großen Fragen, auf die es keine Antwort gibt: Was sind wir? Wozu leben wir? Was für einen Sinn hat alles? Und etwas Geräuschvolles, Tyrannisches, Romantisches war auch in seiner Art, das praktische Leben zu fliehen, um sich in solche Fragen zu retten. Und wenn auf väterlicher Seite mit all diesen Fragen ein Meer von Irrungen und Wirrungen

wogte, so war Mütterchen ihrerseits wie das fruchtbare Land. Sie gab einfache, ruhige Antworten auf die kleinen praktischen Probleme, eine nach der andern, ohne sich allzusehr um große und ganz große Fragen zu scheren. Sie wollte auch nicht so sehr Antwort geben, als einfach da sein. Wie eine Auskunftsstelle für uns. Bereitsein.
Zu erwähnen ist noch, wie sich Mütterchen bei den Philosophen, wenn man läutete, langsam zur Tür schleppte, um zu öffnen. Welche Weltreise! Und welche Eindrücke für uns an der Tür, als wäre man an der Reise beteiligt. An allen Phasen der Reise. Hatte man geläutet, so blieb vorerst alles still, und man wußte, man fühlte, wie sie sich mühsam – aber mit eisernem Willen – von ihrem Lehnstuhl erhob. Und dann die ersten Schleifgeräusche auf dem Boden, wenn sie den Stuhl, an dem sie sich aufstützte, vor sich herschob. Das Kratzen ging durch Mark und Bein. Es traf ins Innerste. Doch etwas später hörte man die Reisende, die nun erfolgreich das Eßzimmer durchschritten hatte, dessen Schwelle überqueren. Wonach der Tunnel des Korridors kam. Und während der Tunnelpassage, zwischen den Phasen des Schleifens und Vorwärtsschreitens, lebte die ganze Wohnung der Philosophen, die zu betreten man sich vor der Türe anschickte, mit sonderlicher Kraft und Innigkeit auf. Als ob sich das Leben der Bewohner als unsichtbarer Bodensatz langsam abgelagert hätte. Wie deutlich fühlte ich den Hausflur mit seiner Dunkelheit! Wie feierlich wurde auf einmal Großmutters Zimmer in seiner Traurigkeit! Wie gegenwärtig war das Bild des toten Kindes an der Wand! Wie sanft strömte die Rue Saint-Ours dahin! Und wie unendlich erzitterte die kleine Halle am Ende des Korridors, noch lange nachdem das Läuten verklungen war... Doch schon näherte sich das schicksalsschwere Schleifen. Schon fühlte man physisch, wie sich Mütterchen hinter der Tür abmühte. Schon hörte man die alte Ledertür (was ist

wohl aus ihr geworden) knarren und quietschen. Endlich ging die Türe auf, langsam, behutsam, nicht des Mißtrauens, sondern der steifen Gelenke wegen, den Umständen mit dem Krankenstuhl. Und dann kam ihr Begrüßungsruf, bevor sie etwas sagte, ein «Eh!» des Erstaunens und Willkomms, wie ein Labsal nach dem Weg durch die Wüste, heilendes Wasser der Begegnung. Der menschlichen Begegnung. Wiedergefunden an der Quelle.

Ein Reich geht unter

Doch da wir schon bei dieser Erinnerung sind, möchte ich etwas erwähnen, was ich vor Mütterchen stets geheimhielt: den Auszug oder vielmehr den Wohnungswechsel, zu dem es nach ihrer Wegreise kam. Da das Gebäude verkauft, instandgestellt und aufgestockt wurde, mußte ich unsere gute alte Wohnung verlassen und mit einer kleinen Zweizimmerwohnung vorliebnehmen, die nur Fenster zur Rue Saint-Ours hatte. Zur Schicksalsgasse. Doch da wir Mütterchens Anhänglichkeit an die Philosophenwohnung kannten, an jede Einzelheit – was für ein Schock wäre es für sie (die sonst alles akzeptierte) gewesen, wenn sie die kleine Welt in Auflösung gewußt hätte, was sie aus der Ferne aufbauschen würde! – hatte ich mich entschlossen, im Einverständnis mit der Schwester, bei der sie die letzten Lebensjahre verbrachte, die Sache zu verheimlichen. Dies war einfach. Weniger einfach war, daß sie mich, nachdem das Haus längst renoviert war, immer wieder fragte, leise und eindringlich, mit der drängenden Unruhe der Betagten, die sich von Handel und Wandel ausgeschlossen fühlen: «Und die Wohnung?» Jedesmal bemühte ich mich, mit gespielter Gelassenheit dieselbe albern-plausible Erklärung zu geben, daß alle Wohnungen im Gebäude in kleine Studios aufgeteilt worden seien, ausgenommen unsere und diejenige des Nachbars, aber daß wohl bald auch einmal die Reihe an uns käme usw. Und während ich diese Erklärungen vorbrachte, zeigte sich zweierlei. Ich will sagen, daß ich einerseits Mütterchens und Tatos Gesicht auf mich gerichtet sah. Sie wollten in meinen wahrscheinlichen Erklärungen die Wahrheit herausfinden. Besonders Mütterchen lauschte mit größter Aufmerksamkeit, während ich in ihr etwas wie eine Distanz zu dieser Aufmerksamkeit spürte. Die man auf den ersten Blick als Zerstreutheit bezeichnet hätte. Doch es war nicht so. Ich glaube heute den Grund dieser Zurückhaltung zu erraten: sie wollte mich nicht damit belasten, daß sie sich den Anschein gab, mir nicht zu glauben. Sie mußte – immerhin kannte ich sie ein wenig – ahnen, daß ich die Dinge ein wenig beschönigte, um Tato und ihr keinen Kummer zu bereiten. Um ihnen den wehmütigen Gedanken an das Haus am Boulevard des Philosophes zu ersparen, das nun den Abbruchleuten ausgeliefert war. Und vielleicht neigte sie deshalb den Kopf beim Zuhören mehr als gewöhnlich. Während Tato hinter meinen Worten die wahre Lage der Dinge zu erraten suchte. Welche Stockwerke waren renoviert worden? Wann würden sie *ihre* Wohnung in Angriff nehmen? Anders gesagt: Wann kam der Untergang ihres Reichs? Denn das war die Frage, nichts anderes. So daß ich, wenn ich jede nach ihrer besonderen Reaktion beurteilte, ob all meinen Ausflüchten die Wahrheit nur noch stärker fühlte: die Philosophen waren dem Untergang geweiht. Und gerade darum hütete ich mich, vom Verschwinden der Dinge zu sprechen, die ihnen lieb waren, und mehr als lieb – Leitgestirne ihres bescheidenen Lebens ein halbes Jahrhundert lang –, und jedes Ding wollte mit hartnäckiger Boshaftigkeit sein Bild tief in mir einprägen. Als ob es sich, dem Untergang, der Zerstörung geweiht, in mein Bewußtsein retten wollte, um einen Teil seiner Existenz zu wahren. Und je weniger ich davon sagen wollte, desto deutlicher sah ich das traurige Schauspiel der verwüsteten Küche. So wie es sich tags zuvor meinen Augen dargeboten hatte. Weg war der Tisch mit dem abgenutzten Wachstuch, an dem Mütterchen allmorgendlich Gemüse rüstete, der Tisch zahlloser Mahlzeiten und auch der Konfitüren. Und auch der abgewetzte Schemel, den man mir manchmal reichte mit den Worten: «Setz dich einen Moment.» Die Kaffeemühle, die seinerzeit Großvater zwischen den Knien gedreht hatte, und die kleinen Büchsen für Tee, Zucker, Salz, jede mit einem eigenen Gesicht, trotz der scheinbaren Gleichheit. Ohne vom Gasherd zu sprechen, der kurzatmig war wie ein alter Gaul, und den Tato jeden Morgen verwünschte, weil das Gas zuwenig Druck hatte. Eine ganze Welt, die nun auf den Kehrichthaufen kam. Und (wie alles, von dem man sich trennt), sah man plötzlich die Zimmerdecke deutlicher, die auf einmal aussah, als ob sie räudig wäre. Und wie sollte man den kleinen Damen die Arbeit der Abbruchleute in den andern Zimmern klarmachen, den Abtransport der dunklen Vorhänge, der altmodischen Hängelampe usw. Und manchmal, ich erinnere mich, wenn ich nichts davon erzählte, fragte Tato gradheraus: «Und der Samowar? Ist er stets noch an seinem Platz?» Ja. «Die Statuette des Vogelfängers steht doch immer noch auf dem Tischchen?» So ging es auch mit den beiden Aquarellen, die die Bucht von Neapel darstellten. Und tatsächlich mußte ich mich innerlich zusammenreißen, um mich wegzudenken vom Chaos in all den Zimmern bei den Philosophen, die aussahen wie ein verwüsteter Bienenstock, damit ich ruhig und präzis auf ihre Fragen antworten konnte. Wie wenn alles noch im Morgenfrieden lebte und in jener Ordnung der Kindheit, nach der in uns jedes Ding an seinem Platz bleibt.

Auf dem Friedhof

Am Sonntag nach der Beerdigung machte ich einen Spaziergang zum Friedhof, der am andern Ende der Bergstadt gelegen ist, beim Stadion. Es war am Spätnachmittag. Seit langem schon dräute ein Gewitter. Es war, als hätten das Gewitter und ich ein Stelldichein im Friedhof. Und tatsächlich, als ich ihn betrat, begann plötzlich der Regen zu prasseln. Ich ging trotzdem in die Allee, die zur Kapelle unter dem dunklen Gezweig führt. Aber ich hatte nicht zehn Schritte gemacht, als ein heftiger Blitz aufzuckte, begleitet von Donnerschlägen. Tatsächlich ein Stelldichein mit dem Gewitter. Was das wohl bedeutete? Ich wollte nicht davonrennen (ein Angsthase will stets seinen Mut beweisen). Mit scheinbar ruhigem Schritt ging ich also weiter, als mich ein zweiter, stärkerer Blitz umfing. Und wieder Donnerschläge. Unter dem Vordach der Kapelle setzte ich mich auf die Treppenstufen und schaute, wie sich das Gewitter entfesselte. Wie früher jeweils mein Vater. Der sein Zimmerfenster sperrangelweit auftat. Und davorstand, mit herausfordernder Miene, die, hätte sie mir nicht Angst gemacht, komisch gewesen wäre. Es sah aus, als riefe er den Unbekannten zur Abrechnung. Als wollte er ein Schicksal enden, das ihm so widrig gewesen war. In allem das teuflische Gegenteil dessen, was er sich erträumt hatte. Möge Verderben über mich kommen! Was mir weniger Angst machte als die Haltung meines Vaters, die, wie ich fühlte, sein Mißgeschick nur vergrößern und zur Katastrophe führen konnte. Doch was hatte er noch zu fürchten an dem Punkt, an dem er angelangt war? In der Folge schlich sich eine andere Angst vor Gewittern in mir ein. Ich will sagen, daß ich angesichts von Blitz und Donner jeweils das dumpfe Bewußtsein hatte, vermischt mit Furcht, daß etwas oder jemand aus dem Gewitter heraus auf mich zukam. Mich suchte.

Mit mir abzurechnen hatte. Als ob das Gewitter mich für den Fehler zu strafen hätte, daß ich war, der ich war, ich und kein anderer. Meine Eigenart – meine Einzigartigkeit – gab das Gefühl eines Verrates, eines geheimnisvollen Verrats am Leben. Ich war, ich fühlte mich, wenn ich so sagen darf, wie ein Judas angesichts des Gewitters, wie ein Verräter. Und dies unabhängig von dem, was ich tun oder nicht tun mochte. Auch wenn, und besonders wenn ich wie ein Held, ein Heiliger gelebt hätte, oder einfach wie ein ehrenhafter Mensch. Was mir, ich bin überzeugt, wie eine höhere Art von Heuchelei vorgekommen wäre. Meine besten Taten, meine besten Vorsätze, bereiteten nur um so besser die Ankunft des grundlegenden Verrats vor. Der großen Täuschung. Kurz, die im Gewitter versteckte Kraft war für mich vor allem eine richtende, rächende Macht. Wobei der Blitz als höchstes symbolisches Werkzeug Kraut von Unkraut trennen und mein verlogenes Ich vernichten würde. Zum erstenmal vielleicht hatte ich an jenem Sonntag unter dem Vordach der Kapelle angesichts des Gewitters ein anderes Gefühl. Als ob Mütterchens Tod eine geheime Ordnung verändert, in mir einen neuen Kreislauf der Kräfte erweckt hätte. Nun fühlte ich zwar im Gewitter immer noch die Kraft, die mich suchte, nur fürchtete ich mich nicht mehr davor. Ich nahm sie nicht mehr ernst, ich verhöhnte sie fast. Und bemühte mich nicht einmal mehr, ihr zu trotzen. Dreimal noch sah ich den Blitz in meiner Nähe einschlagen. Ich sagte mir: «Trumpfe nur auf, mein Kleiner, ich lasse mich nicht erwischen.» Und wie wenn das Gewitter überzeugt worden wäre, entfernte es sich langsam. Der Regen wurde dünner. Nur noch einige Tropfen fielen nach dem Aufruhr, und ab und zu zwitscherten Vögel. Während sich das letzte Grollen über die Berge verzog.

Alle Leute sagen, jener Friedhof sei abscheulich. Vielleicht. Doch ich liebe ihn. Ich kümmere mich nicht um seine Häßlichkeit. Abscheulich, in der Tat, sind Krematorium und Kapelle. Doch außer der Lage gefällt mir an ihm etwas ... ich weiß nicht was. Wie oft bin ich seither zurückgekehrt! Im Herbst besonders, mit dem Nebel, dem Geläut der unsichtbaren Herden, dem Lärm des Bähnchens, das der Bergflanke entlang fährt, dem Geräusch der feuchten Erde unter den Schritten. Etwas Abgeschlossenes, Gesammeltes. Tiefgründiger als die Zeit. Sonntag. Ein Sonntagmorgen. Von den drei Kirchen, die bei klarem Wetter zu sehen sind, hört man die Glocken läuten. Bald wird sich der Nebel verziehen und zartblaue Streifen freigeben, glänzend wie Perlmutter. Das schöne Wetter wird einziehen im Tal und auf den grünen Weiden mit den dunklen Tannen. Man wird die Herden sehen, die Bauernhäuser, das braune Bähnchen, die Baustellen. Und beim Friedhof den nicht weniger weichen Rasen des Stadions, wo zu dieser Morgenstunde ein Fußballspiel im Gange ist, ein Treffen zwischen lokalen Freizeitsportlern. Applaudiert von beharrlichen Supportern. Meist Italiener. Ich werde mal hingehen. Es ist ruhig. Mehr als ruhig. Das Leben geht weiter. Man hört die ungeschickten Schläge gegen den Ball, das Keuchen eines dicklichen Flügelmanns auf der Seitenlinie, plötzlich erhebt sich eine rauhe Stimme, aus der man die Fabrikarbeit spürt: «Forza, Mario!» Doch der angefeuerte Mario, als wäre er verwirrt von der ungestümen Aufmunterung, verfehlt das Leder und gibt einen machtvollen Tritt ins Leere, der die Zuschauer in der kühlen Luft auflachen läßt. Soll Mütterchen tot sein?

Regenschauer

Etwas anderes, Seltsames. Am Abend vor der Beerdigung war ich im kleinen Restaurant beim Flugfeld zum Essen. Anscheinend nichts Besonderes. Ausgenommen dies, daß in den kleinsten Dingen ein Geheimnis zu weben schien. Unfaßlich. So daß es sich verflüchtigte, spräche man von ihm. Buntfarbene kleine Flugzeuge auf der Piste. Ein Regenhimmel, der sich von Minute zu Minute änderte. Eine blonde, elegante Wirtin in der Heimatstilbeiz, von der aus man auf die regennassen Baustellen und die Stadt sieht. Nichts Besonderes, auch nicht an diesem Essen. Immerhin ... War es die Wirkung der Stille, in der ich mein Entrecôte mit grünem Pfeffer aß, begleitet von einem Glas Wein? Als ich meinen Blick über die Flugpiste zu den Baustellen hob und sah, wie ein Regenschauer die Stadt in eine perlgraue, eisige Wolke hüllte, hatte ich einmal mehr die Empfindung – stechend wie eine durchdringende Nadel – einer geheimnisvollen Präsenz. Die schmerzte und zugleich mit Glück erfüllte. Ich kann es nicht anders sagen. Was war es? In meinem schmerzlichen Glück dachte ich an Mütterchen, die in diesem Augenblick sozusagen weder tot noch lebendig war. Sondern wie zwischen zwei Welten. Oder vielmehr: auf der Reise. Immer noch im Lehnstuhl am Fenster, in der Stille, nickte sie freundlich; man spürte ihr Mitgefühl. Nur war der Lehnstuhl nicht mehr am Boulevard des Philosophes. Er war wie in mir selbst. Und als ich wieder den Regen betrachtete, der nach einer kurzen Rückkehr der Sonne auf Baustellen und Piste von neuem herniederprasselte und die Sicht auf die Stadt verdeckte, sagte ich beim Essen, ich erinnere mich, zu mir selbst: «Sterben heißt vielleicht, sein wahres Leben in den Mitmenschen beginnen.»

Und noch eines: der Tisch, an dem wir aßen, nicht bei den Philosophen, sondern in der Küche meiner Schwester, stand an einer Wand. Und diese Wand – meine Schwester möge mir verzeihen – war voll von Flecken. Kleinen bräunlichen Flecken. Ich sage es nicht aus Gründen der Sauberkeit. Ich meine, daß die Flecken nach Farbe und Beschaffenheit an Altersflecken erinnerten, wie man sie auf den Händen Betagter sieht. Doch dies ist immer noch nicht wesentlich. Wichtig ist, daß jeder Flecken für sich in meinen Augen ein Menschenleben war, wie dasjenige meiner Schwester: Arbeit, Pflichten, Sorgen, Mut im Alltag, Mut der Stillen im Land. Wortlose Kämpfe, von denen nie jemand erfuhr. Und ich habe auch nicht von ihnen zu reden: alles ist anders, als man es beschreiben kann. So daß die Wand in der einfachen Küche, die Millionen anderer Küchen in Millionen anderer, ebenso einfacher Häuser glich, nichts Ärmliches mehr hatte. Sie war im Gegenteil, mit den Flecken als den Symbolen für Menschenleben, wie tiefgründiger Erdboden. Und wenn die Frauen da waren, schienen schmerzliche, unerklärliche Gefühle von einem Flecken zum andern zu fließen und mich zu durchdringen, um von neuem aufzuleben. In mir selbst. So daß man beim Betrachten der Wand hinter dem Tisch einem Sternbild folgte. Nicht fahl im schwindelnden Sturz, sondern sanft und rein vor uns auf dem Höhepunkt der Wanderung. So wie ich es einst an einem Abend in der kleinen Gasse des M. über den Dächern gesehen hatte, als ich von der Arbeit zurückkam. Doch dies ist wieder eine andere Geschichte. Von der wir noch sprechen werden. Ein Sternbild, an dem jede der Frauen durch ihre Lebensart beteiligt zu sein schien: Mütterchen mit ihrer Geduld, meine Schwester, deren Hände bereits von Arthrose verformt waren (ihr Mann starb nach fünfzig Jahren der Arbeit, kein Tag zum «Leben»), Tato endlich, die aus ihrer Taubheit zusah, wie der Schnee auf jene Tannen fiel, die sie haßte wie Gespenster des Exils. Jede eines der grauen Sternchen voll Mut, die Tag für Tag mein Leben woben, ohne daß ich es merkte. Denn zum Teil sind es andere, die sich in uns entfalten. Und eine der Frauen hatte eines Tages, ich weiß nicht bei welcher Gelegenheit, erklärt: «Tot sind nur die Vergessenen.»

Vorahnung

Das wär's. Ich für mich webe weiter an meinen kleinen Berichten, den Chroniken, die sich ebenfalls wie Sternchen zusammenfügen. Einsam in meinem Zimmer an der Rue Saint-Ours. Sonntag. Die Gasse ist in diesen Stunden, die mir lang und zugleich kurz erscheinen, noch menschenleer. Doch sie lebt von innen! Den ganzen Tag lang nichts als ein paar Schritte. Ausnahmsweise vielleicht ein Auto. Jedes Möbelstück in diesem Zimmer erzählt von den Philosophen. Von der Zeit vor dem Untergang: der Lehnstuhl, in dem Mütterchen am Fenster saß, im Eßzimmer, für uns im Herzen des Reiches: die Statuette des Vogelfängers, die mich an die schlaflosen Nächte voll kindlicher Ängste erinnert, an die Ankunft der Milch, der Milch der Welt; und auch der Samowar, in dem, soweit man sich erinnern kann, nie Tee gemacht wurde; der Tisch mit den geschwungenen Beinen und die beiden Stühle mit den hohen Lehnen, wie Zwillinge, und in der Farbe wie dürres Laub. Draußen ist es still wie eh und je. Und vom Märzen an, und schon vorher, höre ich gegen Morgen das Amsellied, dessen Samtklang in dieser geschichtslosen Einsamkeit besonders eindringlich wirkt. Das Nähatelier ist immer noch da. Die Lampen sind immer noch so bleich wie zur Zeit, von der ich erzählte. Doch stärker. Dicke Birnen mit kräftigem weißem Licht. Man könnte sich an der Mitternachtsmesse wähnen. Auch die Händchen scheinen munterer. Sie gehen mit der Zeit. Und wißt ihr, daß Prosper, der Akkordeonspieler aus vergangenen Jahren, sich immer noch zeigt? Allerdings immer seltener. Er ist vom Alter stark angeschlagen. Und beschränkt sich nun auf zwei, drei Lieder: *Die Pariser Romanze* und *Ich warte auf dich* ... Es sollte mich eigentlich wehmütig berühren. Aber es berührt mich nicht mehr. Nun drängen sich die Mädchen im Atelier nicht mehr ans Fenster, wenn er kommt. Das Fernsehen hat vieles verändert. Verschwunden ist natürlich die blonde Dame. Doch von Prosper hat man mir etwas zugetragen, das ich hier einfach weitergebe, ohne es bestätigen zu können, wobei es allerdings zu ihm zu passen scheint: wenn er jetzt jeweils seine Tournee durch Pinten und Spunten – oder was davon bleibt – beendet hat, sieht man ihn von der Rue de C. Richtung Hauptpost abzotteln, wo er seinen Wagen in einer Nebenstraße parkt; er entledigt sich seiner Mütze und zieht eine andere Jacke an, setzt sich einen schwarzen Schlapphut auf, schließt die Ledermappe und fährt so – als Generaldirektor der Gosse – zu seiner Villa am See. Mamsell Eliane lebt noch. Wenn man das leben nennen kann. Doch genug. «Sie hat, was sie wollte», hätte Mütterchen gesagt. In Winternächten, wenn die Leute im Trubel des Verkehrs aus dem Theater kommen, scheint unser Gäßchen womöglich noch stiller. Und empfänglicher! Bewohnt nun von Leuten, von denen ich nach so langer Abwesenheit fast nichts weiß. Gegen zwei Uhr morgens höre ich plötzlich Geräusche, Schläge, doch gedämpft, und Stimmengewirr. Streit? Nein. Es sind nur die Theatermaschinisten und die Leute einer Wandertruppe, die im Scheinwerferlicht die Kulissen Stück um Stück in bereitstehende Umzugswagen verpacken. Und wenn im Sommer

jedes Geräusch verstummt ist, so bleibt doch ein dumpfes Raunen im Dunkel, das mir bei einer bestimmten Gelegenheit Angst gemacht hat. Eine Zeitlang – es war einige Tage nach Mütterchens Tod – glaubte ich, es sei eine Art Psychogeräusch in mir, eine Lärmhalluzination, die meinem nervösen Zustand zuzuschreiben sei. Wie eine Nachwirkung jenes Todesfalls. Mitnichten, wie sich bei genauer Überprüfung ergab: es handelte sich einfach um einen Ventilator, der auch während der Nacht im Schreib- und Rechenmaschinengeschäft weitersurrte, in dem Laden, der auf das Institut für orthopädische und schwedische Gymnastik gefolgt war und laufend modernisiert wird. Doch zu Mütterchens Tod die kleine Anmerkung noch, die ich kaum verschweigen kann. Eines Tages, es war am Morgen beim Aufräumen, schlug ich mit einem Stoß Bücher die Stehlampe auf dem Tischchen um (dessen Verzierungen noch das Werk meines Vaters waren). Die Lampe fällt herunter und zerbricht. Man muß mir aufs Wort glauben, wenn ich sage, daß ich im selben Augenblick – und als alles noch ruhig schien – an ein Unglück dachte. Nun, weniger als eine Stunde später, als ich zusammen mit dem «armen H.» – ist dies ein Zufall? – im Wirtshaus war, läuten mir Freunde an, ich müsse gleich meine Schwester anrufen. Was ich tue. Um zu hören, daß ich sofort zu ihr in die Jurastadt kommen müsse. Mütterchen hatte eine Herzschwäche, die eine Woche später zu ihrem Tode führen mußte, wie man sagt. Doch dies ist unwesentlich. Wesentlich ist die Tatsache, daß ich beim Anblick der heruntergefallenen Lampe, die gleichwohl weiterbrannte, in mir eine Stimme hörte, die auch ein wenig meine Stimme war, und die mit feierlicher Überzeugung jenen Satz aussprach, den ich seither für mich wie ein inneres Paßwort und Symbol nehme: «Die Lampe zerbrach, doch das Licht erlosch nicht.»
So warst du.

ANMERKUNGEN DES ÜBERSETZERS

Die Rue Saint-Ours, etwas außerhalb der eigentlichen Altstadt Genfs, ist eine Nebengasse zum Boulevard des Philosophes, dem Georges Haldas (geb. 1917 in Genf) eine erste «Chronik» widmete: «Boulevard des Philosophes», 1966. Die Rue Saint-Ours, die der zweiten «Altstadtchronik» («Chronique de la Rue Saint-Ours», 1973) den französischen Titel gibt, ist im Gegensatz zum lebhaften Boulevard die bescheidene Gasse mit jener «dichten Stille», die Haldas liebt. Boulevard und schweigende Gasse sind für ihn Symbole für das Wesen seiner Eltern, eines Griechen und einer Venezianerin, das er in einem der Schlußabschnitte schildert: Der Vater «entfesselte sich in großen Fragen, auf die es keine Antwort gibt: Was sind wir? Wozu leben wir? Was für einen Sinn hat alles?» Die Mutter hingegen, die er «petite mère» nennt, Mütterchen, «gab einfache, ruhige Antworten auf die kleinen praktischen Probleme, eine nach der andern, ohne sich allzusehr um große und ganz große Fragen zu scheren. Sie wollte auch nicht so sehr Antwort geben als einfach da sein».
Georges Haldas, mit dem Großen Literaturpreis der Stadt Genf und zweimal mit dem Schillerpreis ausgezeichnet, schildert liebevoll «jene Nichtigkeiten, die den eigentlichen Lebensinhalt bilden», er hört das Wort der Stille, denn – wie er im Gespräch sagte – «die Auferstehung beginnt mit dem leeren Grab». Sein «Mütterchen» lehrt ihn, «was es ist Mensch zu sein, menschlich zu sein». So fängt er die menschliche Wärme, die Poesie, auch in der seiner Meinung nach «eigentlich antipoetischen» Stadt Calvins ein, die sich traditionsgemäß der Jurisprudenz und dem Bankwesen zuwendet, wie er im Abschnitt «Das Gebet» zeigt: Das Psychogramm der Bankiersfamilie hat neue Aktualität erhalten. Die Charaktere skizziert Haldas mit knappen Strichen, wie den jungen R., «um die fünfzehn, dick und stämmig, wie ein Ölgötze neben

seinen Eltern» (âgé d'une quinzaine d'années, planté comme une borne près de ses parents). Die Leute in der Wohnung am Boulevard des Philosophes werden bei ihm mit einem Wortspiel (das ich manchmal übernehme, auch wenn es im Deutschen weniger selbstverständlich klingt) einfach zu den «Philosophen»: so verkündet er beispielsweise «die bevorstehende Ankunft der Philosophen bei Tisch» (l'attente de l'arrivé, imminente, à table, des Philosophes). Der Sprachrhythmus wechselt mit dem Gesprächston von kurzen Sätzen zu langen, verschachtelten Perioden mit bis zu 32 Zeilen (Seite 146): die Schwierigkeit der Übersetzung zeigte sich vor allem in der Struktur der Sätze.

Haldas zeichnet seine Welt mit einer gewissen Wehmut, aber auch mit Ironie und mitfühlender Liebe. Er sucht eine Synthese, einen dritten Weg zwischen politisch engagierter und ästhetisierender Literatur und beschreibt «eine soziale Wirklichkeit der Arbeiter und kleinen Angestellten», wie Manfred Gsteiger erklärt, jedoch «ohne die ästhetische Forderung der Literatur aufzugeben». Haldas: «Ich spreche nicht als politischer Theoretiker, sondern betreibe Gesellschaftskritik durch die Schilderung der Menschen».

Marcel Schwander